वैदिक देवता और उनका वाहन

वैदिक देवता और उनका वाहन

(तथ्याधारित सप्रमाण-विवेचन)

डॉ॰ योगानन्द शास्त्री

रिसर्च इंडिया प्रेस
नई दिल्ली

वैदिक देवता और उनका वाहन (तथ्याधारित सप्रमाण-विवेचन)

डॉ॰ योगानन्द शास्त्री

प्रथम संस्करण : 2021

संशोधित संस्करण : 2023

ISBN : 978-93-5171-014-1

मूल्य : ₹ 2100/-

प्रकाशक :

रिसर्च इंडिया प्रेस

E-6/34 संगम विहार, नई दिल्ली-110062

दूरभाष : 011-26047013, मोबाइल : 9818085794

E-mail: researchindiapress@gmail.com

रिसर्च इंडिया प्रेस के लिए प्रकाशित जी. आर. एस. ग्राफिक्स से टाईपसेट होकर, दिल्ली से मुद्रित

समर्पण

स्वर्गीया पूज्या माँ **श्रीमती धर्म देवी**

तथा पूज्यपाद् पितृदेव **महाशय प्रहलादसिंह जी** की

पुण्य स्मृति में, जिनके आशीर्वाद से

विनयपूर्वक समाज सेवा तथा ईमानदारी

जीवन का आधार बनी और किञ्चित् सीख पाया।

अनुक्रम

आत्म–कथ्य

बहुत समय पहले की बात है। केन्द्रीय शिक्षा एवं संस्कृति मन्त्रालय द्वारा विशेष रूप से प्रदत्त 'अध्ययन छात्रवृति' के आधार पर 'मुद्रा–विज्ञान' (न्यूमिस्मेटिक्स) के प्रशिक्षण हेतु मैं पटना में था। प्रशिक्षण उस समय के प्रसिद्ध, प्राचीन मुद्रा विशेषज्ञ डॉ. परमेश्वरी लाल गुप्त के सानिध्य में होना था। डॉ. गुप्त पटना संग्रहालय के निदेशक थे। मेरे साथ दरभंगा संग्रहालय से श्री मोहन चौधरी भी प्रशिक्षु थे। बाद में वे बिहार प्रदेश के पुरातत्त्व एवं संग्रहालय विभाग के निदेशक भी रहे।

उस समय मैं 'आर्य प्रतिनिधि सभा बिहार' के मच्छुआ टोली स्थित परिसर में रहता था। यहां समय–समय पर पटना विश्वविद्यालय के पूर्व उपकुलपति प्रो. दुखनराम भी आते रहते थे। उनसे चर्चा में हमें बहुत कुछ सीखने का अवसर मिला, जो आज भी स्मृति पटल पर विद्यमान है। यहां आर्य समाज के कई विद्वान तथा उपदेशक भी आते–जाते रहते थे। उनमें से एक विद्वान् उपदेशक ने एक पुस्तक लिखी। उसकी भूमिका लिखने के लिए उन्होंने मुझे कहा। मैंने उत्तर दिया। श्रीमन्महाशय मैं तो अभी एक विद्यार्थी ही हूं, मैं कैसे लिख सकता हूँ। न मेरा अभी कोई अनुभव ही है। उन्होंने कहा भूमिका लिखाऊंगा तो आप से ही, अन्यथा पुस्तक को प्रकाशित ही नहीं कराऊँगा।

बहुत आग्रह और दबाव के कारण पुस्तक की हस्तलिखित प्रति मैंने उनसे ली, और चार–पाँच दिन उसको पढ़ने के उपरान्त उनके आदेश का पालन करते हुये, मैंने उसकी भूमिका लिख दी। अभी पुस्तक प्रकाशित नहीं हुई थी, कि मेरा प्रशिक्षण समाप्त होने के कारण मैं वापिस आ गया, और 'अध्ययन–वृत्ति' (स्कॉलरशिप) का दूसरा भाग पूरा करने के लिए दिल्ली में जनपथ स्थित 'राष्ट्रीय संग्रहालय' (नेशनल म्यूजियम) जाने लगा। यहां से मुझे 'संग्रहालय–विज्ञान' (म्यूजियोलॉजी) का प्रशिक्षण लेना था। यहां सौभाग्य से मुझे डॉ. सी. शिवराम मूर्ति जी का पाण्डित्यपूर्ण दिशा निर्देश मिलने लगा। डॉ. मूर्ति अनेक विषयों में परिपूर्ण तो थे ही, परन्तु कला–इतिहास (ऑर्ट हिस्ट्री) के तो वे बेजोड़ विद्वान थे। हर तीसरे चौथे दिन वे अपने कार्यालय में मुझे बुला लेते थे और एक घंटा भर तक संस्कृत भाषा में ही मेरे

साथ वार्तालाप करते थे। जीवन के स्वल्प काल में उन से जो सीखा वह सदा मेरा मार्ग दर्शन करेगा।

विद्या–व्यसन का यह स्वर्णिम काल सुख व शान्ति पूर्वक चल ही रहा था, कि एक बड़ा अवरोधक सामने आ खड़ा हुआ। पटना हाईकोर्ट के एक वरिष्ठ अधिवक्ता (ऐडवोकेट) का मुझे कानूनी नोटिस (लीगल नोटिस) आया जिसमें कहा गया था, कि आपने अमुक पुस्तक में भूमिका लिखी है। इस पुस्तक में लेखक ने कई अपत्तिजनक बातें लिखी हैं। अतः हम लेखक और आप दोनों पर पटना हाईकोर्ट में प्रतिवाद (मुकद्दमा) डालने जा रहे हैं। यदि बीस दिन के अन्दर आपका कोई सन्तोष जनक उत्तर नहीं आया तो बाध्य होकर हम अपनी न्याय–प्रक्रिया प्रारम्भ कर देंगें।

लेखक ने पुस्तक में भगवान् श्री कृष्ण के पुत्र साम्ब और 'छठ–पूजा' को लेकर अपने मत का उल्लेख किया था, जो वकील साहब को उचित नहीं लगा। किन्तु मेरे लिए उनका नोटिस चिन्ता का कारण बन गया। मुझे 'अष्टादश–पुराण' और 'अट्ठारह उपपुराण' के नाम स्मरण थे। नोटिस का उत्तर देने के लिए 'साम्ब–पुराण' का अध्ययन आवश्यक था। मैं उसकी खोज में निकला। दिल्ली के सभी बड़े पुस्तकालयों में गया, परन्तु वह नहीं मिला। थक हारकर में हरद्वार स्थित गुरुकुल कांगड़ी विश्वविद्यालय के पुस्तकालय पहुंचा। सौभाग्य से वहां 'साम्बपुराण' मिल गया। वह मोटे अक्षरों में बनारस से छपा था। मैं उसकी फोटो स्टेट करके ले आया। चार–पांच दिन तक मैंने उसकी कई बार आवृत्ति की। प्रथमा वृत्ति में ही मेरा ध्यान पुराण के 'ध्वजारोपण' अध्याय में ठहर गया। इसमें ध्वजा–उत्तोलन के साथ देवताओं के वाहनों का नामोल्लेख पूर्वक वर्णन था। यहीं से मन में आया कि इस विषय में विस्तार से कुछ लिखना चाहिए।

'साम्ब पुराण' का सम्यक्तया अवगाहन करके पटना से आये नोटिस का उत्तर दे दिया। दो सप्ताह के उपरान्त अधिवक्ता महाशय का पत्र आया– कि हम आपके उत्तर से सन्तुष्ट हैं, और अब आप पर किसी प्रकार का कोई प्रतिवाद नहीं होगा। आप निश्चिन्त रहें। बिना बुलाया आया हुआ संकट टल गया। परन्तु इसके कारण देवताओं के वाहन से सम्बन्धित एक सूत्र हाथ लग गया जिस पर लिखने की उत्कण्ठा अहर्निश बलवती होती गई। न जाने क्यों शताब्दियों एवं सहस्त्राब्दियों से वाहन का शब्दार्थ केवल सवारी किया जाता रहा। भारतीय तथा पाश्चात्य सभी विद्वानों ने इस नये युग में भी उसी परम्परा को अविरल रूप से आगे बढाया। मेरा यह निर्वचन इसी समस्या का समाधान खोजने का एक विनम्र प्रयास है। कोई भी व्यक्ति सर्वज्ञ नहीं हो सकता, और मैं तो बहुत ही अल्पज्ञ हूँ। पुनरपि मैंने एक छोटा सा मन्थन प्रस्तुत किया है। अब यह सुविज्ञ विद्वानों पर है, वे इसमें से अमृत निकालेगें या विष। शुक और रम्भा के संवाद में

प्रथम श्लोक की एक पंक्ति है–''वादे वादे जायते तत्त्वबोधः'' मेरे इस लेखन पर श्रद्धेय मनीषियों ने पूर्वाग्रह छोड़कर चिन्तन मनन तथा वाद–विवाद कर निष्कर्ष निकाला तो मैं अपने इस प्रयास को सार्थक समझूंगा।

मेरा यह प्रयास बहुत पहले ही प्रकाशित हो जाना चाहिए था। परन्तु इसलिए नहीं हो सका कि संग्रहालय–विज्ञान के प्रशिक्षण के तुरन्त उपरान्त मैं दिल्ली विश्वविद्यालय (शहीद भगत सिंह कॉलिज) में ''प्राचीन भारतीय इतिहास, संस्कृति एवं पुरातत्त्वं'' विभाग में अध्यापनार्थ चयनित हो गया। साथ ही अपने गुरुदेव पूज्य स्वामी ओमानन्द जी सरस्वती के साथ संग्रहीत पुरातत्त्वीय सामग्री के आधार पर ''प्राचीन भारत में–यौधेय गणराज्य'' पुस्तक को लिखने में अतिरिक्त समय का सदुपयोग करने लगा।

इन दोनों कार्यों के साथ–साथ सक्रिय राजनीति में भी पदार्पण हो गया। सन् 1998 में और फिर 2003 ई. में दो बार श्रीमती शीला दीक्षित जी के साथ मन्त्रिमण्डल में सम्मिलित रहा। तीसरी बार विजयी होने पर निर्विरोध दिल्ली विधानसभाध्यक्ष (स्पीकर) चुना गया। इस प्रकार इन पन्द्रह वर्षों में सामाजिक और राजनितिक गतिविधियों में अधिक व्यस्त होने के कारण इस पुस्तक पर अधिक कुछ कार्य नहीं कर सका। परन्तु हां! यौधेय गण' वाली पुस्तक को 1999 में अवश्य प्रकाशित करवा पाया।

अस्तु। ई० सन् 2013 में विधानसभाध्यक्ष पद से उपराम होकर इस विषय से सम्बद्ध सामग्री जुटाने में थोड़ा समय लगाने लगा। पुनरपि कई विश्वविद्यालयों में प्रबन्धक–मण्डल (बोर्ड ऑफ गवर्नर्स) में होने और भारत–सरकार द्वारा गठित ''राष्ट्रीय–संस्कृत आयोग'' (कमीशन) और कई शैक्षणिक–संस्थाओं का कार्य भार होने के कारण तथा अनेक सामाजिक कार्यों के निर्वहन का उत्तरदायित्व सम्भालने के कारण पूर्ण तथा स्वच्छन्द होकर लेखन कार्य में प्रवृत नहीं हो सका। पुनरपि कोविद्–19 (कोरोना) की वैश्विक महामारी में लॉकडाउन के कारण घर में बैठकर लिखने का समय मिला और इस पुस्तक को वर्तमान आकार देने में जुट गया।

ज्ञान–विज्ञान की कोई सीमा नहीं है। वह अनन्त है। अल्पज्ञ मानव की बुद्धि वहाँ तक नहीं पहुंच सकती। इसीलिए कहा गया है–

अनन्तपारं किल शब्दशास्त्रम्,
स्वल्पस्तथायुः, बह्वश्च विघ्नाः।
सारं ततो ग्राह्मयमपास्य फल्गु,
हंसो यथां क्षीरं–अम्बुमध्यात्।।

शब्दशास्त्र भी अनन्त है। मानव जीवन बहुत अल्प है। वह सोचा हुआ सब नहीं कर सकता। फिर सामाजिक जीवन में रहते हुये कदम–कदम पर अनेक विघ्न

बाधायें भी आती रहती हैं। यह एक नहीं सभी मनुष्यों के साथ घटित होता है। अतः हंस की तरह नीर–क्षीर का विवेक कर सार को ग्रहण करना चाहिए। इसी कारण योगीराज श्री कृष्ण जी महाराज ने कर्म करते रहने का उपदेश सबको दिया है।

वैदिक वाङ्मय में बहुत सारे हिन्दु–देवता हैं, उनमें से कुछ मुख्य देवताओं को ही हमने लिया है। मैं चाहता था जड़, चेतन, दोनों प्रकार के देवताओं पर विस्तार से लिखूं, परन्तु स्वल्प समय के कारण ऐसा करना सम्भव नहीं हुआ। इसी कारण लोक में अधिकाधिक उपास्य के रूप में प्रसिद्ध और ऐतिहासिक देवों पर ही यहाँ प्रकाश डालना उचित समझा है। विवेच्य देवताओं के 'वाहन' मेरे लेखन का 'केन्द्र बिन्दु' हैं। इसीलिये इस पर मेरा अधिक लक्ष्य (फोकस) रहेगा। इस पर प्रमाण और तर्क पूर्ण निर्वचन करने का मेरा प्रयास रहा है। तथा इसमें यदि कहीं कोई त्रुटि रही होगी तो मैं विद्वानों के सुझावों को विनम्रतापूर्वक स्वीकार करूंगा।

यह विषय बहुत विस्तृत और जटिल है। जटिल इसलिए कि अद्यावधि विद्वानों ने इस पर कुछ सन्तोषप्रद लिखा नहीं है। फिर वाहन शब्द का पाणिनीय व्याकरण के आधार पर ठीक–ठीक अर्थ कर भी लें, तो देवता के लिए निर्धारित वाहन का उसके साथ तादात्म्य सम्बन्ध स्थापित करना भी दुरूह कार्य है। कदाचित् इसी कारण विद्वानों ने इसको नहीं छुआ, और इसका सरल रुढ़ार्थ 'सवारी' मानकर अपने कर्त्तव्य की इतिश्री समझ ली। जबकि 'सवारी' अर्थ करने में भी अनेक किन्तु परन्तु विद्यमान रहे। परन्तु उस ओर ध्यान न देने में ही अपनी भलाई समझ ली।

यह सब होते हुए भी मैंने विषय का सांगोपांग अध्ययन कर इसकी तार्किक परिणति तक पहुंचाने का प्रयास किया है। देवताओं की शब्दकोशों तथा विभिन्न ग्रन्थों में उल्लिखित नामावलियों में तद्–तद् देवता का एक नाम ऐसा अवश्य आया है, जिसमें '**वाहन**' का शब्दार्थ ही नहीं, अपितु उसकी सटीक व्याख्या भी अन्तर्निहित है। उदाहरणार्थ गणेश के लिए–मूषकध्वजः या आरवुकेतनः, कार्तिकेय के लिए–मयूरध्वजः, शिव के लिए–वृषध्वजः, विष्णु के लिए–गरुड्ध्वजः, आदि–आदि।

इसी तरह सभी देवताओं का विवेचन करते हुऐ विवेच्य देव के साथ उसके वाहन का सार्थक तादात्म्य स्थापति करते हुए उसकी उपयोगिता सिद्ध करने का विनम्र प्रयास किया है। परन्तु हमने जो कुछ लिखा है, वह अन्तिम नहीं है, इस पर आगे भी लिखा जायेगा, ऐसी हमें आशा है। सम्भवतः इससे भी और अच्छा लिखा जाये। तभी तो माँ सरस्वती की आराधना अविरल चलायमान रह सकेगी। कई पाश्चात्य विद्वानों ने हमारे वैदिक ऋषि–मुनियों को प्रकृति पूजक तक ही सीमित कर दिया है। उनकी यह धारणा सर्वथा अमान्य तथा निराधार है। जो अदभुत ज्ञान हमारे ऋषियों ने वैदिक संहिताओं और परवर्ती वैदिक वाङ्मय के द्वारा दुनिया को दिया है वह संसार की अन्य किसी संस्कृति सभ्यता में नहीं मिलेगा। हमारे षड्दर्शनों

का ही कोई उपमान नहीं हैं। हमारे दोनों महाकाव्य (रामायण तथा महाभारत) भी ज्ञान के भण्डार हैं। हमारे यम–नियम ही दुनिया को चुनौती देने के लिए पर्याप्त हैं। आरण्यक, ब्राह्मण ग्रन्थ, गीता और उपनिषदों का ज्ञान भी बेजोड़ है। परवर्ती संस्कृत साहित्य भी अपरिमित है।

पौराणिक–युग में आकर हम थोड़ा विचलित हुये हैं। वह भी इसलिए कि उस समय जैन और बौद्ध मतावलम्बियों ने एक ऐसी धार्मिक एवं आध्यात्मिक प्रतिद्वंद्विता को जन्म दिया कि उसमें कपोल–कल्पनायें खूब फली–फूलीं। ब्राह्मण मतावलम्बियों ने भी उनका सामुरव्य (मुकाबला) करने के लिए उसी पथ को अपना लिया। इसी कारण पुराणों में ऐसी कथायें गढ़ी गईं, जिन पर विश्वास नहीं किया जा सकता। इन कल्पित कथाओं के शिकार हमारे देवी–देवता भी हुए। हमारे इस प्रयास तथा अन्य विद्वानों के परिश्रम को इसी परिप्रेक्ष्य में देखना चाहिए।

'देवासुर–संग्राम' दुनिया की एक स्वाभाविक प्रक्रिया है। यह सदा से चली आ रही और भविष्य में सदा तक चलती रहेगी। आज भी समाज में श्रेष्ठ और निकृष्ट का भेद है। तदनुसार ही संसार का व्यवहार चल रहा है। कब कौन सी प्रवृत्ति अच्छी या बुरी हो जाये, यह कालचक्र पर और उसके नियन्ता परब्रह्म–परमात्मा पर निर्भर करता है। यही अन्तिम सत्य है। इसी की खोज में हमारे पूर्वज–ऋषि–मुनियों ने कठोरतम घोर तपस्या की। यह हमारी संस्कृति का मूलमन्त्र है। उसी का एक छोटा–सा अंश हमने यहां खोजने का प्रयत्न किया है। परन्तु हमारा यह प्रयास अन्तिम नहीं है। हमारे अनेक विद्वान् इसमें गोता लगाकर उन मोतियों को अवश्य निकालेगें, जिनको कदाचित् हम छू भी नहीं पाये हैं।

हमारे इस लेखन को सांगोपांग पढ़कर त्रुटि रहित करने का सराहनीय कार्य का श्रेय डॉ. सरेन्द्रकुमार पूर्व कुलपति गुरुकुल कांगड़ी विश्वविद्यालय को जाता है।

उन्होंने मेरे आग्रह पर इस पुस्तक की भूमिका भी लिखी, जिसके लिए मैं उनका अतीव धन्यवादी और ह्रदय से आभारी हूं। इस लेखन के टंकन का भार जवाहरलाल नेहरु विश्वविद्यालय (जे.एन.यू.) में संस्कृत विभाग में प्रोफेसर डॉ. सुधीर कुमार ने वहन किया। एतदर्थ में उनका आभारी हूं। इस लेखन में समय–समय पर आईं अनेक भ्रांतियों के निवारण में हमारे सखा पुराविद् विद्वान् तथा स्वामी ओमानन्द पुरातत्त्व संग्रहालय गु. कु. झज्जर के निदेशक श्री विरजानन्द दैवकरणि का पाण्डित्य पूर्ण सहयोग प्रशंसनीय रहा। डॉ० जगपाल सिंह (लेडी डेविस फैलो, हिब्रू विश्वविद्यालय, ईजराइल) का भी इस कार्य में सहयोग रहा, उनका भी आभार।

इन चारों विद्वानों के अतिरिक्त हमारी विदुषी आर्द्धांगिनी डॉ० (प्रो०) दमयन्ती शास्त्री, सुपुत्र अनिरुद्ध, पुत्रवधू कल्पना का भी धन्यवाद करना सर्वविध सहयोग के

लिए आवश्यक है। अन्त में विनयावनत होते हुये विद्वानों द्वारा अनुभूत निम्न श्लोक के साथ लेखनी को विराम दे रहा हूँ–

गच्छतः स्खलनं क्वापि भवत्येव प्रमादतः।
हसन्ति दुर्जनास्तत्र, समादधति पण्डिताः।।

दिनांक
17 अप्रैल 2021

विदुषां वशंवदः।
योगानन्द शास्त्री

भूमिका

डॉ० योगानन्द शास्त्री द्वारा लिखित 'वैदिक देवता और उनका वाहन' पुस्तक वैदिक देवताओं के इतिहास विषय पर लिखी गई वह पहली पुस्तक देखने में आई है जिसमें देवता विषयक मिथक–धारणा का सप्रमाण निराकरण करके उनके मानवीय इतिहास को और उनके वाहन के यथार्थ को, शायद, पहली बार अनेक नये सप्रमाण शोध दृष्टिकोणों के द्वारा प्रस्तुत किया गया है। इसमें प्राचीन भारतीय परम्परा के आलोक में देवताओं के इतिहास का मूल्यांकन किया गया है। यह अपने विस्मृत मूल पुरातन मूल की और लौटने का एक प्रयत्न है। पाठक इसको पढ़ने के बाद निष्कर्ष को यही पायेंगे।

वैदिक साहित्य के भारतीय और पाश्चात्य चिन्तक इस तथ्य पर पर्याप्त समय से एकमत हो चुके हैं कि वैदिक धर्मग्रन्थ 'ऋग्वेद' विश्व के पुस्तकालय का प्राचीनतम ग्रन्थ है। गणितीय गणना के अनुसार वह कोई भी समय रहा हो किन्तु उससे तीन तथ्य स्पष्ट हो जाते हैं। एक, ऋग्वेद सबसे प्रचीनतम धर्मग्रन्थ है। दूसरा, जबकि ऋग्वेद सब से प्राचीनतम है तो उसकी संस्कृति, सभ्यता, भाषा, धर्म भी सबसे प्राचीन कहलायेंगे। तीसरा, ऋग्वेद की वैदिक संस्कृति का इतिहास भी प्राचीनतम है। इस निष्कर्ष के आधार पर वैदिक देवताओं के प्रति बदली धारणाओं के अनुसार लंबे काल में देवताओं के कई स्वरूप बदलते रहे हैं। देवता कहते ही भारतीय जनसामान्य के मानस पटल में किसी अलौकिक अदृश्य शक्ति विग्रह का भाव उपस्थित हो जाता है। जिसका काम भक्तों पर अनुग्रह करना है। वस्तुतः इस धारणा का विकास एकाएक नहीं हुआ है अपितु तीन चरणों में हुआ है। तीन चरणों की उस प्रक्रिया को हम तीन विकासक्रमों में विभाजित करके उसके कालखण्डों पर भी विचार कर सकते हैं। वे तीन चरण इस प्रकार हैं–

1. वेदोक्त आध्यात्मिक, आधिदैविक, आधिभौतिक पदार्थ स्वरूप–धारी देवता।
2. दिव्य गुणों से सम्पन्न महापुरुष राजा पदधारी ऐतिहासिक देवता।
3. ऐतिहासिक महापुरुषों के देहान्त के पश्चात् उनके अवतार के रूप में कल्पित देवता। अथवा विश्वास के आधार पर भावना में कल्पित देवता।

एक–एक चरण की विकास प्रक्रिया कई सहस्राब्दियों तक प्रचलित रहकर विकसित हुई है। वैदिक साहित्य हमें जानकारी कराता है कि आरम्भिक काल में परमात्मा, आत्मा, पिता, माता आदि–चेतन और आकाश, अग्नि, जल, वायु, पृथिवी आदि प्राकृतिक पदार्थों को उनमें दिव्य गुण होने के कारण 'देवता' नाम से महिमान्वित किया गया। इस स्वरूप की जानकारी इस पुस्तक के 'वैदिक वाङ्मय में 'देवता' शीर्षक उपकरणों में वेदों, वेदों के व्याख्या–शास्त्रों ब्राह्मण, आरण्यक, व्याकरण ग्रन्थ, निरुक्त आदि के प्रमाण देकर की है। वेदों के प्रस्तुत होने के उपरान्त वैदिक जनों ने वेदों के शब्दों के आधार पर अपने नामकरण किये। जैसे ईसाई बाईबल से और मुसलमान कुरान से शब्द लेकर अपने नाम रखते हैं। महर्षि मनु ने मनुस्मृति में उक्त ऐतिहासिक तथ्य का उल्लेख किया है (1/21)। ब्रह्मा, विष्णु, महादेव, इन्द्र, गणपति, सरस्वती आदि शब्द वेदों में पठित हैं किन्तु वहां इनके अर्थ इतिहास बोधक नहीं।

जब वैदिक/आर्य समाज में उस काल में समाजहितकारी, रक्षक, विघ्नविनाशक, अद्‌भुत दिव्य गुणों स सम्पन्न कुछ मानवीय महापुरुष या राजा हुए तो लोगों ने उनके प्रति सम्मान व्यक्त करने के लिए उनको 'देवता' जैसे महिमा–मय विशेषण से संबोधित किया। उनका उल्लेख वैदिक वाङ्मय और वाल्मीकीय रामायण, महाभारत आदि में मिलता है। जब वे ऐतिहासिक महापुरुष इस संसार में जीवित नहीं रहे तो अपनी सुरक्षा, कष्ट–निवारण हेतु जनता ने उन्हीं के अवतार की कल्पना कर ली। वही आज भी चल रही है। फिर सुदूर विदेशों तक उस धारण का प्रसार हुआ। इस कल्पना का विस्तृत वर्णन अनेक पुराणों और परवर्ती काव्यों में मिलता है। लेखक ने उनमें अवतारी धारणाओं का चित्रण किया है। उक्त धारणा का परिर्वतन बदली परिस्थितियों के अनुसार कई कालखण्डों में हुआ है। धारणा परिवर्तन के चरणों की यह सुदीर्घ प्रक्रिया देवताओं की अति पुराकालीनता का संकेत करती है।

पाश्चात्य लेखकों ने वैदिक देवताओं के काल को बहुत अर्वाचीन प्रदर्शित किया है। इसकी पृष्ठभूमि में उन का अपना धार्मिक और विकासवाद की कल्पना का पूर्वा–ग्रह कारण रहा है। परन्तु भारत की इतिहास परम्परा देवताओं के अपने इतिहास को बहुत प्राचीन मानती है। पुस्तकानुसार, इसमें वर्णित वैदिक कालीन देवताआर्य थे और समस्त संस्कृत साहित्य में इनका निवास हिमालय प्रदेश को बताया है। इस प्रकार इन देवताओं का इतिहास हिमालय से प्रारम्भ होता है। इसके पोषक प्रमाण आज भी संस्कृत में प्राप्त हिमालय, कैलास, सुमेरु आदि पर्वत नामों; गंगा, सरस्वती आदि नदी नामों और तिब्बत (त्रिविष्टप) आदि देश नामों में मिलते हैं। उस आरम्भिक काल में हमारे समाज का आवास हिमालय क्षेत्र में था, निचले क्षेत्रों में प्रसार शुरू नहीं हुआ था। पारसियों के धर्मग्रन्थ 'जिन्दावेस्ता' में तो लम्बा

विवरण देकर लिखा है कि हम मूलतः हिमालय पर निवास करते थे। हमारे देवता यिम विह्वन्त (यम विवस्वान्) ने वहां से नीचे उतरकर हमारे सोलह देश बसाये, उनमें पहला आर्यन वइजो (आर्याणां बीजः) था। ईरान, इराक, मिश्र आदि एशिया के प्राचीन इतिहासों में भी विवरण प्राप्त है। इन विवरणों से देवता युग का काल कम–से–कम सत्रह से बीस हजार वर्ष पूर्व अनुमानित होता है। इसकी पुष्टि आज नयी पुरातात्त्विक खोज से भी हो रही। पिछले कुछ माह पूर्व राखी गढ़ी (जिला हिसार, हरियाणा) में हुई पुरातात्त्विक खुदाई की रिपोर्ट में बताया गया कि वहां आर्यों का निवास रहा है। उनके यज्ञकुण्ड आदि के चिह्न मिले हैं। प्राप्त शवों का डीएनए भारत से लेकर अफगानिस्तान का एक ही है। यह खण्डहर कम–से–कम बारह हजार वर्ष पुरातन है। यदि यह माना जाये कि हिमालय से उतर कर प्रसार करते हुए उत्तर भारत में आकर बसे हैं तो उसमें कई सहस्र वर्ष अवश्य लगे होंगे। इस प्रकार से देवताओं का कालखण्ड लगभग पूर्वोक्त ही अनुमित होता है। ये ऐतिहासिक तथा पुरातात्त्विक प्रमाण इतने विविध और पुराने हैं कि तटस्थ व्यक्ति को इनकी प्रामाणिकता में संशय करने की कोई गुजांइश नहीं है। जो लेखक इन प्राचीन प्रमाणों को अस्वीकार करते हैं उनके कुछ निहित पूर्वाग्रह हैं, या उनको सही तथ्यात्मक जानकारी का आभाव है।

मतान्तर होने या मतान्तर कर दिये जाने के कारण एक शताब्दी प्राचीन इतिहास में भी विसंगतियां मिलने लगती हैं; अधिक पुराने इतिहास का तो कहना ही क्या? उसमें समय–समय पर होने वाले लेखकीय परिवर्तनों के कारण अधिक विसंगतियां बढ़ जाती हैं। उन विसंगतियों में ही प्राचीन इतिहास के तथ्य ढूंढने पड़ते हैं। यह समझें कि वह कार्य ऐसा हो जाता है जैसे महासागर में मोतियों को ढूंढना या देवताओं का इतिहास अत्यधिक पुरातन होने के कारण जहां उतनी ही अधिक विसंगतियां हैं, उसके साथ उक्त तीनों प्रकार की धारणाओं को कालक्रम से गड्डमड्ड कर दिये जाने के कारण उनके इतिहास का अन्वेषण करना और अधिक दुरूह कार्य हो गया है। प्रस्तुत पुस्तक में लेखक ने गहन श्रम करके पहले तीनों धारणाओं का पृथकीकरण किया है और फिर उनके इतिहासक्रम को सप्रमाण प्रस्तुत किया है। पाश्चात्त्य और उनके अन्धानुसरणकर्ता भारतीय लेखकों द्वारा उक्त विभेदक तत्त्वों की उपेक्षा कर दिये जाने के कारण उन्होंने सारे पुरातन देवताओं को मिथकीय या पौराणिक व्यक्तित्व घोषित कर दिया। आश्चर्य की बात है कि उन देवताओं के पूजक हिन्दुओं ने अपने वास्तविक इतिहास को त्याग कर उसी कल्पित इतिहास को स्वीकार कर भी लिया, जो दुःख एवं इतिहास–धर्म के विरुद्ध है। जैसा कि मैंने आरम्भ में कहा है, लेखक ने अपने शोध से उस मिथकीय भ्रम का निराकरण करके अपने पूज्य देवताओं का ऐतिहासिक पक्ष स्पष्ट किया। और उसको पुरातात्त्विक

विवरणों से संपुष्ट किया है। इसका संदेश यह है कि देवता वस्तुतः इतिहास पुरुष हुए हैं।

देवताओं के वाहनों के प्रति फैली भ्रान्ति का सप्रमाण और युक्तियुक्त निवारण करके उनके यथार्थ स्वरूप का उद्घाटन करना भी लेखक का मौलिक प्रयास है। वाहन विषयक विस्तृत विश्लेषण आपको पुस्तक में पढ़ने का अवसर मिलेगा। यह कहने में कोई अत्युक्ति नहीं है कि लेखक के विश्लेषण ने देवताओं के प्रचलित इतिहास को हास्यास्पद स्थिति से निकाल कर तथ्याधारित तार्किक रूप में प्रस्तुत करने का श्रेयस्कर कार्य किया है।

इस पुस्तक के लेखक डॉ० (प्रो०) योगानन्द शास्त्री आधिकारिक और अनुभवी विद्वान् हैं। इन्होंने वैदिक और लौकिक संस्कृत, इतिहास एवं पुरातत्त्व शास्त्र का अध्ययन किया है। देश–विदेश के पुरातात्त्विक स्थलों और संग्रहालयों की अध्ययन–यात्राएं की हैं। राजनीति में भी आपकी सहभागिता रही है। आप दिल्ली विधानसभा के अध्यक्ष और दिल्ली सरकार में दो कार्यकालों में मन्त्री रहे हैं। जीवन के विविध आयामी अनुभव अर्जित करने का सुअवसर आपको मिला है। देवताओं के इतिहास और उनके वाहनों को समझने अथवा उस पर विमर्श करने के लिए यह पुस्तक ऐतिहासिक और धार्मिक जगत् में एक नया अवदान सिद्ध होगी, ऐसी पूर्ण आशा है।

दिनांक :– 20–2–2021

डॉ० सुरेन्द्रकुमार

पूर्व कुलपति, गुरुकुल कांगड़ी विश्वविद्यालय,

हरिद्वार।

प्रथम अध्याय

ब्रह्मा एवं सरस्वती और उनका वाहन

ब्रह्मा

शपगांव, नेपाल घाटी 5वीं शती ई. फोटो सौजन्य—श्री एल.एस. बंगदेल

ब्रह्मा एवं सरस्वती का ऐतिहासिक परिचय

विश्व में भारतीय त्रिदेवों के रूप में सम्मानित एवं पूजित वैदिक देवताओं (ब्रह्मा, विष्णु, महेश) में ब्रह्मा का प्रथम स्थान है। जब मानव सृष्टि उत्पन्न हुई थी, तो बहुत–सारे स्त्री–पुरुष इस संसार में उत्पन्न हुए थे। वैदिक साहित्य एवं इतिहास में ब्रह्मा को आदि पुरुष, आदि–गुरु, आदि–आत्मभू, प्रजापति, स्वयम्भू, आदि–सृष्टि कर्ता, आदि बताया गया है। अनेक मनुष्यों के होते हुए भी ऐसा उल्लेख इस कारण मिलता है कि किसी भी क्षेत्र के जिस व्यक्ति का समाज में विशेष योगदान होता है जो कोई–न–कोई इतिहास रचता है, इतिहास में उसी का उल्लेख होता है, साधारण व्यक्तियों का नहीं। आर्यों के ज्ञात और उपलब्ध इतिहास में सर्वोच्च ऐतिहासिक विशिष्ट प्रथम पुरुष के रूप में ब्रह्मा का नाम मिलता है। उनके माता–पिता का भी ज्ञान नहीं है। अतः इतिहास ने उसको आदि–पुरुष आत्मभू माना है। वह प्रजाओं का मुखिया था, अतः प्रजापति, जगत्प्रभु लोकेश कहा गया। आदि समाज का उसने निर्माण और विकास किया, अतः उसको स्रष्टा, सृष्टिकर्ता माना गया। प्रजाओं के लिए उसने व्यवस्थाओं, नियमों का निर्माण सर्वप्रथम किया, अतः उनको आदि–धर्म शास्त्रकार कहा गया है। वैदिक तथा लौकिक संस्कृत साहित्य के ग्रन्थों में उनका स्पष्ट उल्लेख मिलता है, कि ब्रह्मा 'आदिदेव' और 'सूरज्येष्ठ था–

''ब्रह्मा देवानां प्रथमः संबभूव विश्वस्य कर्ता भुवनस्य गोप्ता।''

(मुण्डक उपनिषद् 1.1)

देवताओं अथवा देववंशियों का प्रथम पुरुष ब्रह्मा हुआ, वही आदि विश्व का निर्माणकर्ता एवं रक्षक पुरुष था। इसी कारण उसको मनुष्यों का 'प्रपितामह' 'पितामह' कहा जाता है।

महाभारत में सात ब्राह्मणों का नामोल्लेख मिलता है। वे हैं– मानस, कापिक, चाक्षुष, वाचिक, श्रवणज, नासिकाज, अंडज, पद्मज।[1] महाभारत के आधार पर, वैदिक इतिहासकार पं० भगवद्दत्त का मानना है कि सातवां ब्रह्मा 'पद्मजज' था। उससे पूर्व छह ब्रह्मा हो चुके थे।[2] उनमें से आदि ब्रह्मा को सर्वलोक का 'प्रपितामह' कहा जाता है और सातवें पद्मज को 'पितामह'। अधिकांश उल्लेख अंतिम ब्रह्मा के ही मिलते हैं। अत्यधिक पुरातन इतिहास होने के कारण तथा पुरातन इतिहास के नष्ट होने के कारण सभी ब्राह्मणों का स्पष्ट और पूर्ण इतिहास उपलब्ध नहीं होता। इसी कारण उनके इतिहास में परस्पर घालमेल भी हो जाता है, और परवर्ती लेखकों की कल्पनाओं एवं अज्ञानताओं ने बहुत–सी असम्भव कथाएं भी समय–समय पर जोड़ दी हैं, जिनके परिणामस्वरूप प्राचीन देवताओं का इतिहास संशयात्मक एवं विकृत भी हो गया है।

---

1. महाभारत, शान्तिपर्व
2. ''यदिदं सप्तमं जन्म पद्मजं ब्रह्मणो नृप।'' (महाभारत, शान्ति० 658.49)

उस विवरण में यह यथार्थ ऐतिहासिक तथ्य जुटाना लेखकों के लिए कठिन हो गया है। फिर भी कुछ तथ्य पाठकों के लिए अन्वेषित किये हैं।

पं. भगवद्दत्त का कहना है कि सातवें ब्रह्मा शतपथ ब्राह्मण में वर्णित मनुकालीन जल प्रलय (जलप्लावन) की घोर घटना के समय हुए हैं,[1] जबकि पूर्व के छह मनु इस घटना से पूर्व हो चुके थे। इस घटना का स्वल्पाधिक परिवर्तित उल्लेख बाइबल, कुरान आदि विश्व के लगभग एक दर्जन देशों के ग्रन्थों में मिलता है। इस भयावह जलप्लावन के समय तत्कालीन लोगों ने हिमालय पर जाकर अपनी जीवनरक्षा की थी। यही कारण है कि वर्तमान सृष्टि का आरम्भ हिमालय से मिलता है। वैदिक साहित्य में ब्रह्मा का निवास भी हिमालय के मेरु पर्वत प्रदेश में वर्णित मिलता है।[2] ब्रह्मा के उस प्रदेश को ही देवलोक कहा जाता था। आदिकालीन ऋषि जो ब्रह्मा के मानस पुत्र अर्थात् विद्या प्राप्त शिष्य थे, उनका निवास भी हिमालय पर ही था। उनके नाम हैं– ऋषि, मरीचि, अत्रि, अंगिरा, पुलस्त्य, पुलह, क्रतु। वैदिक इतिहासकार पं० भगवद्दत्त एक गणना अनुमान के आधार पर जलप्लावन की उक्त घटना को सोलह हजार वर्ष से प्राचीन मानते हैं।[3] पाश्चात्यों का कालनिर्धारण काल्पनिक एवं अर्वाचीन है। ब्रह्मा, विष्णु, महेश के रूप में सनातन धर्म में पूजित देवताओं में ब्रह्मा प्रथम हैं। ब्रह्मा के साठ से अधिक नाम संस्कृत साहित्य में मिलते हैं। वे ब्रह्मा के इतिहास, व्यक्तित्व, कृतित्त्व और विशेषताओं को स्पष्ट एवं पुष्ट करते हैं। कुछ नामों का विवरण पूर्व पंक्तियों में दिया गया है। यहां ब्रह्मा को पद्मज, पद्मासन, कमलासन, पद्मगर्भ, पुष्कर सृज्, अब्जयोनि क्यों नाम दिया है, और जलप्लावन की घटना का उससे क्या सम्बन्ध है, उस पर प्रकाश डाला जाता है। जलप्लावन में पृथिवी के निमग्न होने के बाद और जल के उतरने–सूखने के पश्चात् हिमालय सदृश उच्च पर्वतों की चोटियां प्रकट हुई। तदनन्तर पृथिवी के उच्च भाग प्रकट हुए। जल में प्रकट हुए वे भूमि भाग और पर्वत भाग इस प्रकार दिखाई पड़ रहे थे जैसे जल में कमलपत्र उभरा होता है। पृथिवी की स्थिति को संस्कृत साहित्य में पद्म, कमल, शतपत्र, पुष्कर कहा है।[4] वह स्थान ब्रह्मा का आसन अर्थात् निवास

1 भारतवर्ष का बृहद् इतिहास–पं० भगवद्दत्त, भाग दो पृष्ठ 16

2 परिमण्डलस्तयोः मध्ये मेरुः कनकपर्वतः।।
तत्र ब्रह्मा च रुद्रश्च शक्रश्चापि सुरेश्वरः।
समेत्य विविधैर्यज्ञैः यजन्तेऽनेकदक्षिणैः।। (महाभारत, भीष्म० 6.10.9)
यथागतं तथा गच्छद् देवलोकं महायशाः। (वाल्मीकि रामायणः बालकण्ड 44.16)

3. भारतवर्ष का बृहद् इतिहास पं. भगवद्दत्त, भाग दो, पृष्ठ 18

4. पद्मभावकाश, समुत्पन्ना, पृथिवी सवनद्रुमा (वायुपुराण 50.44) इयं (पृथिवी) पुष्करपर्णम्। शतपथ (4.2.22)

स्थान बना। वहां रहकर ब्रह्मा ने नव सृष्टि का निर्माण, विकास और प्रशासनिक चालन किया था। जल में से निकले उस पृथिवी रूप कमल पर ब्रह्मा प्रकट हुए थे, अतः उनका नाम अब्ज योनि=जल से उत्पन्न, कमलगर्भ=पृथिवी रूप कमल के गर्भ से प्रकट हुए पड़ा। पुष्कर भी कमल को कहते हैं। उस भाग पर उन्होंने सृष्टि का नव निर्माण किया अतः उनके 'पुष्करसृज्' 'विश्वसृक्' 'स्रष्टा आदि नाम हुए।

हिमालय क्षेत्र में रहकर ब्रह्मा ने जो समाज के लिए महान् ऐतिहासिक कार्य किया, वह था चार वेदों और विविध विद्याओं का परीक्षण तथा प्रचार–प्रसार। उसमें व्यक्तियों और समाज की उन्नति हुई। इसी महान् कार्य के कारण ब्रह्मा को चतुर्वेदविद्, चतुरानन, चतुर्मुख, सर्वविद्य, वेदात्मा, वेदनिधि, ऋषि आदि नाम प्राप्त हुए। उनका पूर्वमुख ऋग्वेद है, पश्चिम मुख सामवेद है, दक्षिण मुख यजुर्वेद और उत्तर मुख अथर्ववेद है।[1] बाद के ग्रन्थो में अधिक मुखों का वर्णन केवल कल्पनाएं हैं। बाद के अधिकांश साहित्य में, और धार्मिक ग्रन्थों में रचनाकारों ने ब्रह्मा के अवतार दिखाकर उससे संवाद के वर्णन किये हैं। यह परम्परा यह संकेत करती है कि ब्रह्मा को सर्वविद्या प्रवर्तक और ज्ञान विज्ञान का प्रतीक महा पुरुष माना जाता है।[2] ब्रह्मा का वाहन (सवारी नहीं, ध्वज चिह्न) हंस को माना है। हंस को भी लोक में नीर–क्षीर का विवेकी, अर्थात् यथार्थ ज्ञान के ज्ञाता का प्रतीक माना जाता है। यह परम्परा भी ब्रह्मा के महाविद्वान या ऋषि होने का बोध कराती है। यह परम्परा गुरू नानक तक भी मिलती है।

ब्रह्मा की पत्नी के अनेक नाम मिलते हैं जैसे–शतरूपा, सरस्वती, गायत्री, ज्ञानशक्ति, सावित्री, ब्रह्माणी आदि। अज्ञानी लेखकों ने एक ही पत्नी को अनेक पत्नियां बना दिया। ये गुणवाचक और अलंकारिक नामांतर हैं। ब्रह्मा की पत्नी को ब्रह्माणी कहा जाता है। ब्रह्मा ज्ञान के देवता हैं तो उनकी पत्नी ज्ञान की देवी है, अतः उसी का नाम सरस्वती = वाणी या विद्या की देवी है। सावित्री या गायत्री वेदोक्त ज्ञान अथवा बुद्धि–प्राप्ति का मन्त्र है। इनका भी सम्बन्ध ज्ञान से है। इस प्रकार ये शतरूपा के ही गुणवाचक नाम हैं। पत्नी–विषयक अन्य सब कथाएं अनर्गल कल्पनाएं हैं।

ब्रह्मा के पुत्र का नाम 'मनु स्वायम्भुव' था। ब्रह्मा का एक नाम स्वयम्भू है। स्वयम्भू का पुत्र होने के कारण मनु को 'स्वायम्भुव' वंश विशेषण मिला। यह मनु पृथिवी का प्रथम राजा था।[3] ब्रह्मा ब्राह्मण वर्ण के थे। उन्होंने जनता की मांग पर अपने पुत्र को राजा बनने का आदेश दिया। पिता ब्रह्मा के आदेश पर मनु ने क्षत्रिय

---

1. ब्रह्माण्ड पुराण, 2.9
2. ब्रह्मा सर्वविद्यः (निरुक्त 1.18)
3. महाभारत, शान्तिपर्व 61.20–321

वर्ण स्वीकार किया और राजा बने। जिस प्रदेश में रहकर उन्होंने राज्य किया, उसका नाम अपने पिता ब्रह्मा की स्मृति में 'ब्रह्मावर्त' रखा।[1] यह सरस्वती और दृषदवती नदियों के मध्य का क्षेत्र है। आजकल इसकी पहचान हरयाणा और उसके समीपवर्ती पंजाब, हिमाचल, राजस्थान के क्षेत्रों से की जाती है।

ब्रह्मा की स्मृति में ही 'ब्रह्मादेश' नामकरण हुआ। उसका अपभ्रंश बर्मा बना। आजकल उसका म्यामार नाम रखा गया है।

ब्रह्माओं का युग बीतने के बाद भी ब्रह्मा नाम की परम्परा आज तक किसी–न–किसी रूप में जीवित है। पहले अपने–अपने समय के सर्वोच्च ज्ञानी व्यक्ति को ब्रह्मा कहा जाता रहा। आज यज्ञ का जो सर्वोच्च मुख्य पुरोहित होता है उसको ब्रह्मा कहा जाता है। भारतीय इतिहास का सर्वोच्च विद्यापुरुष आदि अनेक गुणों से सम्पन्न होने के कारण ही साहित्य में उसे 'आदि–देवता' के रूप में स्वीकार किया गया है। उनको 'जटाधर' नाम संकेत देता है कि ऋषि–मुनियों के सदृश वे भी जटाधारी थे।

वैदिक वाङ्मय में ब्रह्मा–सरस्वती

'ब्रह्मा' शब्द सर्वप्रथम वेदों में प्रयुक्त हुआ है। किन्तु वहां यह ऐतिहासिक ब्रह्मा का बोधक नहीं है। वहां इसके तीन अर्थ हैं, वेदों, ब्राह्मण ग्रन्थों, पुराणों और महाकाव्यों में ब्रह्मा को अनेक नामों से पुकारा गया है। उन्हें सृष्टिकर्ता प्रजापति, विश्वकर्मा आदि अनेक नामों से उल्लिखित और सम्बोधित किया गया है। सबसे महान् देव परमेश्वर का नाम चतुर्वेदवेत्ता अथवा बहुविद्यावेत्ता विद्वान् और यज्ञ का सबसे मुख्य विद्वान् ऋत्विज ब्रह्मा। क्योंकि सृष्टि के रचयिता परमात्मा का नाम भी ब्रह्म मिलता है और प्रलयोत्तर मानव सृष्टि का निर्माता आदि देव पुरुष का भी ब्रह्मा नाम है, तो गुण–कर्म के साम्य से परवर्ती साहित्य में दोनों के विवरणों का घालमेल हो गया। इस पुस्तक का प्रतिपाद्य ऐतिहासिक ब्रह्मा है। 'हिरण्यगर्भ' उनका सामान्य नाम है, किन्तु 'प्रजापति' से इस नाम की एकात्मकता स्थापित की गई है। ऋग्वैदिक देवमण्डल के सर्वोच्च देवता की स्तुति करने वाला यह हिरण्यगर्भसूक्त प्रजापति–परमात्मा विषयक वैदिक मन्त्रों में अद्वितीय स्थान रखता है।[2] इस सूक्त की अधिकांश ऋचाओं में– "कस्मै देवाय हविषा विधेम" पद आया है। सायण तथा अन्य भारतीय भाष्यकारों के अनुसार 'क' सुख को कहते हैं, और सुखमय होने के कारण प्रजापति ही 'क' वर्ण से वाच्य है। इस हेतु कस्मै का अर्थ है– 'प्रजापति के लिए'। 'क' को प्रजापतिः का एक नाम मानने की परम्परा ब्राह्मण ग्रन्थों तथा परवर्ती

1 "सरस्वती दृषद्वत्योः देवनद्योः यदन्तरम्–ब्रह्मावर्त प्रचक्षते।" (मनुस्मृति 2.17)

2. ऋग्वेद– 10/122।।

धार्मिक साहित्य तक अविच्छिन्न रूप से पाई जाती हैं।– 'क वै प्रजापति कमेवैष प्रजाभ्यः कुरुते।[1]

श्रीमद्भागवत आदि पुराणों में 'क' शब्द नियमित रूप से प्रजापति का वाचक है। ऋग्वेद में इस प्रजापति देवता का हिरण्यगर्भ सूक्त में इन शब्दों का वर्णन है[2]– वे 'सम्पूर्ण संसार के स्वामी हैं और उन्होंने ही इस पृथ्वी और आकाश को धारण कर रखा है। उन्होंने ही प्राणियों में चेतना का संचार कर रखा है। उन्होंने ही (आत्मदा–बलदा) जीवन–शक्ति प्रदान की है। प्राणियों का जीवन मृत्यु उन्हीं पर आश्रित हैं। अपनी महिमा के कारण ही वे संसार के प्रत्येक प्राणी के स्वामी हैं। पृथ्वी, पर्वत, समुद्र तथा नदियां सब उनके शरीर के अन्दर हैं। दिशायें उनकी भुजायें हैं। वे सम्पूर्ण देवों के अधिपति हैं। पृथ्वी, जल, आकाश आदि सब उनके बनाए हुए हैं। उनके बिना संसार में और कुछ भी नहीं है–

हिरणगर्भः समवर्ताग्रे भूतस्य जातः पतिरेक आसीत्।
स दाधार पृथिवीं द्यामुतेमां कस्मै देवाय हविषा विधेम।।1।।

य आत्मदा बलदा यस्य विश्व उपासते प्रशिषं यस्य देवाः।
यस्यच्छायाऽमृतं यस्य मृत्युः कस्मै देवाय हविषा विधेमः।।2।।

यः प्राणतो निमिषतो महित्वा एक इद्राजा जगतो बभूव।
य ईशे अस्य द्विपदश्चतुष्पदः कस्मै देवाय हविषा विधेम।।3।।

यस्येमे हिमवन्तो महित्वा यस्य समुद्रं रसया सहाहुः।
यस्येमे प्रदिशो यस्य बाहू कस्मै देवाय हविषा विधेमः।।4।।

यो देवेष्वधिदेव एक आसीत् कस्मै देवाय हविषा विधेमः।।8।।

महर्षि दयानन्द सरस्वती का मन्तव्य है, कि वेदों में एक परमेश्वर के अनेक नाम हैं, जो एक–एक गुण पर आधारित हैं। वेदों में बहुदेवतावाद की धारणा नहीं है। किन्तु बहुदेवतावाद विषयक व्याख्या करने वाले भाष्यकार सभी नामों को पृथक् देवता कहते हैं जैसे विश्वकर्मा भी एक देवता था। किन्तु प्रजापति और विश्वकर्मा की धारणाएं वैदिक युग में एक हो चुकी थीं। शुक्ल यजुर्वेद में कम से कम दो स्थानों पर प्रजापति के संदर्भ में उनके जगत् कर्तव्य को व्यक्त करने के लिए 'विश्वकर्मा' विशेषण प्रयुक्त हुआ है–

''प्रजापति विश्वकर्मा विमुञ्चतु''–12/61

''प्रतापति विश्वकर्मा....स न इदं ब्रह्मक्षत्रं पातु।। 18/43

---

1. श० ब्राह्म० 2/5/2 तथा 6/2/2–5। कौ०ब्रा०5/4 तै०सं०–1/7/6
2. ऋग्वेद– 10/122।।

वाजसनेयी संहिता में भी विश्वकर्मा का ऋग्वैदिक प्रजापति की भांति जल से सम्बन्ध तथा सृष्टि के आदि में वर्तमान बतलाते हुये त्वष्टा से उनका सम्बन्ध जोड़ा गया हैं—

अद्भ्यः संभृतः पृथिव्यै रसाच्च विश्वकर्माः समवर्तताग्रे।

तस्य त्वष्टा विदधद्रूपमेति तन्मर्त्यस्य देवत्वमाजानमग्रे।।[1]

महर्षि शौनक ने अति दृढ़ता के साथ सूर्य के प्रजापतित्व का प्रतिपादन किया है। उससे प्रजापति के उद्गम पर ब्रह्मा जी का 'स्वयंभू' विशेषण भी परवर्ती साहित्य में बहुत प्रचलित है, और उनको सूर्य का ही स्वयंभूः (स्वतः—उत्पन्न) कहा गया है।

स्वयंभूरसि श्रेष्ठो रश्मिर्वर्चोदा अधि वर्चोमेदेहि।

सूर्यस्यावृतमन्वावर्ते।।

सम्भवत वैदिक—काल में सूर्य के निरतिशय महत्त्व के कारण उसकी आवश्यकता को देखते हुए ऋषियों ने प्रजापति—देवता की कल्पना सूर्य से प्राप्त की हो। 'हिरण्यगर्भ' का संकेत भी सम्भवतः इधर ही है। कदाचित् वैदिक ऋषियों ने प्रजापति के रूप में एक उत्कृष्ट देवाधिदेव की स्थापना की हो।

वैदिक वांङ्मय में जगत् के सर्वोत्कृष्ट तत्त्व के रूप में प्रतिष्ठित प्रजापति ब्राह्मण—ग्रन्थों के कर्मकाण्ड के चक्रव्यूह में फंसकर अपनी सर्वोत्कृष्टता को भूल गये हैं। कहने को वे अब भी जगत्स्रष्टा हैं और मनुष्य तथा देव—दानवों के सृजनहार हैं। पर अब वे उनका सारा महत्त्व यज्ञ से अनेक घनिष्ठ सम्बन्ध तक ही रह गया प्रतीत होता है। ब्राह्मण ग्रन्थों के वर्णन से तो यही ध्वनित होता है। यदि संक्षेप में कहा जाए कि ''प्रजापति यज्ञ के देवता हैं'' तो उचित होगा। यज्ञ संसार की सर्वोच्च शक्ति है। यह प्राणियों की उत्पत्ति तथा कल्याण के लिए है। प्रजापति भी अपनी शक्ति यज्ञ से ही प्राप्त करते हैं। प्राणियों की सृष्टि व पालन के लिए वे निरन्तर तप तथा यज्ञ किया करते हैं। यज्ञ से प्रजापति की एकरूपता ब्राह्मण—ग्रन्थों के लिए सबसे अधिक सामान्य बात है—

''यज्ञो वै प्रजापतिः''

यह ब्राह्मण—ग्रन्थों में पाये जाने वाला वाक्य है।[2] इनमें कहा गया है प्रजापति ने यज्ञ को अपने स्वरूप के समान रचा। प्रजापति को ब्राह्मण—ग्रन्थों में पर्याप्त सम्मान प्राप्त है। उन्हें संसार का 'जनक' तथा 'सर्वोत्कृष्ट अमर तत्त्व' कहा गया है।

---

1. वा० सं०—31 / 11
2. श० ब्रा०—1.1.1 / 13, 3.2.2 / 4, 5.1.2
   ऐ० ब्रा०—2.2.6 तथा —मै०सं०—3.6.5, श०ब्रा०—11.1.8.3।।

शतपथ ब्राह्मण में दो स्थानों पर प्रजापति को ब्रह्म कहा गया है।[1] प्रचलित ब्राह्मण कालीन धारणाओं के अनुसार प्रजापति ब्रह्मा के प्रतिनिधि हैं। ब्रह्म शब्द सूक्तों के अतिरिक्त यजूस् (यज्ञसूत्र) का तथा वेदों का भी वाची है।[2] इसी कारण ब्रह्मा के एक हाथ में पुस्तक रूप में वेद ही दिखाया जाता है।

वर्तमान युग में ब्रह्मा अखिल विश्व के स्रष्टा के रूप में जाने जाते हैं। परन्तु वैदिक काल में यह प्रजापति, विश्वकर्मा, धाता, विधाता, 'क', हिरण्यगर्भ और ब्रह्मणस्पति आदि विभिन्न देवताओं से सम्बन्धित थे। यह हम ऊपर सप्रमाण लिख चुके हैं। वेदों में भी यद्यपि ब्रह्मा शब्द का कई जगह उल्लेख है, तथापि वहां इसका प्रयोग मुख्य रूप से एक विशेषण की भांति अथवा विशेष पारिभाषिक अर्थ में ही हुआ है, किसी स्वतन्त्र–देवता के अर्थ में नहीं।[3] उत्तर वैदिक काल में आकर अवश्य ब्रह्मा का वर्णन एक शक्ति सम्पन्न स्वतन्त्र देवता की भांति मिलने लगता है। पुनरपि अभी तक ब्रह्मा और प्रजापति में एकरूपता नहीं आ पाई थी। यद्यपि दोनों का मुख्य कार्य एक ही था– सृष्टि रचना। यहां पर ब्रह्मा की स्थिति प्रजापति से श्रेष्ठ है। तथा प्रजापति को ब्रह्मा से उत्पन्न तथा ब्रह्मा को स्वयंभू कहा गया है। तैत्तिरीय ब्राह्मण में भी ब्रह्मा और प्रजापति को दो पृथक् देवता माना है।[4] वस्तुतः इनकी एकता सर्वप्रथम सूत्र काल में आकर स्थापित हुई, जहां ब्रह्मा और प्रजापति एक ही देवता के दो नाम हैं– "प्रजापति ब्रह्मा"[5]। बौद्धायन धर्मसूत्र में प्रजापति के साथ ही ब्रह्मा के चतुर्मुख, परमेष्ठिन्, हिरण्यगर्भ और स्वयंभू नामों का भी उल्लेख मिलता है।[6]

संस्कृत साहित्य में ब्रह्मा–सरस्वती

महाकाव्यों के प्रारंभिक अंशों में ब्रह्मा के लिए आत्मभू, सर्वलोकपितामह, आदिदेव, लोकेश्वर आदि विरुदों का प्रयोग पूर्व महाकाव्य काल में ब्रह्मा की श्रेष्ठ स्थिति का परिचायक है। रामायण के अयोध्या काण्ड में स्वयंभू ब्रह्मा की उत्पत्ति जल से बतलाई है।[7] महाभारत में तो एक स्थान पर स्वयं शिव को ब्रह्मा के ललाट से उत्पन्न कहा गया है।[8] किन्तु इन्हीं महाकाव्यों के आगामी अंशों में ब्रह्मा की स्थिति शनैः शनैः हीन होती प्रतीत होती है। रामायण के उत्तरकांड में आकर विष्णु

---

1. श० ब्रा०–9.3.2/42 तथा 8.4.2/3, 4।।
2. भा०पु०–4.9.40
3. म०–10.9.1/10.81.2।। 10–81–5–6।।
4. तै०ब्रा० 3.10.11.1।।
5 आ० गृ० सू०–3.4.1।।
6. बौ०धर्म० सू०–1.5.8.5।।
7. रा०–2.14.49। 6.62.23।। महा०–1.88.18, 3.30.22 आदि।
8. महाभारत–12.341.16–18।।

के नाभिपद्म से ब्रह्मा की उत्पत्ति की कथा लोकप्रिय हो जाती है।[1] इसी प्रकार महाभारत में ब्रह्मा कभी शिव से उत्पन्न, कभी शिव–पुत्र स्कन्द का अभिवादन करते हुए, कभी शिव के सारथि की भांति और कभी विष्णु का अनेक प्रकार से चिंतन करने वाले वर्णित हैं। ये सभी विवरण उत्तर महाकाव्य काल में ब्रह्मा की क्रमिक अवनति का परिचायक हैं।

लिंग, कूर्म, वायु, शिव, वराह आदि पुराणों में दी गई शिव की लिंगोद्भव तथा ब्रह्मशिरछेदक–मूर्तियों की कथाएं भी ब्रह्मा की हीनता की द्योतक है।

पुरातत्त्वीय सन्दर्भ में ब्रह्मा एवं सरस्वती

ब्रह्मा की मूर्तियों के निर्माण–विधि का वास्तु शास्त्रों में वर्णन अविरल रूप से होता रहा है। इसमें ब्रह्मा के विविध रूपों का विवरण सदा होता रहा है। 'अपराजित पृच्छा' और देवता मूर्ति प्रकरण में ब्रह्मा की पांच मूर्तियां–ब्रह्मा, पितामह, विरंचि, कमलासन और विश्वकर्मा के लक्षण मिलते हैं।

ब्रह्मा

ब्रह्मा नामक मूर्ति के लक्षण केवल अपराजितपृच्छा और देवता मूर्ति प्रकरण में है। इनमें ब्रह्मा को चतुर्मुख कहा गया है। इस ग्रन्थ के अनुसार ब्रह्मा के मुख और भाव सुंदर तथा वर्ण तप्त कांचन के समान हों। ये कुण्डल, किरीट, माला, मणि तथा रत्नों से निर्मित उज्ज्वल हारों, मुक्तामय कटक व केयूरों तथा समस्त आभूषणों से विभूषित हों और अपने चारों हाथों में क्रमशः पुस्तक, अक्षमाला, स्त्रुवा एवं कमण्डलु धारण किये हों। यहां यह लिखना उचित होगा कि ब्रह्मा के हाथ में जो चार वस्तुयें बतलाई हैं, कई विद्वानों ने इनको हस्तायुध की संज्ञा दी है, जो सर्वथा अमान्य है क्योंकि ब्रह्मा जी के हाथों में आयुध नहीं अपितु उनके दैनन्दिन कार्यों को सम्पन्न करने वाली वस्तुयें हैं, ये आयुध नहीं हैं। उनका यज्ञ से घनिष्ठ सम्बन्ध था, इसलिए उसमें घृत–आहुति डालने के लिये 'स्त्रुवा' आवश्यक है। वेदज्ञ होने के कारण हाथ में वेद (पुस्तक के रूप में)। अक्षमाला–वेद मन्त्रों का मनन या पाठ करते समय गणना हेतु ब्रह्मा के हाथ में हैं। कमण्डलु उनके वीतराग और तपस्या तथा त्याग का प्रतीक है।

ब्रह्मा के प्रतिमालक्षण बृहत्संहिता,[2] विष्णो धर्मोत्तर पुराण, मत्स्य पुराण, अग्नि पुराण, भविष्य पुराण, पद्म पुराण, स्कन्द पुराण, गरुड पुराण, समरांगण सूत्रधार तथा मानसोल्लास में वर्णित हैं।

---

1. रामा०–9.104.10।। महा०–22.39 49–50।।
2. बृ०सं०–58, 42।। वि०ध०पु०–3.44, 5–8

पितामह

ब्रह्मा–मूर्ति की तरह उनके प्रतिमा रूप की प्रतिमा–लक्षण भी केवल 'अपराजितपृच्छा' और 'देवतामूर्ति–प्रकरण' में किये गये हैं। इसका उल्लेख तीन स्थानों पर हुआ है। दो स्थानों पर उन्हें चतुर्मुख कहा है।[1] हस्तगत वस्तुयें लगभग वही बतलाई गई हैं। मूर्ति कला पितामह के उपर्युक्त विवरण से आंशिक साम्य रखती एक प्रतिमा दक्षिण भारत के तिरूवादि शिव–मंदिर में विद्यमान है। यह त्रिमुखि व चतुर्मुखी मूर्ति आसन मुद्रा में प्रदर्शित है और इसके हाथ क्रमशः अभय मुद्रा, अक्षमाला, कमण्डलु और पुस्तक से युक्त है।[2] इसके दो हाथों में क्रमशः अक्षमाला और पुस्तक चित्रण शास्त्रीय विवरण के सदृश है। इसमें भिन्नता केवल शेष दो हाथों में है, जिसमें पहला कमण्डलु युक्त न होकर 'अभय–मुद्रा' में तथा तीसरा सूत्र के स्थान पर कमण्डलु धारी है।

विरंचि

इस मूर्ति का विवरण भी ऊपर लिखे दोनों ग्रन्थों में ही है। यहां ग्रन्थों में विरंचि की अक्षयसूत्र, पुस्तक, स्रुवा और कमण्डलु धारण किए हुए बताया गया है। मूर्तिकला में विरंचि के उपर्युक्त वस्तुओं से निकटता रखते हुये उदाहरण मुख्यतः दक्षिण–भारत में मिलते हैं। उत्तर भारत में विरंचि–मूर्तियों का अभाव नहीं है, तथापि उनका चित्रण भिन्न प्रकार से किया जाता था। उदाहरण के लिए दक्षिण भारतीय मूर्तियों में से पश्चिम गोदावरी जिले के क्षीर रामेश्वर मन्दिर और हलबिद् के होयसलेश्वर मन्दिर तथा उत्तर भारतीय मूर्तियों में से चित्तौड़गढ़ जिले के विजय स्तम्भ में उत्कीर्ण एक मूर्ति उल्लेखनीय है।

पहली गोदावरी जिले के क्षीर रामेश्वर में उत्कीर्ण मूर्ति तेरहवीं शताब्दी ईस्वी की है। इसमें त्रिमुख एवं चतुर्भुज देवता समभंग खड़े हैं और उनका पहला हाथ अभय–मुद्रा के साथ अक्षमाल–धारी तथा शेष तीन हाथ क्रमशः स्त्रुक्, स्त्रुवा तथा कमण्डलु से युक्त हैं।[3] चितौड़गढ़ के विजय स्तम्भ की मूर्ति लेखांकित है। 15वीं शती ई० की यह मूर्ति एक फलक के मध्य उत्कीर्ण है फलक के शीर्ष भाग पर–''श्री विरंचित मूर्ति'' लेख अंकित है। इस मूर्ति की विशेषता यह है कि यह 'हंस वाहन' से युक्त है और पद्मासन–मुद्रा में विराजमान श्मश्रु–कूर्चा–धारिणी, जटा मुकुट, कुण्डल, हार, श्रीवत्स, यज्ञोपवीत, केयूर आदि से अलंकृत है।

---

1. अ०पृ०–10–16, 86 ;बद्ध 26।।
2. दे०मू०प्र०, 4/6।।
3. इसी क्रम से वस्तु युक्त एक अन्य ब्रह्मा–मूर्ति इन्डियन–म्यूजियम कलकत्ता में सुरक्षित है।

कमलासन

कमलासन–मूर्ति के प्रतिमा लक्षण सभी ग्रन्थों में पाये जाते हैं। इनके अनुसार कमलासन नामक मूर्ति चतुर्मुखी और चतुर्भुजी हो। तथा उसके हाथ क्रमशः अक्षयसूत्र, स्त्रुवा, पुस्तक और कमण्डलु से युक्त हों। रूपमण्डन ग्रन्थ में कमलासन मूर्ति को कूर्चायुक्त निर्मित करने का अतिरिक्त उल्लेख भी (सकूर्चः कमलासनः) किया है।[1]

मूर्तिकला में ब्रह्मा के कमलासन रूप का चित्रण उत्तर भारत में विशेष लोकप्रिय था। इस विवरण से साम्य रखती विभिन्न मूर्तियां, उदयपुर, बैजनाथ, चित्तौड़गढ़ आदि स्थानों पर तथा उदयपुर, वाराणसी तथा धुबेला आदि संग्रहालयों में दर्शनीय हैं। ये मूर्तियां आसन और स्थानक दोनों अवस्थाओं में हैं।[2]

इसी प्रकार ब्रह्मा के अन्य मुख्य रूपों, विश्वकर्मा, दिग्पाल–ब्रह्मा, ऋषि, ऋग्वेद, यजुर्वेद, सामवेद, अथर्वण, नृत्यशास्त्र प्रतिहार–मूर्तियां, सत्य अथवा सप्त–धर्मक अथवा धर्म, यज्ञ अथवा जय विजय, यज्ञभद्रक, भव और विभव आदि का शास्त्रों में यत्किंचित् वर्णन मिलता है। ब्रह्मा के इन नामों या रूपों का महत्त्व इनके अभिधानों से ही समझा जा सकता है।

दक्षिण पूर्वी एशिया के देशों और द्वीपो में वैदिक धर्म का बहुत प्रचार हुआ। इसी कारण वहां सर्वत्र त्रिदेवों (ब्रह्मा, विष्णु, महेश) की पूजा होने लगी। इसी के साथ गणेश, कार्तिकेय तथा अन्य भारतीय देवी–देवताओं की पूजा के प्रमाण वहां उपलब्ध होते हैं। भारतीय व्यापारियों और काषायधारी संन्यासियों ने वहां भारतीय धर्म, दर्शन और संस्कृति को गहनता से स्थापित किया। बिहार के भागलपुर और उसके निकट प्राचीन चम्पा नगरी के लोगों ने रेशमी वस्त्रों के व्यापार के साथ–साथ वहां अपना उपनिवेश भी बसाया और चम्पा ही नाम दिया। वहां की चम्पाकला पर भारतीय कला का प्रभाव स्पष्ट रूप से देखा जा सकता है। मलाया प्रायद्वीप में भी ईस्वी सन् की प्रथम शती के आसपास भारतीय लोग तथा भारतीय कला वहां पहुंच गई थी। इसी कारण थाईलैंड (मलाया) के साम्राज्य में हमारे देवों की बहुत पहले से ही उपासना होने लगी थी, और उन्होंने विष्णु व गरुड़ की प्रतिमायें और राजकीय मोहरों पर गरुड़ारूढ़ चित्र अंकित किये और गरुड़ को अपना राष्ट्रीय चिह्न बनाया। इन द्वीपों में सभी जगह हमारे देवताओं की प्रतिमायें मिली हैं।[3] ब्रह्मा की एक भव्य प्रतिमा जावा के पूर्वी भाग में मिली है। इसके चार हाथ तथा तीन सिर हैं। हाथों में कमण्डलु तथा स्त्रुवा हैं। सिर पर रत्नजड़ित मुकुट है। यहां पर लिखना आवश्यक है कि दक्षिण पूर्वी द्वीपों में बौद्ध–धर्म का भी प्रचार हुआ, परंतु वह ब्राह्मण धर्म से कई शताब्दी बाद वहां पहुंचा।

---

1. रू० म०–2.6।।
2. भारत कला भवन वाराणसी में उत्तर मध्य कालीन मूर्ति में त्रिमुख एवं चतुर्भुज देवता हंस वाहन पर ललितासन–मुद्रा में आसनी हैं।
3. देखिए फलक प्लेट सं.–2

वैदिक धर्म में त्रिदेवों में ब्रह्मा को प्रथम स्थान दिया गया है। पौराणिक काल में त्रिदेव की मान्यता के पीछे सृष्टि के उद्भव और प्रलय की बातों का विचार किया गया था। देवता से ही स्फुरित होकर जगत् प्रलय–काल में उन्हीं में मिल जाता है। इन तीनों देवों को अनेक अलग–अलग रूपों में मान्यता मिली। ब्रह्मा–सृष्टिकर्त्ता, विष्णु–जगत–पालक, और महेश–शिव–संहारक माने गये। ब्रह्मा, विष्णु एवं शिव में से कौन पूज्यतम है– इसका समाधान पौराणिक काल में ही हो गया था। साधारणतः विष्णु को सर्वोच्च देव मान लिया गया।[1] वायु पुराण के अनुसार प्रलय काल में केवल एक देव विष्णु की ही सत्ता रहती है। [2]

शतपथ ब्राह्मण में प्रजापति (ब्रह्मा) ने मत्स्य, कच्छप तथा वराह का रूप धारण किया था। किन्तु महाभारत तथा पौराणिक युग में ब्रह्मा का वह स्थान नहीं रहा। भागवत पुराण में ब्रह्मा के द्वारा विष्णु के पद–प्रक्षालन का उल्लेख है।[3] जैसा हम पहले लिख चुके हैं–पौराणिक युग में प्रजापति का स्थान विष्णु ने ग्रहण कर लिया। मत्स्य, कच्छप तथा वराह के स्वरूप को विष्णु से सम्बन्धित कर दिया गया। अवतारवाद इन्हीं रूपों से आरम्भ होता है। यद्यपि हम इस अवतारवाद पर विश्वास नहीं करते, तथापि–ग्रन्थों में इस प्रकार के भ्रामक वाद पर विद्वानों के विमर्श के लिए इसका उल्लेख कर रहे हैं।

अब इन उदाहरणों से स्पष्ट हो गया होगा कि कालांतर में ब्रह्मा के पूजन का ह्रास होने लगा और उनको विष्णु से निम्न कोटि का देवता मानने लगे। यहां तक कि छठी सदी में वराहमिहिर ने शिव, विष्णु तथा सूर्य की प्रतिमा और स्थापना के लिए विस्तार से वर्णन किया है ब्रह्मा का नहीं।

त्रिदेव के लिये विभाजित कार्यों तथा उपलब्ध प्रतिमाओं के अनुशीलन से यह अनुमान युक्तिसंगत होगा कि जीवन के तीन प्रमुख आश्रमों–ब्रह्मचर्य, गार्हस्थ्य तथा संन्यास की कल्पना इन त्रिदेव में अन्तर्निहित है। ब्रह्मा की मूर्ति (ब्रह्मचारी के समान) कमण्डलु स्रुवा, मृगछाल, पुस्तक आदि वस्तुओं के सहित तैयार की गई है। ब्रह्मचारी पच्चीस वर्ष की आयु तक यज्ञ करता, मृगछाल धारण करता तथा वेदाध्ययन में संलग्न रहता है। इसीलिए उसके अनुरूप ये सारी वस्तुयें ब्रह्मा के हाथों में दिखलाई गई हैं। गृहस्थ व्यक्ति समाज में रहकर प्राणीमात्र का पालन करता है। इसी कारण सारे आश्रमों में गृहस्थाश्रम प्रमुख माना जाता है। जिस प्रकार सभी नदियां समुद्र में जाकर विश्राम पाती हैं, उसी तरह ब्रह्मचारी तथा संन्यासी उसी के पास (गृहस्थी) भिक्षा मांगने आते हैं। गृहस्थ के समान विष्णु का मुख्य कार्य पालन करना है। शिव

1. पद्म पु०, उ० खण्ड, अध्याय 282।। भागवत, 10, 89, 15।।
2. वा० पु०–24,1–30।।
3. भा०पु०–10.89.15।।

की मूर्ति योगी की तरह अर्द्धनग्न मिलती है। सिर पर जटाजूट है, शरीर पर भस्म रमाये दीख पड़ते हैं। संन्यासी भी इसी तरह रहते हैं। यही कारण है कि संन्यासी शिव को ही अपना आराध्य–देव मानते हैं।

ब्रह्मा का वाहन–ध्वजचिह्न हंस

अब हम ब्रह्मा के वाहन 'हंस' पर विचार करेंगे। कार्तिकेय के वाहन मयूर की तरह हंस भी एक अतीव सुन्दर और आकर्षक पक्षी है। हंस की सबसे बड़ी विशेषता उसका 'नीर क्षीर विवेकी' होना है। दूध और पानी को अलग करके उसका क्षीर = दुग्ध का पान करना किसी और दूसरे पक्षी की क्षमता नहीं है। इसी कारण प्राचीन काल से आज तक इसके गुणों का बखान होता है। संसार की सभी प्रमुख भाषाओं में हंस पर कवितायें लिखी गई हैं।

पक्षियों में हंस, गरुड, मोर, शुक तथा उल्लूक का प्रदर्शन कला में पाया जाता है। भारतीय कला में पक्षियों का अंकन वाहन के रूप में होता रहा है। हंस ब्रह्मा और सरस्वती के वाहन हैं। नीरक्षीर विवेकी होने के कारण इन दोनों (ब्रह्मा–सरस्वती) के साथ हंस का सम्बन्ध सर्वथा उपयुक्त है। ज्ञान की देवी का आश्रय पाकर मनुष्य उचित–अनुचित का विचारक हो जाता है। ब्रह्मा भी ज्ञान–विज्ञान के अधिष्ठाता माने जाते हैं। इसी कारण उनके एक हाथ में वेद पोथी (ग्रन्थ) दिखलाई जाती है। इसी हेतु हंस उनके भी वाहन स्वीकार किये गये। दार्शनिक विचार में हंस को आत्मा से सम्बन्धित करते हैं। योगी प्राणायाम करते समय आत्मस्थित होकर ईश्वर का चिन्तन करते हुये अपने को अलौकिक स्थिति में पाता है। यह साधना का प्रथम सोपान माना जाता है। दैवी गुणों के आश्रय से ही वह योगी सांसारिक व्यक्तियों के लिए 'परमहंस' हो जाता है, और वे सभी इस योगी को 'परमहंस' के नाम से ही पुकारने लगते है। वह अविरल साधना तथा तपस्या से ब्रह्म की प्राप्ति के लिए अग्रसर होकर जन्म बन्धन से मुक्त होकर परमगति को प्राप्त करता है इसी को ध्यान में रखकर ज्ञान की देवी सरस्वती और ब्रह्मा के वाहन रूप में हंस का प्रदर्शन भारतीय कला में होने लगा।

इन दोनों ही देवी–देवता (ब्रह्मा–सरस्वती) का हंस को वाहन दिखाना सर्वथा समीचीन है, परन्तु इनको हंस पर आरुढ़ दिखाना बिल्कुल अमान्य है। हंस इनको अपने ऊपर बैठाकर कैसे कहीं ले जा सकते है। यह असम्भव प्रकार का कथन है। अतः वाहन को सवारी मानकर कला में उसका उसी रूप (सवारी) में अंकन करना किंचित्मात्र भी तर्कसंगत नहीं है। हम इस सम्बन्ध में पहले भी विस्तार से लिख चुके है। हमारे प्राचीन और अर्वाचीन विद्वानों से भूल इसलिये हो गई कि उन्होंने आलंकारिक प्रतीक शब्दों को रूढ़ार्थ में स्थिर कर दिया, और वाहन का रूढ़ार्थ सवारी मान लिया। जबकि ब्रह्मा के लिए–''हंसध्वज'' और सरस्वती के लिए भी वही शब्द प्रयुक्त होना चाहिए।

श्री वामन शिवराम आप्टे ने अपने संस्कृत–हिंदी कोश में हंस के विषय में लिखा है– (हस् + अच्, पृषो० वर्णागमः– भवेत् वर्णागमात् हंसः–सिद्धा०) राजहंस, मराल, मुर्गावी, कारंडव–हंसाः, सम्प्रति पाण्डवा इव वनादज्ञातचर्यां गताः– मृच्छ. 5.6 न शोभते सभामध्ये हंसमध्ये बको यथा–रघु० –5.10.5.121

इस पक्षी का वर्णन जैसा की संस्कृत कवियों ने किया है–अधिकतर काव्यात्मक है। उसे ब्रह्मा का वाहन बताया जाता है। बरसात के आरंभ में उसे मानसरोवर की ओर उड़ता बताया जाता है। तु०–मानस। एक सामान्य कवि के अनुसार हंस को दूध और पानी को पृथक्–पृथक् करने वाला विशेष शक्ति सम्पन्न पक्षी माना जाता है। उदा०–''सारं ततो ग्राह्यमपास्य फल्गु हंसो यथा क्षीरमिवाम्बुमध्यात्। पंच–1, हंसो हि क्षीरमादत्ते तन्मिश्रा–वर्जयते अपः श०–6.21।।''

इस प्रकार प्राचीन से अब तक हंस की नीरक्षीर पृथक् कर्त्ता के रूप की भूरि–भूरि प्रशंसा होती रही है। दुनिया में हंस की छः प्रजातियां हैं। पक्षियों में यह कदाचित् सबसे बड़ी चिड़िया है। उड़ते समय इसके पंख लगभग दस फुट का विस्तार लेते है। लगभग सभी देशों में यह हंस नितान्त धवल–सफेद रूप में पाया जाता है। परन्तु ऑस्ट्रेलिया में अधिकांशत कृष्ण–वर्णी मिलता है। इसकी सुन्दरता पर आयरलैड, नार्वे, रसिया (रूस) और यूरोप के लगभग सभी देशों में भाव भीनी कवितायें लिखी गई हैं। ओटावा (कनाडा) की ओर से 1967 ई० में इंग्लैंड की महारानी एलिजोबथ द्वितीय को हंसो का एक जोड़ा भेंट किया गया था। उस जोड़े के वंशज अब वहां सैकड़ों की संख्या में हो गये हैं। हंस अकेला कभी नहीं बल्कि जोड़े में ही रहता है। दोनों में से एक मर जाये तब वह दूसरे के पास जाकर फिर जोड़ा बना लेता है। पक्षियों में हंस विधाता की धरती को एक श्रेष्ठतम और अनुपम देन है। प्रकृति की यह अनुपमेय कृति वाहन के रूप में ब्रह्मा और सरस्वती को मिली।

सरस्वती का वाहन–ध्वजचिह्न हंस

वाहन के रूप में भिन्न–भिन्न पशु या पक्षी देवताओं के लिए निश्चित हुए। प्रत्येक देव–देवता के लिए केवल एक ही वाहन है। वह एक के लिए निर्धारित होने के उपरांत किसी दूसरे देव को नहीं मिला, किन्तु हंस–वाहन इसमें अपवाद हैं। वह ब्रह्मा का भी वाहन है, और सरस्वती का भी। इसका कारण यह है कि 'सरस्वती' ब्रह्मा की पत्नी का ही एक नाम है। वह ब्रह्मा की अर्धांगिनी देवी है। अतः दम्पत्ती का एक ही वाहन है। ब्रह्मा के समान सरस्वती भी ज्ञान या विद्या की प्रतीक है। इस आधार पर विवेकी पक्षी हंस सरस्वती का वाहन (ध्वजचिह्न) निर्धारित होना तर्क संगत एवं व्यावहारिक दृष्टि से उचित ही है। इसी आधार पर संस्कृत–साहित्य में ब्रह्मा का नाम 'हंस वाहन' है, तो सरस्वती या शतरूपा का नाम 'हंस वाहिनी' है। ये नाम एक ही वाहन = ध्वजचिह्न होने की पुष्टि करते हैं।

द्वितीय अध्याय

इन्द्र एवं शची और उनका वाहन

इन्द्र एवं शची का ऐतिहासिक परिचय

इन्द्र वैदिक इतिहास का सर्वाधिक चर्चित और विवादपूर्ण देवता है। उसका विशेष कारण यह रहा कि अदिति के बारह पुत्रों (देवों) में से इसको देवलोक का राजा बनाया गया। उस राज्य की प्राप्ति और रक्षा में इनका सारा जीवन युद्धों के उतार–चढ़ाव में ही बीता। शासक होने के कारण ही उसे देवों का सर्वश्रेष्ठ देवता स्वीकार किया गया है। देवताओं विषयक इतिहास का विवरण विष्णु देवता के परिचय के अन्तर्गत दिया गया है। यहाँ पुनः इन्द्र के संदर्भ में संक्षिप्त चर्चा की जा रही है।

प्रजापति कश्यप की बड़ी पत्नी दक्षकन्या दिति थी। उससे छोटी अदिति थी। उससे छोटी दनु थी। दिति से उत्पन्न सन्तानें दैत्यवंशी कही गयी हैं। अदिति से उत्पन्न आदित्य वंशी और दनु से उत्पन्न दानव कहे गये। ये सभी परस्पर भाई थे, किन्तु आचरण भेद के कारण आदित्यों को 'देव' कहा गया और दैत्यों–दानवों को 'असुर' कहा गया। उस आचरण से सम्बन्धित मुख्य घटना यह थी कि बड़े होने के कारण देवलोक (स्वर्गलोक) का शासक दिति पुत्र हिरण्यकशिपु को बनाया गया।[1] जब अदितिपुत्र देव बड़े और समर्थ हुए तो देवों ने राज्य में अपना भाग मांगा, किन्तु हिरण्यकशिपु ने वह भाग देने से मना कर दिया। जैसे दुर्योधन ने पांडवों को उनका राज्य–भाग देने से मना कर दिया था।[2] देवों के पास युद्ध के सिवाय कोई विकल्प नहीं बचा। इस विवाद के कारण परस्पर युद्ध प्रारम्भ हुए। उस युद्ध में एक ओर देव, शिव आदि थे, तो दूसरी ओर दैत्यदानव थे। ये युद्ध वर्षों तक चलते रहे। कभी देव जीत जाते, तो कभी असुर जीत जाते। ये युद्ध तब तक चले जब तक देवलोक

---

1 असुराणो वा इयं (पृथिवी) अग्र आसीत् (तैत्ति० ब्राह्मण 3. 2. 8. 6
तेषामिदं वसुमती पुरासीत् सवनार्णवा (बा० रा०, अरण्य 94, 95, 96)

2. असुराणां वा इयं पृथिवी आसीत्। ते देवाः अब्रुवन् दत्त नोऽस्या इति (काठक संहिता 31.2)

पर इन्द्र के नेतृत्व में उनका पूर्ण शासन स्थापित नहीं हुआ।[1] अन्ततः देवों द्वारा असुरों का या तो वध कर दिया गया, अथवा उनको देवलोक से बाहर भगा दिया। उस समय देवलोक का प्रथम शासक हिरण्यकशिपु था। फिर उसका पुत्र प्रहलाद बना। उसके बाद उसका पुत्र बलि बना। बलि के राज्य–बहिष्कृत होने के बाद इन्द्र सम्पूर्ण देवलोक का एकछत्र शासक बन गया। इन्द्र को देवों में से सर्वाधिक सहयोग विष्णु का मिला था।[2]

अदिति के बारह पुत्र थे–धाता, मित्र, अर्यमा, शक्र, वरूण, अंश, भग, विवस्वान्, पूषा, सविता, त्वष्टा और विष्णु।[3] इनके पिता प्रजापति कश्यप, प्रजापति मरीचि के पुत्र थे और मरीचि ब्रह्मा के मानस पुत्र थे।[4] इन्द्र की पत्नी का नाम शची था। पत्नी होने कारण, उनकों इन्द्राणी भी कहा जाता था। वह पुलोमा राजा की पुत्री थी। अतः पैतृक नाम पुलोमजा मिलता है। इन्द्र के दो पुत्र थे–जयन्त और पाकशासनि। इसकी राजधानी अमरावती थी, जिसमें स्थित नन्दनवन उद्यान के रूप में प्रसिद्ध था। उसी का अन्य नाम अमरपुर भी है। यह हिमालय पर पूर्व दिशा में था। इसी कारण इन्द्र को पूर्व दिशा का अधिपति कहा गया है। कहा जाता है कि अमरावती इतना आकर्षक नगर था कि जब विरोचन–पुत्र बलि ने इन्द्र को पराजित करके देवलोक पर अधिकार कर लिया था, तो वह इसी नगर में रहने लगा था।[5]

इन्द्र का इतिहास ब्राह्मण ग्रन्थों से मिलना आरम्भ होता है। रामायण, महाभारत, पुराणों में उसका विस्तार होता गया। बहुत सारी कल्पनाएँ और असम्भव गाथाएँ भी जुड़ती गई, जैसी अन्य देवताओं के साथ हैं। फिर भी प्रचलित नामावलि से बहुत–से ऐतिहासिक तथ्य स्पष्ट हो जाते हैं। अनेक युद्धों में इसने विपक्षी दैत्यों का वध किया। वृत्र का वध करने के कारण वृत्रहन्, वृत्रहा, नमुचित् और शम्बर का वध करने के कारण नमूचिसूदन, शम्बरहन्; पुलोमा का वध करने के कारण पुलोमारि, पुलोमासूदनः, बल का वध करने के कारण बलहन्ता बलादिवध, पाक का वध करने के कारण पाकशासन, त्रिपुरों को विनाश करने के कारण पुरन्दर, त्रिपुरारि; पर्वत क्षेत्रों पर विजय करने के कारण इसको गोत्रमिद् आदि नाम प्राप्त हुए। इन पराक्रमों के कारण इन्द्र विश्वजित् स्वर्गलोक का स्वामी, नाकनाथ, देवश्रेष्ठ सुरपति, देवराज

1. युद्धं देवसुरे पुरा। असुरा भ्रातरो ज्येष्ठा देवाश्चापि यवीयसः।
   युद्धं वर्ष सहस्राणि द्वात्रिंशतभवत् किल। (महाभारत, शन्ति० 32.13, 14)
2. विष्णु महातेजा आदित्यां समजायत (वा०रा०बाल०28.18) (महा आदि० 65.96)
3. महाभारत, आदि० 65 95–96, 75.90–99।
4. ब्रह्म० पु० 2. 32. 86; वायु पु० 50, 168, 52, 85, (आ० पु० 2.6. 32) महा० आदि० 661,5
5 भाग० पुराण 8. 15. 11–22; वायु पुराण 77–26

अमरेश और महेन्द्र बन गया।[1] शासक बनने के बाद इन्द्र ने एक सौ अश्वमेध यज्ञों का अनुष्ठान किया जिसके कारण इसका 'शतक्रतु' नाम विश्रुत हुआ। इन युद्धों में देव भाइयों ने साथ दिया था। पत्नी शची ने भी नहुष के साथ हुए युद्ध के संघर्ष में भाग लिया था।[2] नहुष इन्द्र को पराजित करके देवलोक का शासक बन गया था। बाद के युद्ध में वह देवताओं से पराजित हुआ।

इन्द्र को वज्रिन्, वज्रधारी, वज्रपाणि कहकर प्रशंसित किया गया है। उसके पास वज्र नामक अमोघ अस्त्र था। धनुष का नाम इन्द्रधनुष, तलवार का विशेष नाम परंज है। इनके पास श्वेत वर्ण का हाथी था। श्वेत वर्ण के अश्व का नाम उच्चैश्रवा था। रथ का नाम विमान और उसका सारथि मातलि था।[3] इन्द्र सम्राट् थे, योद्धा थे, अतः निश्चित रूप से उनकी अपनी ध्वजा–विशेष थी, जिसे इन्द्रध्वज, शक्रध्वज कहा जाता है। किन्तु उसके आकार–प्रकार चिह्न का विशेष विवरण कहीं नहीं मिलता। इन्द्र की पूजा में आज भी हिन्दुओं में मुख्यतः जैनियों में ''इन्द्रध्वजा–उत्थान'', नामक पर्व भाद्रपद शुक्ला द्वादशी को मनाया जाता है। इसमें पुरुष–स्त्रियां स्वयं को इन्द्र–इन्द्राणी मानकर नृत्य–गायन करते हैं। महाभारत में एक स्थल मिला है, जहां इन्द्रध्वज का विशेष नाम 'वैजयन्त' लिखा है। उसका विवरण इस प्रकार है। यह प्रथम बार पाठकों के समक्ष प्रस्तुत हो रहा है–

तत्रापश्यन् महानीलं वैजयन्तं महाप्रभम्।
ध्वजमिन्दीवरं श्यामं वंशं कनकभूषणम्।।

(वनपर्व 42.8)

अर्थात्–'अर्जुन ने स्वर्ग लोक में इन्द्र के रथ पर लहराते वैजयन्त नामक गहरे नीले रंग के ध्वज को देखा। उसकी शोभा नीलकमल को भी तिरस्कृत कर रही थी। ध्वज का दण्ड स्वर्ण मण्डित था'। इस प्रमाण से ज्ञात होता है कि इन्द्रध्वज नीले एक ही रंग का था। उस पर कोई चिह्न वर्णित नहीं है। किन्तु संभावना यह है कि उस पर ऐरावत का चित्र अंकित होगा क्योंकि ऐरावत को इन्द्र का वाहन कहा गया है।

स्वर्ग लोक के इतने बड़े शासक और प्रबल योद्धा होने पर भी इन्द्र की प्रत्यक्ष पूजा नहीं होती। उसका कारण यह प्रतीत होता है, कि विश्वामित्र की तपस्या भंग करने हेतु मेनका अप्सरा को भेजना, इन्द्र के साथ अहल्या आदि के सम्बन्ध की

1. इन्द्रो विश्वजित् (कौषि० ब्रा० 25.2), इन्द्रो वा एष पुरा वृत्रस्य वधादथ वृत्रं हत्वा यथा महाराजो विजिग्यान एवं महेन्द्रोऽभवत् (शत०ब्रा० 1. 3. 5. 22)
2 महाभारत, उद्योगपर्व अ० 11–15
''इन्द्रः आसीत् सीरपतिः शतक्रतुः'' (तैति०ब्रा० 2. 5. 8. 6)
3 भाग० पु० 5. 16. 25. 19. 10 68

जो कथाएं व्याख्याकारों ने जोड़ दीं, उसका यह नकारात्मक प्रभाव है।[1] वस्तुतः वे घटनाएं प्राकृतिक थीं, जिनको मानवीय रूप दे दिया गया। इन्द्र नाम से एक ही व्यक्ति का ही वर्णन मिलता है। ऐतिहासिक तथ्य यह है कि पृथक् कालों में परम्परा में अनेक इन्द्र हुए हैं। चौदह मन्वन्तरों में चौदह इन्द्रों का पृथक्–पृथक् नाम पुराणों में वर्णित मिलता है। ग्रन्थों में ब्राह्मण ग्रन्थों से लेकर महाभारत तक की सुदीर्घ कालावधि में सभी कथाएँ इन्द्र के साथ सम्बद्ध कर दी गई हैं। जबकि वे पृथक्–पृथक् काल के इन्द्र की कथाएं हैं।

प्रारम्भिक इन्द्र ब्रह्मा कालीन था। वह राजा और योद्धा होने के साथ वह अनेक विद्याओं का ज्ञाता भी था। ब्रह्मा से उसने राजनीति शास्त्र की शिक्षा ग्रहण की थी।[2] वह आयुर्वेदज्ञ और वैयाकरण भी था।[3] 'ऐन्द्र व्याकरण' आज भी चर्चित है। उपनिषदों में इन्द्र और बलि विरोचन की प्रजापति कश्यप से शिक्षा ग्रहण करने की कथा पर्याप्त प्रसिद्ध है।[4] देवों में इन्द्र के सर्वश्रेष्ठत्व का एक कारण यह बताया गया है कि वह बहुश्रुत, ब्रह्मवादी और विद्या प्रचारक था।[5] उसके विबुधेश्वर और विबुधश्रेष्ठ नाम महान् विद्वान् होने के परिचायक हैं। वैदिक इतिहासकारों के अनुसार, इन्द्र का काल 17000 वर्षों से पुरातन है।

वैदिक कालीन देवता इन्द्र इतना वर्चस्वी, ओजस्वी, बलिष्ठ, पराक्रमी राजा था कि आधुनिक युग तक के राजा 'इन्द्र' पद्वी धारण करने में स्वयं को गौरवशाली अनुभव करते थे। पांडवों ने वर्तमान दिल्ली के स्थान पर जो अपनी राजधानी बनाई थी, देवराज इन्द्र की स्मृति में उनके नाम पर उसका नाम 'इन्द्रप्रस्थ' रखा था।[6] सामान्य जन समुदायों में भी यह प्रवृत्ति देखी जा रही है, कि अपने नाम में 'इन्द्र' शब्द का प्रयोग करके वे स्वयं को गर्वान्वित समझते हैं। इन्द्र का 'सहस्राक्ष' नाम संकेत देता है कि उसके राज्य का गुप्तचर तन्त्र बहुत सतर्क एवं सक्रिय था। वह हजारों आखों से राज्य की जानकारी रखता था।

---

1. विश्वामित्र–मेनका कथा (महाभारत, आदि० 72.21–26)
   इन्द्र–अहल्या कथा (वा० रामा०, बालकाण्ड 58.16–28; महा०शान्ति० 266.47–52) महाभारत, शान्तिपर्व 59.85–89।
2. अश्विनौ तौ सहस्राक्षम् (आयुषो वेदम्) (चरक 1. 3. 4)
3. बृहस्पतिरिन्द्राय, इन्द्रो भरद्वाजाय (व्याकरण, ऋक्तन्त्र, प्रपा०1, खण्ड 4)
   छान्दोग्य उप० 8. 6. 7।
4. इन्द्रः खलु वै श्रेष्ठो देवता नाम उपदेशात् (तैत्ति० ब्रा० 2. 3. 1. 3)
5. ब्रह्मवादी (महाभारत, शन्ति० 58.2–3)
6. महाभारत, आदिपर्व, अध्याय 206।

इन्द्रपत्नी शची

इन्द्र की पत्नी शची या इन्द्राणी योद्धा वीरांगना के साथ–साथ विदुषी भी थी। वह वेदमन्त्रार्थों का दर्शन करने वाली ऋषिका थी। ऋग्वेद के दशम मण्डल के 159 वें सूक्त की द्रष्टा शची ही है। आज भी ऋषिका के रूप में उनका नाम अंकित है। ब्रह्म सभा में भी ऋषिका के रूप में उनका नाम आता है। वह ब्रह्मसभा में भी अपने पति इन्द्र के साथ भाग लेती थी[1] और इन्द्र की राजसभा में भी पार्श्व में सिंहासन पर विराजती थी।[2] राजा नहुष के साथ युद्ध में इस ने पति के साथ मिलकर संघर्ष किया था। प्रथम बार इन्द्र पराजित हो गया था। तब इनको इन्द्र की रक्षा की चिन्ता हुई। इसने देवगुरू बृहस्पति के पास जाकर आशीर्वाद लिया और नहुष से इन्द्र की तथा अपनी रक्षा का उपाय किया।[3] यह घटना उनके राजनीतिज्ञा होने की जानकारी देती है। प्राचीन भारत में महिलाएँ अनेक विद्याओं में पांरगत होती थीं और पुरुषों के साथ सहभागिता करती थी।

वैदिक वाङ्मय में इन्द्र–शची

देवताओं में इन्द्र का स्थान बहुत ऊंचा है। विशेषकर वैदिक युग से लेकर ब्राह्मण ग्रन्थों के काल तक के सभी देवों में इन्द्र शक्ति और वीरता में सर्वोपरि रहे हैं। संस्कृत साहित्य में उनकी स्तुति में कहे गये श्लोकों की संख्या सबसे अधिक (लगभग 250) है। ऋग्वेद में वे सर्वप्रमुख मानवीय तत्त्वों से भरपूर देवता हैं। इन्द्र शब्द की सर्वाधिक व्युत्पत्तियाँ यास्काचार्य आदि मनीषियों ने की हैं।

प्राचीन वेद व्याख्या परम्परा के अनुसार, यह स्थापित मान्यता है कि वेदों में ऐतिहासिक सन्दर्भ नहीं हैं। जो स्थल ऐसे प्रतीत होते हैं उनके आध्यात्मिक अथवा आधिदैविक अर्थ अभिप्रेत होते हैं। वेदों में इन्द्र सर्वाधिक वर्णित देवता है। किन्तु प्रकरण के अनुसार उसके दर्जनों अर्थ हैं। उनका स्पष्टीकरण ब्राह्मण ग्रन्थों और अन्य वेदांग ग्रन्थों में प्राप्त होता है। कुछ उल्लेखों के द्वारा उन अर्थों को समझा जा सकता है। वेदों में इन्द्र शब्द का सबसे प्रमुख अर्थ सर्वैश्वर्यवान् रक्षक ईश्वर है। उसके साथ–साथ इन्द्रियों का संचालक स्वामी होने के कारण आत्मा अर्थ है।[4] इनके अतिरिक्त मेघों पर प्रहार करके वर्षा कराने वाली विद्युत् है।[5] अनेक स्थलों

1. महाभारत, समापर्व 11.52
2. महाभारत, समापर्व 11.5।
3. महाभारत, उद्योगपर्व 11.20–23
4. ''इन्दति परमैश्वर्यवान् भवति''
   ''सर्वथा स्तोतव्यः परमेश्वरः'' (ऋग्० 1.9.5 स्वामी दयानन्द भाष्य)
   इन्द्रः = आत्मा (जैमि०उप०1.44.5)
5. ''स्तनयित्नरेव इन्द्रः'' (शत०11.6.3.9)
   ''दधातु इन्द्रः इन्द्रियम्'' (ता०ब्रा०1.3.5)

पर सूर्य, आकाश, यज्ञिय, देवता, राजा, सेनापति, क्षत्रिय, यजमान, वाक् आदि अर्थ भी हैं।[1] इन आधिदैविक अर्थों की परम्परा पुराणों में भी प्राप्त होती है। कई पुराणों में इन्द्र को आकाशीय देवता कहा है।[2] किन्तु पुराणों में इन्द्र का ऐतिहासिक पक्ष मुख्य प्रतिपाद्य हो गया है। बहुत–से स्थलों पर आध्यात्मिक और ऐतिहासिक पक्ष का अनुचित सम्मिश्रण भी हो गया है, जिसके कारण इन्द्र के विषय में अनेक भ्रान्तियां भी उत्पन्न हो गई हैं। उन दोनों पक्षों को इस आलेख में पाठकों के समक्ष प्रस्तुत किया जायेगा।

'परमेश्वर–परक अर्थ में महर्षि स्वामी दयानन्द जी ने अपने ग्रन्थ सत्यार्थ प्रकाश के प्रथम समुल्लास' में ईश्वर के एक सौ नामों की व्याख्या करते हुये पन्द्रहवें नम्बर पर 'इन्द्र' की सटीक व्याख्या की है। वे लिखते है–

(इदि–परमैश्वर्ये) इस धातु से 'रन्' प्रत्यय करने से 'इन्द्र' शब्द सिद्ध होता है। ''य इन्दति परमैश्वर्यवान् भवति स इन्द्रः परमेश्वरः'' जो अखिल ऐश्वर्ययुक्त है, इससे उस परमात्मा का नाम 'इन्द्र' है।

श्री प्रो० गयाचरण त्रिपाठी जी ने निरूक्तकार को उद्घृत करते हुये उनकी तेरह प्रकार की व्याख्या का उल्लेख किया हैः–

1. इरां दृणाति। इरां ददाति। इरां दधाति। इरां दारयते। इरां धारयते।
2. इन्दवे द्रवति। इन्दौ रमते।
3. इन्धे भूतानि (तद् यदेनं प्राणैः समैन्धन्)–तदिन्द्रस्य इन्द्रत्वम्–इति)
4. इदं करणात् (इति आग्रायणः) इदंदर्शनात्–(इति औपमन्यवः)
5. इन्दतेर्वा ऐश्वर्यकर्मणः, इदं (शत्रूणां) दारयिता आदरयिता वा (यज्वनाम्) इति। निरूक्त 10/1/8 आदि।

डॉ० त्रिपाठी[3] ने यास्क की इस व्युत्पत्ति की बहुत श्रेष्ठ हिन्दी व्याख्या की है। वर्षा देवता होने के कारण इन्द्र अन्न के बीजों को प्रस्फुटित करते हैं। (दृणाति, दारयते)..... । ब्राह्मण ग्रन्थों में प्राणों को इन्द्र कहा गया है। इन्ध धातु का अर्थ है–प्रदीप्त करना। प्राण समस्त शारीरिक वृत्तियों को प्रदीप्त करते हैं, अतः

---

1. सूर्य–''इन्द्र इति एषः (सूर्यः) तपति'' (शत०ब्रा०4.6.7.11, 4.5.5.7)
   आकाश–''यः आकाशःसःएवेन्द्रः'' (जैमि०उप०1.18.2.1)
   यज्ञिय देवता–''इन्द्रो यज्ञस्य देवता'' (ऐत०ब्रा०5.34.6.9; शत०ब्रा०1.4.1.33)
   राजा–''सूर्य इव प्रतापी सभेशः/राजा'' (यजुर्वेद 33.26 स्वामी दयानन्द भाष्य)
   यजमान–''इन्द्रो वै यजमानः'' (शत०ब्रा०2.1.2.11)
   वाक्–''वाग् वा इन्द्रः'' (कौषि०ब्रा०2.7.13.5), इन्द्रःवाक् (शत०1.4.5.4)
2. ब्रह्माण्ड पुराण में आकाशीय देवता कहा है (2.13.97) वायुपुराण 66.14।
   श्रावण मास का सूर्य (भाग०पु०12.11.17) वर्षा देवता (भाग०1.9.18.1.10.29)
3. डॉ० गयाचरण त्रिपाठी–वैदिक देवता (उद्भव और विकास) पृष्ठ–356।

वे इन्द्र हैं। उनके अनुसार यहाँ इन्धधातु से इन्द्र की निष्पत्ति मानना सर्वाधिक सन्तोषजनक है। पाणिनीय धातु पाठ में 'इदि–परमैश्वर्ये' धातु प्राप्त होती है। इससे औणादिक, रक् या रन् प्रत्यय लगाकर इन्द्र शब्द को लौकिक व्याकरण में सिद्ध किया गया है।[1] डॉ० त्रिपाठी की यह व्याख्या महर्षि स्वामी दयानन्द की व्युत्पत्ति से मेल खाती है।

इन्द्र देवता की श्रेष्ठता ऋग्वेद और ब्राह्मण ग्रन्थों में अक्षुण्ण है। उपनिषदों में तो इन्द्र शब्द क्वचित् परमात्मा का पर्यायवाची माना गया है।[2] महाकाव्यादि काल में आकर इन्द्र निर्बल हो गये और उनमें पूर्ववर्ती सामर्थ्य नहीं रहा। तथापि वे अभी भी देवों के सम्राट् तो हैं ही। ऋग्वेद में इन्द्र की पत्नी इन्द्राणी का भी उल्लेख माना जाता है।[3] इन्द्र के लिए 'शचीपति' विशेषण भी प्रायः मिलता है। मैक्डॉनल के अनुसार 'शची' शब्द शक्ति का वाचक है। इन्द्र चूंकि शक्तिशाली थे, इसीलिए उनको शचीपति कहा है।

इन्द्र का अस्त्र वज्र है जो आकाशीय विद्युत् या विद्युद्गर्जन का प्रतीक है। इस अस्त्र को इन्द्र के लिए त्वष्टा ने बनाया था। इसमें दो सौ पर्व और एक सहस्र नोकें (भृष्टि) हैं। इन्द्र इसे तभी धारण करते हैं जब उन्हें वीर कर्मों के लिये ले जाते हैं।[4]

देवराज होने के कारण दानवों का वध करना, इन्द्र का सर्वोपरि कर्त्तव्य है। दानवों में भी वृत्र से उनकी स्वाभाविक शत्रुता है। वृत्र नामक यह दानव–राक्षस जल को सब ओर से आवृत्त कर लेता है। वह अन्तरिक्ष के जलों को घेरकर उनके ऊपर लेट जाता है और जल की वृष्टि रुक जाती है। अतः इन्द्र इस वृष्टि अवरोधक दैत्य को अपने वज्र से नष्ट कर डालते हैं। वे उसके निर्बल मर्मस्थानों पर वज्र से भयंकर प्रहार करते हैं (3/32/4) परिणामतः सरिताओं का जल स्वच्छन्द रूप से प्रवाहित होने लगता है।[5] वृत्र का वध करने के कारण इन्द्र का नाम 'वृत्रहन्' है।

वृत्र के अतिरिक्त वे नमुचि, शम्बर एवं बल आदि अन्य अनेक असुरों का भी वध करते हैं। नमुचि शब्द सम्भवतः वृत्र का विशेषण है। शम्बर पर्वतों में रहने वाला था और वहां उनके 80 दुर्ग थे। किन्तु इन्द्र ने उसे खोजा और नष्ट कर दिया। इन असुरों के वध में मरुद्गण विशेष सहायक रहे।

---

1. वही, पृ० 356,
2. ऐ० उ०, 1. 1. 14।
3. ऋक्–1.12./ 2.32/8–10, 86/9.10–11।।
4. त्वष्टा यद् वज्रं सुकृतं तिरण्ययं सहस्र भृष्टिं स्वपा अवर्तयत्।
   इन्दों नर्यपांसि कर्तवे.........1 ऋ०–2। 85। 9
5. अवासृजत् सर्तवे सप्तसिन्धून् ऋग्० 1. 12. 12।

असुरों के जिन पुरों अथवा पर्वतों का उल्लेख आया है, वे मेघ के ही प्रतीक है। वृत्र तथा अन्य दैत्य इन्हीं पुरों अथवा पर्वतों में छिपे रहते हैं। इन्द्र इन मेघरूपी पुरों को नष्ट करके उनका वध करते हैं। इसी कारण इन्द्र का पुरभिद् या पुरर्भिद् एक सामान्य विशेषण है।

मैत्रायणी संहिता 1/10/13 में कहा गया है कि पहले मेघों के पंख थे। वे उड़ते फिरते थे और जहाँ चाहते थे उतर जाते थे, अतः पृथिवी कम्पित होती थी। इन्द्र ने उन्हें काट डाला। काटे हुये पंख मेघ बन गए। अतः आज भी मेघ पहले पर्वतों के पास जाते हैं। क्योंकि वे वहीं से उत्पन्न हुये हैं।[1]

इन्द्र ने वृत्र को मारकर समस्त संसार का आधिपत्य प्राप्त किया (श०ब्रा० 5/2/3.6) शतपथ ब्राह्मण में कहा गया है के वृत्र ने आकाश और पृथिवी को आवृत्त कर लिया था। इन्द्र ने उसे मारा और उसके शरीर से जल धाराएँ निकल पड़ी।[2] तैत्तिरीय संहिता में भी वृत्र शब्द की यही व्युत्पत्ति की है।[3] (यदिमान्लोकान् अवृणोत् तद् वृत्रस्य वृत्रत्वम्)। निरुक्त के अनुसार (वृत्रो वृणोतेर्वा, वर्ततेर्वा, वर्धते र्वा) लगभग, यही निष्पत्ति पाई जाती है।

तैत्तिरीय संहिता 6.5.5 में इन्द्र की भूरि–भूरि प्रशंसा की गई है, और उसके उत्कर्ष तथा माहात्म्य का कारण वृत्र–वध बतलाया गया है। वृत्र–वध के कारण ही देवों ने उनकी महत्ता स्वीकार की, जिससे उनका नाम 'महेन्द्र' हो गया– (इन्द्रो वृत्रमहनतं देवा अब्रुवन् महान् अयम् अभूत् यो वृत्रमवधीः इति। तन्महेन्द्रस्य–महेन्द्रत्वम्।।) (श० ब्रा० 9/5/4/9)

ऐतरेय ब्राह्मण में इन्द्र के राज्याभिषेक का वर्णन आता है सभी देवता तथा प्रजापति उन्हें समवेत स्वर से सभी देवों में सर्वाधिक शक्तिशाली, वीर, पराक्रमी तथा सर्वरक्षक स्वीकार करते हैं।[4]

संस्कृत साहित्य में इन्द्र शची

भागवत आदि पुराणों में एक प्रंसग आता है– इन्द्र अपनी पराजय संदिग्घ जानकर विष्णु की सलाह से दधीचि के पास जाते हैं और उनकी अस्थियां लेकर

1. मै० सं० 1/10/23
2. वृतो हि ह वा इदं सर्व वृत्वा शिष्ये। यदिदमन्तरेण द्यावापृथिवी।
   स यदिदं सर्वं वृत्वा शिष्ये तस्माद् वृत्रो नाम। तमिन्द्रो जघान।
   स हतः पूतिः सर्वत एवापो अभि–प्रसुस्रुवे।।
   श० ब्रा० 2. 2. 3/4. 5
3. तै० सं०–2. 4. 22।
4. ऐ० ब्रा० 8. 3. 2–11

विश्वकर्मा से वज्र का निर्माण करवाते हैं।[1] तदनन्तर घोर–देवासुर–संग्राम होता है, जिसमें वृत्रासुर असीम पराक्रम दिखाता है। वह इन्द्र को निगल जाता है। किन्तु इन्द्र वज्र से उसके उदर को फाड़ कर बाहर निकल आते है और उसका सिर काट डालते हैं।

पुराणों में अनेक स्थानों पर इन्द्र और वृत्र की विभिन्न कथायें मिलती हैं। वृत्र का उत्तरोतर उत्कर्ष और इन्द्र का अपकर्ष हुआ है। पुराणों में उन्हें एक नीच, छली और ईर्ष्यालु देवता के रूप में प्रस्तुत किया गया है। इस प्रवृत्ति की चरमसीमा तब दिखती है, जब महाभारत तथा देवी भागवत आदि पुराणों में इन्द्र को त्वष्टा के पुत्र विश्वरूप का अकारण वध करते हुये वर्णित किया जाता है। महा०–उद्योग० 8 तथा 10वां तथा देवी भाग० 6/1/30–6/2.26 में त्रिशिरा को इन्द्र का पुरोहित नहीं, अपितु एक तपस्वी ऋषि बताया गया है। वह घोर तपस्या करता है। इन्द्र उसके बढ़ते प्रभाव से चकित होकर सोचते हैं कि कहीं यह इन्द्रपद प्राप्त करके मुझे नष्ट न कर दे।[2]

इन्द्र यह सोचकर त्रिशिरा की तपस्या में विघ्न डालने के लिए अप्सराओं को भेजते हैं, किन्तु वे जब सफल नहीं हुई तो स्वयं वज्र से उसका वध कर डालते हैं।[3] भय, शंका और नीचता की यह पराकाष्ठा है।

वैदिक 'त्रिशिरा असुर' पुराणों के अनुसार एक तपस्वी ऋषि हैं। खशा और कश्यप के कई पुत्रों में से एक राक्षस पुत्र (ब्रह्मा० 3.7.135) रावण का एक भाई जो खर दूषण के साथ दंडक वन में रहता था। यह विश्रवा और वाक् का पुत्र था (वायु० 70–50) यह लक्ष्मण के हाथों मारा गया था। प्रह्लादी (विरोचन की बहिन विरोचना) और त्वष्टा का एक पुत्र जिसका नाम–विश्वरूप भी था। ये बृहस्पति के रूठने पर देवाचार्य बनाये गये थे। इन्द्र के वज्र प्रहार से इनकी मृत्यु हुई थी (महामा० उद्योग० 9। 3। 24।।) इनकी माता विरोचन राक्षस की बहिन थी (वायु०–84–19।)

त्रिशिरा राक्षस की परवर्ती काल में भी बहुत प्रसिद्धि रही है। प्रथम–द्वितीय ई० की हमें एक अभिलिखित मृण्मूर्ति (इन्स्क्राईब्ड टेराकोट प्लेट) मिली है, जो अब पुरातत्त्व संग्रहालय गुरुकुल झज्जर में सुरक्षित है।[4] इसमें त्रिशिरा आसन्दी पर वीरासन में विराजमान हैं, और खर–दूषण उनके अगल–बगल में बैठे हैं। दूसरी

---

1 भाग० 6.9। 52.6। 10–13।।

2. तं च दृष्ट्वा तपस्यन्तं खेदमाप शचीपतिः।
विषादमगमत् तत्र शक्रोऽयं मास्म भूदिति।।
देवी भा० 6/2/36।।

3. देवी भा०– 6। 2। 4।

4. लेखक की पुस्तक– ''प्राचीन भारत में यौधेय गणराज्य'' की प्लेट सं०– 92।

प्लेट में त्रिशिरा राक्षस को राम के साथ युद्ध करते दिखाया गया है।[1] इससे स्पष्ट है कि त्रिशिरा इन्द्र का समकालीन रहा होगा, किन्तु उसकी प्रसिद्धि रामायण काल में भी प्रचलित रही। हो सकता है– इन्द्र एक पद रहा हो और समय–समय पर जो देव सेना का सेनापति या देवों का अध्यक्ष रहा, उसको इन्द्र पद दिया जाता रहा हो। कदाचित् इसी कारण उसे देवराज कहा जाता था।

इन्द्र की तुच्छता का उदाहरण महाभारत वनपर्व के 226 वें अध्याय में भी प्राप्त होता है। वहां वे शिव पुत्र कार्तिकेय की बढ़ती हुई शक्ति और ख्याति देखकर उनसे युद्ध करके नष्ट करने की चेष्टा करते हैं। किन्तु अन्त में उनसे हारकर वे उनकी महत्ता को स्वीकार करते हैं। इतना ही नहीं, अपितु स्थाण्वीश्वर (थानेसर–कुरुक्षेत्र) तीर्थ में वे कार्तिकेय को स्वयं भी युद्ध का देवता और देवताओं की सेना का सेनापति भी घोषित करते हैं।

हमारे इस विवेच्य देव इन्द्र को उनके महत्त्व के कारण 'देवराज' जैसा उच्च पद मिला। परन्तु कालान्तर में वे यह पद छिन जाने के भय से सदा चिन्तित और शंकालु रहने लगे। इसी कारण उनसे अनेक ऐसे कार्य हो गये जिससे उनका अपकर्ष होता गया और लोकप्रतिष्ठा घटती चली गई। अतएव आज उनका न तो उतना माहात्म्य है और न ही अन्य देवों की तरह उनकी उपासना ही होती है। भारतीय कला में भी उनकी विद्यमानता लगभग नगण्य ही है।

तथापि भारत जैसे देश के लिए वृष्टि की उपादेयता और महत्त्व है, इस नाते इन्द्र की पूजनीयता स्वामाविक थी। पुरातन काल में भाद्रपद के शुक्लपक्षा द्वादशी 'इन्द्रमह' अथवा 'इन्द्रध्वज' उत्सव के रूप में इन्द्र की देशव्यापी आराधना होती थी। इस उत्सव में एक ऊंचा वृक्ष–स्तम्भ या 'वंश–दण्ड' (बांस का दण्ड) किसी सार्वजनिक स्थान पर स्थापित करके उसको विविध प्रकार से अलंकृत किया तथा सजाया जाता था। इस अवसर पर इन्द्र देव का आह्वान तथा पूजन किया जाता था। जनता कई दिनों तक नृत्य–गीतादि द्वारा इन्द्रध्वज के चारों ओर हर्षोल्लास पूर्वक उत्सव मनाती थी।[2]

तमिल साहित्य के सुप्रसिद्ध काव्य शिलप्पतिकारम् (5वीं–शती) वाराहमिहिर की बृहत्संहिता (7वीं शती) भोज के समरांगण सूत्रधार (11वीं शती) आदि ग्रन्थों में उत्सव का विस्तार से वर्णन प्राप्त होता है।

इन्द्र के प्राचीनतम विशेषण पुराणों में सुरक्षित हैं। उनके तीन नाम सर्वाधिक स्तुत्य रहे हैं, वे हैं–वृत्रहा, पूरुहूत या पुरुष्टुत। पुरन्दर, गोत्रभिद् अर्थात् असुरों के मेघरूपी पुरों को नष्ट करने वाले। सुमात्रा (रक्षक) वासव (धनयुक्त) मघवा (उदार)

1. वही, प्लेट सं०– 93।।
2. गयाचरण त्रिपाठी–वैदिक देवता, पृ०–383।।

विडौजा (मरुत्–विश् ही जिसकी शक्ति है) या प्रजा में शक्ति संचार करने वाले। 'शतक्रतु' या 'शतमन्यु' का अर्थ ऋक् में सैकड़ों पराक्रमों या संकल्पों वाला है। किन्तु ब्राह्मण काल में क्रतु का अर्थ 'यज्ञ' लेकर उन्हें सौ 'अश्मेध' यज्ञ करने वाला मान लिया गया। उनकी एक उपाधि 'सहस्राक्ष' भी है। कदाचित् वर्षा के उपरान्त छंटते हुये मेघों के बीच से झलकते हुये नीले आकाश–खण्डों की परिचायक है उनकी यह उपाधि।

वेदों तथा वैदिक वाङ्मय और संहिताओं, ब्राह्मण ग्रन्थों एवं आरण्यक ग्रन्थों में इस देव इन्द्र का वर्णन वृष्टि के देवता के रूप में उपमालंकार के साथ में हुआ है। परन्तु पुराणों में जैसा अन्य देवताओं के साथ किया गया है, यहाँ भी इन्द्र को पारलौकिक और अनन्त सम्भावनाओं से जोड़कर अविश्वसनीय बना दिया है। उनके उत्कर्ष का भी यही मुख्य कारण है। महर्षि दयानन्द जी ने इन्द्र की लौकिक व्याकरण के अनुसार परमात्मा परक जो व्याख्या की है, वही सर्वथा उपयुक्त और ग्राह्य है।

इस विषय का समापन करते हुये पाठकों के लाभार्थ पौराणिक–कोश में दिये गये विवरण का उल्लेख करना समीचीन रहेगा–

इन्द्र वैदिक देवता जिनका स्थान अन्तरिक्ष कहा जाता है। यह देवताओं के राजा तथा मेघ के मालिक हैं, जिनका एक नाम 'वासव' भी है। (वायु०–66–24) एक लोकपाल। इनका तथा तीन अन्य लोकपालों का नगर पुष्कर द्वीप के मानसरोत्तर पहाड़ पर है।

इन्द्रियों की पुष्टि हेतु इनकी उपासना होती है। (भाग. 2.3.2) इनका वाहन ऐरावत–हाथी तथा वज्र अस्त्र है। इन्द्रधनुष इनका धनुष है और इनकी तलवार का नाम 'परंज' है। देवराज की रानी का नाम शची और पुत्र का नाम 'जयन्त' है। इनकी सभा को 'सुधर्मा' कहते हैं। जिनमें देव, गन्धर्व और अप्सराएँ रहती हैं। इन्द्रपुरी की राजधानी 'अमरावती' है। वहीं नन्दन वन है, जिसमें पारिजात के वृक्ष अधिक है। इसी उद्यान में कल्पवृक्ष भी है। इनके घोड़े का नाम 'उच्चैः श्रवा' तथा इनके सारथि का नाम मातलि है। ये ज्येष्ठा नक्षत्र और पूर्व दिशा के स्वामी हैं। वृत्र, त्वष्टा, नमुचि, शंबर, बाण, बलि और विरोचन इनके प्रधान शत्रुओं में हैं। पृथु से इनका झगड़ा हो गया था। काकुत्स्थ, मान्धाता ने पुरुषमेध यज्ञ के पश्चात् इन्होंने हरिश्चन्द्र को एक सोने का रथ दिया था। इन्द्र–वृत्रासुर युद्ध प्रथम त्रेतायुग में नर्मदा तट पर हुआ था। जिसमें इन्द्र ने दधीचि की हड्डियों का वज्र बनाकर वृत्र का वध किया था। श्रीकृष्ण ने इन्द्र की पूजा रुकवा कर गोवर्धन पूजा चलवाई थी, जिससे रुष्ट हो यह झगड़ पड़े थे (ब्रह्मा० 3.68.26), इन्द्र विष्णु० पु०–5.20.26.36) अपनी आज्ञा की अवहेलना के बदले इन्होंने मरुत्त और अग्नि को पृथ्वी पर जन्म लेने का शाप दिया था। पुराणानुसार–इन्द्र, विश्वभुक्, विपश्चित्, विभु, प्रभु, शिखी, मनोजव, तेजस्वी, बलि,

अद्भुत, त्रिदिव, सुशान्ति, सुकीर्त्ति, ऋतधाता दिवस्पति ये चौदह इन्द्र क्रमशः एक–एक मन्वन्तर में भोग करते हैं। आजकल तेजस्वी इन्द्र का अधिकार है। गणेश के साथ–साथ इन्द्र की उपासना भी अमेरिका में होती थी।

पौराणिक कोश की भान्ति यहाँ वामन शिवराम आप्टे के संस्कृत–हिन्दी कोश से इन्द्र का निर्वचन उद्धृत करना आवश्यक है। उसके अनुसार–

इन्द्रः {इन्द्र + रन् इन्दतीति इन्द्रः इदि–ऐश्वर्ये– मल्लि०} 1 देवों का स्वामी, 2 वर्षा का देवता–वृष्टि, के–स्वामी या शासक (मनुष्यादि का) प्रथम श्रेष्ठ (पदार्थों के किसी वर्ग में) सदैव समास के अन्तिम पद के रूप में, **नरेन्द्रः** मनुष्यों का स्वामी अर्थात् इसी प्रकार **भृगेन्द्रः** शेर–गजेन्द्र, योगीन्द्र, कपीन्द्रः। द्रा इन्द्र की पत्नी–इन्द्राणी। (अन्तरिक्ष का देवता इन्द्र) भारतीय आर्यों में वृष्टि–देवता हैं, वेदों में प्रथम श्रेणी के देवताओं में इनका वर्णन मिलता है। परन्तु पुराणों की दृष्टि से यह द्वितीय श्रेणी के देवता माने जाते हैं। यह कश्यप और अदिति के पुत्र हैं। ब्रह्मा, विष्णु और महेश के त्रिक से यह निम्नतर हैं। परन्तु ये अन्य और देवताओं में प्रमुख हैं। सामान्यतः इन्हें सुरेश या देवेन्द्र आदि नामों से पुकारा जाता है। जैसा कि वेदों में वर्णित है, उसी प्रकार पुराणों में भी यह अन्तरिक्ष तथा पूर्व दिशा के अधिष्ठातृदेव माने जाते है। इनका लोक स्वर्ग कहलाता है। ये वज्र धारण करते हैं, बिजली को भेजते हैं और वर्षा करते हैं। यह असुरों के साथ प्रायः युद्ध में लगे रहते हैं और उनको भयभीत करते रहते है। परन्तु कई बार उनसे परास्त भी हो जाते हैं। पुराणों में वर्णित इन्द्र कामुकता और दुष्कर्म के लिए प्रख्यात हैं। इसका सबसे बड़ा उदाहण उनके द्वारा गौतम की पत्नी अहल्या का सतीत्वहरण है, जिसके कारण ये अहल्याजार कहलाते हैं। रामायण में वर्णन आता हैं कि रावण के पुत्र मेघनाद ने इन्द्र को परास्त कर दिया, तथा उसे उठाकर वह लंका ले गया। इसी साहसिक कार्य के कारण मेघनाद को 'इन्द्रजित्' की उपाधि मिली। ब्रह्मा तथा दूसरे देवताओं के बीच में पड़ने पर इन्द्र का छुटकारा हुआ। इन्द्र के विषय में बहुधा वर्णन मिलता है कि वह सदैव राजाओं को 100 यज्ञ पूरा करने से रोकता रहता था। क्योंकि यह विश्वास किया जाता रहा कि कोई 100 यज्ञ पूरा कर लेगा, वही इन्द्र का पद प्राप्त कर लेगा। यही कारण है कि– वह सगर और रघु के यज्ञिय घोड़ों को उठाकर ले गया। देखिये– रघु० तृतीय सर्ग। यह सदैव घोर तपश्चर्या करने वाले ऋषि–मुनियों से भी भयभीत रहता है और अप्सराएं भेज कर उनके मार्ग में विघ्न डालने का प्रयत्न करता है। (इस विषय में हम पहले सोदाहरण लिख चुके हैं।)

कहा जाता है कि उसने पर्वत के पंख काट डाले जब वे उसे कष्ट देने लगे थे। उसी समय उसने बल और वृत्र की हत्या कर दी। इनकी पत्नी शची पुलासा राक्षस की पुत्री है, इनके पुत्र का नाम जयन्त है। कुंजर–इन्द्र का हाथी

ऐरावत। इन्द्र का आचार्य (गुरु) बृहस्पति है। जब रावण ने स्वर्गलोक में जाकर इन्द्र से युद्ध किया, तो मेघनाद उनके साथ था– वह बड़ी बहादुरी से लड़ा। 'शिव' से अदृश्य होने की शक्ति प्राप्त कर लेने के कारण मेघनाद ने अपनी इस जादू की शक्ति का उपयोग किया, फलतः इन्द्र के द्वारा मेघनाद का शिर काटे जाने का वर्णन है, जबकि वह यज्ञ कर रहा था। पत्नी–इन्द्र की पत्नी शची, पुरोहित–बृहस्पति, इन्द्रप्रस्थ (खाण्डवप्रस्थ) यमुना के किनारे स्थित एक नगर जहाँ पाण्डव रहते थे, (यही नगर आजकल वर्तमान दिल्ली है।) 'इन्द्रप्रस्थग मस्तावात्कारि मा सन्तु चेदयः'– शिव पु०–2.63। महः– इन्द्र के सम्मान में किया जाने वाला–उत्सव।

इन्द्रमह

इन्द्र के विषय में डॉ. वासुदेव शरण अग्रवाल ने विस्तार से लिखा है। यथा–प्राचीन उत्सवों की सूचि में इन्द्रमह उत्सव विशेष महत्त्वपूर्ण था, जिसे शक्रमह भी कहा गया है। हरिवंश के प्रकरणों में इन्द्रमह महोत्सव का विस्तार से वर्णन आया है। वहां कहा गया है कि वर्षा ऋतु में सब राजा लोग और प्रजाएं भी इन्द्रमह के द्वारा देवराज इन्द्र का पूजन करती थीं। इस इन्द्रमह उत्सव का रूप क्या था–इस प्रश्न के उत्तर में वृद्धतम ग्वालों ने श्रीकृष्ण से कहा कि इन्द्रमह उत्सव के रूप में 'इन्द्रध्वज' का पूजन किया जाता है। ''श्रूयतां तात शक्रस्य यदर्थं ध्वज इज्यते''– (हरिवंश 1, 15, 41) इन्द्रमह का सम्बन्ध उस यज्ञ से होता था जिसे हरिवंश में किसानों का 'सीता–यज्ञ' कहा गया है। कृषिवृत्ति के साथ इन्द्रपूजन का घनिष्ठ सम्बन्ध था।......।

इस प्रकार प्राचीन साहित्य में उन्नीस महाउत्सवों की सूचि प्राप्त हो जाती है। जो इस प्रकार है–इन्द्रमह, स्कन्दमह, रुद्रमह, चैत्यमह, नागमह, यक्षमह, भूतमह, नदीमह, तडागमह, वृक्षमह, पर्वतमह, उद्यानमह, गिरिमह, धनुर्मह, काममह, ब्रह्ममह और चन्द्रमह।' इनमें इन्द्रमह आषाढ़ पूर्णिमा को, स्कन्दमह आश्विन पूर्णिमा को, यक्षमह कार्तिक पूर्णिमा को और भूतमह चैत्र पूर्णिमा को मनाया जाता था।[1]

'शतपथ' ब्राह्मण में एक उपाख्यान आता है कि वृत्र के पिता ने अपने पुत्र को इन्द्र को मारने वाला बनाने का विचार किया, और उसे 'इन्द्रशत्रुवर्धस्व' बोलने को कहा, परन्तु भूल से उसने स्वर पर बलाघात किया और इन्द्र के द्वारा मारा गया– तु० शिक्षा– 52, (मन्त्रो हीनः स्वरतो वर्णतो वा मिथ्या प्रयुक्तो न तमर्थमाह, स वाग्वज्रो यजमानं हिनस्ति यथेन्द्रशत्रुः स्वरतोपराधात्'')।

1. वासुदेवशरण अग्रवाल–रचना संचयन, पृ. 485 चयन एवं सम्पादन–कपिला वात्स्यायन, साहित्य अकादमी, दिल्ली।

पुरातत्त्वीय संदर्भ में इन्द्र–शची

प्रारम्भिक काल में इन्द्र पर देवों की रक्षा का उत्तरदायित्व था। उस समय अनेक देव–असुर संग्राम हुए। इनमें देवराज इन्द्र के नेतृत्व में ही देवों ने असुरों को पराजित करने का काम किया। ऐसे समय में इन्द्र का वाहन भी शक्तिशाली और बुद्धिमान् होना चाहिए, सो उन्होंने हस्ति को अपना वाहन चुना। हाथी को गुरुगम्भीर शान्त प्रकृति वाला और राजदरबारों का पशु माना जाता है। इसका दिल एक मिनट में केवल 28 बार धड़कता है, इसीलिए इसको बहुत शान्त पशु माना जाता है। इसी कारण भारतीय संस्कृति, परम्परा और कला में समादरणीय स्थान प्राप्त है। हिन्दु, जैन और बौद्ध आदि सभी धार्मिक व सामाजिक समूहों में इसको उत्कर्ष और वैभव का प्रतीक माना जाता है।

राजा–महाराजाओं तथा श्रीमान् व्यक्तियों के पास वैभव तथा मर्यादा को व्यक्त करता है, इसी कारण कला में गजलक्ष्मी की प्रतिमा के सिर पर दो हाथी घड़े से जल डालते प्रदर्शित हैं। उस देवी लक्ष्मी का नाम भी– ''गजलक्ष्मी'' उस भाव को व्यक्त करने के लिए रखा गया। लगभग अढाई हजार वर्ष पहले उत्तर भारत के एक बहुत बड़े और शक्तिशाली 'यौधेय–गणराज्य' ने अपने सिक्कों पर हाथी का अंकन किया था। इन सिक्कों पर 'अशोकन्–बाह्मी' लिपि में–''यौधेयानां बहुधान्यके'' लेख है। इन पर एक और नन्दी तथा दूसरी और हाथी अंकित हैं।[1]

भारतीय यवन शासक 'अपोलोडोट्स' ने भी अपनी रजत मुद्राओं (सिक्कों) पर हाथी का चित्र दिया है। उसके ये सिक्के चौकोर हैं।[2] शुङ्ग कालीन कला में भरहुत एवं बौद्ध गया की वेदिकाओं तथा सांची तोरण पर गजलक्ष्मी की आकृतियां मिलती हैं।

इससे पूर्व सारनाथ में मौर्य–स्तम्भ की चौकी पर बहुत हस्ति–चित्र हैं। साहित्य में मायादेवी (बुद्ध की माता) के सपने में हाथी का दृश्य अंकित किया गया जो मायादेवी के गर्भ में प्रवेश करने वाला है। हथीन (फरीदाबाद) से प्राप्त एक स्तम्भ पर भी मायादेवी के स्वप्न का दृश्य दिखाया गया है, जिसमें माया सो रही हैं। और श्वेत हस्ती उनके उदरस्थ होने के लिए तत्पर दिख रहा है।[3] यह स्तम्भ इस समय हरयाणा सरकार के पंचकूला (चण्डीगढ़) स्थित संग्रहलय में सुरक्षित है। इस दृश्य के मूल में एक कथानक है, जो अमरावती के बौद्ध–स्तूप में प्रदर्शित है।

कथानक इस प्रकार है– बोधिसत्त्व स्वर्ग में निवास कर रहे थे। उनसे आग्रह किया गया कि वे पृथ्वी पर आयें। उस देव ने घोषणा की, कि वह सफेद हाथी के रूप में मायादेवी के गर्भ में पहुंच जायेगा। इसीलिये माना जाता है कि अमरावती

---

1. लेखक की पुस्तक–प्राचीन भारत में–यौधेय गणराज्य, प्लेट नं:18
2. देखिये–वही, प्लेट नं०–29।।
3. वही, प्लेट नं०–34,।।

का वह हाथी साधारण हस्ती से भिन्न है। रथ पर बैठाकर उसे मायादेवी के समीप पहुँचाया गया। मायादेवी महल में शयन कर रही हैं। इस तरह बौद्ध मत में अकेला माया के सपने का प्रतीक है। यहां यह विशेष रूप से उल्लेखनीय है कि यहाँ वर्णित हाथी श्वेत है और इन्द्र का वाहन ऐरावत भी सफेद है। कौशाम्बी आदि स्थानों से चार पहियों वाले एक पट (मिट्टी का बना हुआ) पर एक हाथी को खड़ा करके जूलूस के रूप में ले जाया जाता था। यह आकार में बड़ा नहीं होता था। हो सकता है, यह हाथी उपर्युक्त घटना से कोई सम्बन्ध रखता है।

कुछ विद्वानों का मत है कि हाथी का काला शरीर मेघ का प्रतीक माना जाता है। इसके दार्शनिक और पौराणिक मतों को दृष्टि में रखकर हस्ति (वर्षा के रूप में संसार का पालन कर्ता माना जाये तो कोई असंगत न होगा। वह मेघ सारे नभमण्डल में विचरण करते हैं और इन्द्र (देवेन्द्र) का वाहन हो जाता है। इसी कथानक को भाजा गुफा की दीवार पर विशाल हाथी की आकृति द्वारा प्रदर्शित किया गया है और जातकों में राजा वेसन्तर द्वारा हाथी के दान का वर्णन मिलता है।[1]

वेसन्तर जातक में हाथी असाधारण जानवर के रूप में पाया जाता है, जिसे दान करने पर राजा वेसन्तर को राज्यत्याग कर जंगल में जाना पड़ा था। इस हाथी की उपस्थिति से ही वर्षा हो जाती थी जिसे जानते हुये राजा ने दान किया। इस हाथी का वही स्वरूप है (मेघ के रूप में) जो ब्राह्मण ग्रन्थों में पाया जाता है। इसी प्रकार सांची तोरण पर बुद्ध के अवशेष का भस्मपात्र लेकर आठ हाथी दिखलाए गये हैं। मातृपोषक जातक में भी उस सुन्दर हाथी की कहानी है, जिसने माता से पृथक् होने पर अन्नजल त्याग दिया था। वैदिक मत में हाथी इन्द्र का वाहन माना गया है। उनकी पत्नी इन्द्राणी भी सप्तमातृका स्वरूप में हाथी के पास बैठी दिखाई है।

इन्द्र का वाहन–ध्वजचिह्न ऐरावत

प्रचलित मत

'ऐरावत' देवराज इन्द्र के हाथी का नाम है। यह पूर्व दिशा का दिग्गज है, जिसका रंग श्वेत तथा दांत चार हैं– (भाग० 10–5.9, 22.5)। समुद्र मन्थन से प्राप्त चौदह रत्नों में यह भी एक है।

इरावती का पुत्र होने से इन्द्र का यह हाथी ऐरावत कहलाता और हाथियों का राजा हुआ (वायु० 69.209) यह इन्द्र का वाहन है। आकार में यह सब जानवरों से विशाल है। लघुनेत्र और सूक्ष्मदर्शी तथा लम्ब कर्ण होने से बहुश्रुत है और अपने लम्बे सूंड से भूमि में घ्राण–सूंघते हुये चलता है, जिससे कोई अवांछनीय वस्तु सम्पर्क में

---

1. वासुदेव शरण उपाध्याय–''प्राचीन भारतीय मूर्ति विज्ञान'' पृ०–268 श्री चौखम्बा राष्ट्रभाषा ग्रन्थमाला।

आकर प्राणाघात न कर दे। यही इसकी स्वाभाविक विशषेतायें हैं। इसीलिए देवराज इन्द्र ने अपना वाहन अंगीकार किया। एक मत यह प्रचलित है कि 'ऐरावत' वाहन के साथ–साथ वह इन्द्र की ध्वजा का चिह्न भी है।

जैसा कि हम पहले लिख चुके हैं– जिस भी देवता का जो वाहन कहा गया है, वह उसकी सवारी नहीं अपितु उसका ध्वज (ध्वज–चिह्न) मानना चाहिए। किन्तु इन्द्र के सन्दर्भ में यह कथन नहीं बनता, क्योंकि वह सवारी बनने का सामर्थ्य रखता है। अतः वह सवारी भी और ध्वजचिह्न भी हो सकता है। 'पारिध्वजिकः' शब्द का ठीक यही अर्थ है। पाणिनीय धातु पाठ में–'ध्वज–ध्वजि–गतौ' (धातुपाठ, 132, पृ. 6) इस गत्यर्थ धातु से 'ध्वजः' शब्द निष्पन्न होता है। ध्वजः (ध्वज् + अच्) ध्वज, झण्डा, पताका, वैजयन्ती (रघु०–7/40, 17.32)। इसी से बने ध्वजिन्–शब्द का अर्थ होगा–झण्डाधारी, झण्डा ले जाने वाला,ध्वजवाहक पताकावाहक। वाहन शब्द का अर्थ (वह–प्रापणे) धातु से सिद्ध होकर– एक स्थान से ले जाकर जो दूसरी जगह पहुँचाये। ''वाहन शब्द का रूढार्थ सवारी मान लिया गया। प्रतीक शब्दों का रुढार्थ में स्थिर कर दिया। उसी से यह भ्रम पैदा हुआ। अन्यथा पुराणों में स्पष्ट उल्लेख है–''यो यस्य वाहनः प्रोक्तो–ध्वजस्तस्य स एव तु'' सा०पु०, अ० 33, श्लोक–1–10।।

दूसरा मत नीलध्वज पर ऐरावत चिह्न

इस सन्दर्भ में महाभारत का एक प्रमाण प्रथम बार मिला है, जिसमें यह कहा गया है कि इन्द्र का ध्वज नील कमल के समान नीले रंग का था। उस पर कोई चिह्न अंकित नहीं वर्णित किया है। महाभारत का यह प्राचीन और महत्त्वपूर्ण प्रमाण अधिक मान्य किया जा सकता है। मूल प्रमाण इस आलेख के आरम्भ में 'इन्द्र देवता का ऐतिहासिक परिचय' शीर्षक में द्रष्टव्य है। यह संभावना स्वीकार की जा सकती है कि इन्द्र का ध्वज नीले वर्ण का था, किन्तु ऐरावत उस पर चिह्न के रूप में अंकित रहा हो क्योंकि परम्परा से 'ऐरावत ध्वज' इन्द्र का माना जाता है।

तृतीय अध्याय

विष्णु एवं लक्ष्मी और उनका वाहन

वैकुण्ठ – विष्णु

8–9वीं शती ई०, प्रस्तर प्रतिमा, खोकराकोट रोहतक, स्वामी ओमानन्द पुरातत्त्व संग्रहालय गुरुकुल झज्जर

विष्णु एवं लक्ष्मी का ऐतिहासिक परिचय

विश्व में भारतीय त्रिदेवों के रूप में सम्मानित एवं पूजित वैदिक देवताओं (ब्रह्मा, विष्णु, महेश) में विष्णु का द्वितीय स्थान रहा है। जैसा कि ब्रह्मा के परिचय में बताया गया है, उनके विद्यावंश में ऋषि मरीचि हुए, मरीचि के वंश में ऋषि कश्यप हुए। ऋषि कश्यप की पत्नी अदिति, जो दक्ष की कन्या थी, उससे बारह पुत्र प्राप्त हुए, जिनको 'आदित्य देव' कहा जाता है। उनके नाम हैं–धाता, अर्यमा, मित्र, वरुण, अंश, भग, विवस्वान, इंद्र, पूषा, पर्जन्य, त्वष्टा और विष्णु।[1] कहीं–कहीं पर्जन्य के स्थान पर सविता नाम मिलता है। पर्यायवाची नामान्तर भी मिलते हैं। इनमें विष्णु सबसे छोटा था। विष्णु का चरित्र–चित्रण करते हुए संस्कृत साहित्य में कहा गया है कि विष्णु जन्म से कनिष्ठ था किन्तु गुणों में सर्वश्रेष्ठ था।[2] आदित्यों में सबसे छोटा होने के कारण उनको वामन = छोटा इन्द्रानुज, इंद्रावरजः = इन्द्र का छोटा भाई आदि नाम प्राप्त हुए।[3] यह सर्वाधिक पराक्रमी और बलशाली था, अतः सर्वत्र यह देवताओं का रक्षक रहता था, अपितु देवताओं के द्वार–रक्षक का दायित्व भी इसी को मिलता था। ब्राह्मण ग्रन्थों में कहा गया है–

''वामनो ह विष्णुरास''

(शत०ब्रा०1.1.5.5)

''विष्णुर्वै देवानां द्वारपः''

(ऐत०ब्रा०1.30)

विष्णु सबसे छोटा था। वह अपने भाई देवताओं का द्वाररक्षक होता था।

ऋषि कश्यप की एक अन्य पत्नी दिति से उन्हें हिरण्यकशिपु, हिरण्याक्ष आदि पुत्र प्राप्त हुए। माता के नाम पर उनको ''दैत्य'' कहा गया है। एक पत्नी दनु से नमुचि, नरक, पुलोमा, हयग्रीव आदि हुए। इन्हें मातृनाम के आधार पर 'दानव' कहा गया है।[4] पाठकों को स्मरण रखने योग्य तथ्य है कि ये दैत्य और दानव देवों के बड़े भाई थे और, देववंशी ही थे। किन्तु बाद में परस्पर कलह होने और युद्ध होने के पश्चात् ''असुर'' नाम मिला। असुर शब्द जो वैदिक साहित्य में

---

1. तैत्तिरीय ब्राह्मण 1.1.9.35; शतपथ ब्राह्मण 3.1.3.3; तैत्तिरीय आर० 10.1.13
''अथ विष्णुर्महा तेजा आदित्यां समजायत।'' (वाल्मीकीय रामायण, बाल०. 2.9.1)
'मरीचेः कश्यपः पुत्रः'' (महाभारत, आदि० 65.12)
2. ''जघन्यजस्तु सर्वेषाम्–आदित्यानां गुणाधिकः'' (महाभारत, आदि० 65.16)
3. भागवत पुराण 8.22.19, 23,19।
4. ''असुरिति प्राणनामास्तः शरीरे भवति तेन तद्वन्तः'' (निरुक्त 3.8) = प्राणवान् बलशाली
''असुरिति प्राण नाम, तेषु तत्पराः'' अर्थात् स्वार्थी, अपने भरण–पोषण में लगे लोग (यजुर्वेद भाष्य 40.3, स्वामी दयानन्द)

'शक्तिशाली देवता' के अर्थ का बोधक था, इनके साथ जुड़कर 'स्वार्थ परायण व्यक्ति' के निन्दात्मक अर्थ में प्रसिद्ध हो गया।[1] इन तथ्यों पर प्रकाश डालने वाली घटनाएं वैदिक साहित्य और रामायण, महाभारत पुराण आदि में मिलती हैं। कुछ सन्दर्भ निम्न प्रकार हैं–

''देवाश्च वा असुराश्च प्रजातेर्द्वया पुत्रा आसन्''

(ताण्ड्य ब्राह्मण 18.1.2)

''कनीयसा एव देवाः, ज्यायसा असुराः।''

(शत० 14.4.1.1)

अर्थात्–प्रजापति कश्यप के दो वंशवर्ग के पुत्र थे–देव और असुर। अदिति के पुत्रों को 'देव' कहा जाता था और दिति एवं दनु के पुत्रों (दैत्यों दानवों) को असुर। इनमें असुर बड़े थे और देव सबसे छोटे थे।

''युद्धं देवासुरे पुरा। असुरा भ्रातरो ज्येष्ठाः, देवाश्चापि यवीयसः।''

(महाभारत, शान्ति० 32).

देवों और असुरों के संग्राम में सर्वाधिक पराक्रम विष्णु का रहा है। देवों ने सभी युद्ध या तो विष्णु की सहायता से जीते थे अथवा स्वयं जीते थे। युद्धों का कारण और विवरण इस प्रकार मिलता है। कश्यप के सबसे बड़ा पुत्र होने के कारण देवलोक (स्वर्गलोक) का राजा बनने का अवसर हिरण्यकशिपु को मिला अर्थात् दिति के पुत्रों दैत्यों का राजसत्ता पर अधिकार था। जब अदिति के पुत्र देव राजा बनने के योग्य बड़े हुए तो उन्होंने राज्य में अपना अधिकार मांगा। हिरण्यकशिपु ने अधिकार भाग देने से मना कर दिया।[2] अपने राज्याधिकार के लिए देवों को असुरों (दैत्यों–दानवों) से युद्ध करना पड़ा।[3] ये युद्ध लम्बे समय तक चले। देवासुर युद्धों का वर्णन संस्कृत साहित्य में स्पष्टतः मिलता है। हिरण्यकशिपु को वामन अर्थात् विष्णु ने मारा। उसके बाद इसके प्रपौत्र राजा बलि को पाशबद्ध करके देवलोक (हिमालयस्थ स्वर्ग लोक) से राज्य भ्रष्ट करके निकाला। उसके बाद देव लोक का सारा राज्य इन्द्र के शासकत्व में देवों के अधिकार में आ गया।[4] बलि को भी पाताल

---

1. दानवः = दनुपुत्रः (भागवत 2.1.13)
   दैत्यः = दितिपुत्रः (वायु पुराण 66.1, 61.62)
2. ''असुराणां वा इयं पृथिवी आसीत्। ते देवाः अब्रुवन् दत्त। नोऽस्या इति।'' (काठक संहिता 32.8)
3. ''दैवासुरा संयत्ताः आसन्'' (शतपथ बा० 12.8.5.1)
4. युद्धं वर्षसहस्राणि द्वात्रिंशदभवत् किल।।
   जघ्नुर्दैत्यांस्तथा देवाः त्रिदिवं चाभिलेभिरे।। (महाभारत, शान्ति० 32.14.15)

(रसातल अर्थात् समुद्री तटवर्ती क्षेत्र) का राज्य दे दिया। पाताल को नागलोक भी कहा जाता है।[1]

विष्णु स्वयं भी एक राजा थे। उनका राज्यक्षेत्र क्षीरसागर के उत्तर में और उसके श्वेत द्वीप का प्रदेश था। इसको वैकुण्ठ प्रदेश भी कहते हैं।[2] इस सागर का अवशेष आज कैस्पियन सागर के रूप में है। यह नाम भी कश्यप के नाम पर 'कश्यपाणां सागरः' का अपभ्रंश है। यह एशिया की सबसे बड़ी खारी पानी की झील है। वर्तमान में इस के उत्तर–पूर्व में कजाखिस्तान, उत्तर–पश्चिम में रूस, पश्चिम में अजर बैजान, दक्षिण में ईरान, दक्षिण–पूर्व में तुर्कमेनिस्तान देश स्थित हैं। प्राचीन काल में यह विशाल समुद्र था।

वेदों में 'विष्णु' नाम अवश्य आता है, किन्तु वह ऐतिहासिक विष्णु देवता का बोधक नहीं। उसके अर्थ सर्व व्यापक ईश्वर, यज्ञ और सूर्य हैं। इस तथ्य को आचार्य यास्क, शाकपूणि, यूरोपीय विद्वानों बर्गेन, मैकडॉनल आदि ने स्पष्ट व्याख्या करते हुए स्वीकार किया है। ब्राह्मण ग्रन्थों में विष्णु का महत्त्व बढ़ा और उसको यज्ञ में स्मरणीय सर्वोच्च देवता के रूप में स्वीकार किया।[3] रामायण, महाभारत, पुराण तथा संस्कृत साहित्य में विष्णु के ऐतिहासिक जीवन का, उसके पराक्रम का सर्वाधिक और सबसे अधिक सामान्य वर्णन मिलता है। यह कहना चाहिए कि उसको सर्वोच्च देवता तथा परमात्मा के अवतार के रूप में स्वीकार कर लिया गया। विष्णु का इतना अधिक प्रचार हुआ कि इनके नाम पर 'वैष्णव संप्रदाय' आदि लगभग एक दर्जन सम्प्रदाय प्रचलित हो गये, जो विष्णु की उपासना करने लगे। विष्णु पुराण, विष्णु धर्मोत्तर पुराण, भागवत पुराण, नारद पुराण, गरुड़ पुराण आदि स्वतन्त्र ग्रन्थ विष्णु की महिमा में रचे गये। महाभारत में इसके गुणों के वर्णन में एक हजार नाम वर्णित हैं, जो विष्णु सहस्रनाम नाम से विख्यात हैं।[4] विष्णु के पराक्रम के कारण भक्तों ने श्रीराम और श्रीकृष्ण को भी उनका अवतार घोषित कर दिया क्योंकि विष्णु के समान वे दोनों भी दुर्जन विनाशक और धर्म रक्षक थे। पराक्रम की स्मृति में ही

– बारह युद्ध अनेक वर्षों में हुए। दैत्यों का वध करके देवों ने त्रिदिवा = स्वर्ग लोक (देवलोक) के तीनों राज्य प्राप्त कर लिये।

''हिरण्यकशिपोः मृत्युरन्येषां च सुरद्विषाम्।'' (वाल्मीकीय रामायण, उत्तर० 6.34–36)

1. ''पातालं नागलोकः'' (अमरकोष 8.1)
   ''यथा विष्णुः महाबाहुः बलिं बद्ध्वा महीमिमाम्'' (वाल्मी०रामा०अरण्य० 61.24)
2. क्षीरोदं में प्रियं धाम, श्वेतद्वीपं च भास्वरम् (भाग०पु० 8.4.18)
   क्षीरोदस्य समुद्रस्य तथैवोत्तरतः प्रभुः।
   हरिर्वसति वैकुण्ठे शकटे कनकामये।। (महाभारत, भीष्म० 8.15)
3. ''अग्नि वै देवानामवमोचन, विष्णुः परमः। तदन्तरेण सर्वा अन्या देवताः।'' (एते०ब्रा० 1.2)
4. महाभारत, अनुशासन० अ०149।

विष्णु के बलिध्वंसी, दैत्यारि, त्रिविक्रम, मधुरिपु, मधुसूदन नरकान्तक, मुरमर्दन आदि नाम प्रसिद्ध हैं। सभी विरोधी दैत्यों और दानवों का वध मुख्यतः विष्णु की सहायता से हुआ था। मधु, नरक, मुरासुर ये उन्हीं के वंशज थे।

विष्णु का जीवन काल

वाल्मीकि–रामायण में विष्णु के जीवनकाल पर प्रकाश डालते हुए कहा है–''आसन् कृतयुगे राम दितेः पुत्राः महाबलाः'' (बाल० 42.14) अर्थात्–दिति के महाबली पुत्र हिरण्यकशिपु कृतयुग = सतयुग में शासन करते थे। देव भी उनके छोटे भाई थे। इस प्रकार विष्णु का जीवनकाल कृत युग हुआ। वैदिक इतिहासकार पं० भागवद्दत्त जी इतिहास साक्ष्य देकर लगभग 18000 वर्ष पूर्व देवों का जीवनकाल मानते हैं। एक स्थान पर उन्होंने त्रेता का आदिकाल भी माना है।[1]

संस्कृति के वैदिकोत्तर साहित्य में विष्णु के स्वरूप का पर्याप्त वर्णन मिलता है। उसके अनुसार विष्णु का रंग श्यामल था, शरीर विशाल एवं बलशाली था। उनकी दो भुजाएं थीं किन्तु उनके धारणीय चिह्न प्रदर्शित करने के लिए उनका चतुर्भुज वाला (शंख, चक्र, गदा, पद्म) चित्रण आलंकारिक है। इनके शंख का नाम 'पांचजन्य', चक्र का नाम 'सुदर्शन', गदा का नाम 'कौमुदकी' पद्म उनके राज्य द्वीप का प्रतीक है। इनकी तलवार का नाम 'नन्दक' और धनुष का नाम 'शाङ्र्ग' है। इनका वाहन अर्थात् ध्वजचिह्न गरुड है। उसी कारण इनके गरुडध्वज, शार्ङ्गी चक्रपाणि, पद्मनाभ, शंखचक्र गदापाणिः, श्रीवत्स आदि स्वरूपबोधक नाम हैं। उनके सेवक का नाम 'अर्हण' मिलता है। उनका 'पीताम्बर' पीतवासा नाम संकेत देते हैं कि वे पीले रंग की वेशभूषा धारण करते थे। वे पीत वस्त्र चिह्न के रूप में धारण किया करते थे। कुछ व्याख्याकारों ने पीतवस्त्र को आभूषण के रूप में धारणीय वस्त्र माना है। उनके अन्य आभूषण किरीट कुंडल, वनमाला और श्रीवत्स बताये हैं। वाल्मीकि रामायण में शुद्ध स्वर्ण के केयूरों के धारण का भी उल्लेख मिलता है।[2] लक्ष्मी–विष्णु के परिवार में उनकी पत्नी लक्ष्मी का प्रायशः वर्णन आता है। लक्ष्मी विदुषी भी थी और रूपवती भी! यह ऋषि भृगु की पुत्री थी। महाभारत में इसके द्वारा दिये गये उपदेशों का वर्णन है और पति से अनन्य प्रेम करने वाली आदर्श पत्नी के रूप में उदाहरण है।[3] वाल्मीकि रामायण में

---

1. भारतवर्ष का बृहद् इतिहास–पं० भगवद्दत्त, भाग 1, पृष्ठ 220–221; भाग.2 पृष्ठ 18)
2. भागवत पुराण 8.4.18–201 वाल्मीकीय रामायण, बाल० 15.16–16।
''सप्तहाटक केयूरः'' (वाल्मी०रामा०बाल० 15.16)
3. महाभारत अनुशासन० 11.6–11, 126. 6–1।
''यथा नारायणे लक्ष्मीस्तथा भव भर्तृषु'' (आदिपर्व 198.6)

इसके सौन्दर्य का वर्णन करते हुए इसको श्वेतवस्त्र धारिणी, सुवर्ण मुकुट धारिणी, सुवर्ण कान्ति वाली, आभूषणों से विभूषित कुंचित केशा = घुंघराले बालों वाली, चतुर्हस्ता वर्णित किया है।[1] पुराणों में इसका पद्मासन, कमलासन, पद्मवर्ण, कमलहस्त नामान्तर हैं।[2] विष्णु के पुत्रों की स्पष्ट जानकारी नहीं मिलती। कुछ ग्रन्थों में आनंद, कर्दम, श्रीद, चिक्लित, बल, उन्माद नाम दिये हैं तो कुछ सत्रह पुत्रों की कल्पना करते हैं। आज भी विष्णु का समाज में महत्त्वपूर्ण स्थान है।

वैदिक वाङ्मय में विष्णु–लक्ष्मी

जैसा कि विष्णु के पूर्व परिचय में बताया गया है, वेदों में ऐतिहासिक विष्णु का उल्लेख नहीं है। इस कथन से प्राचीन भारतीय एवं अनेक लेखक सहमत हैं। वेदों में विष्णु के तीन मुख्य अर्थ हैं–परमेश्वर, सूर्य और यज्ञ। आचार्य यास्क की निरुक्ति परमेश्वर अर्थ की बोधक है। विष्णुः–''विष्लृ–व्याप्तौ'' धातु से नु प्रत्यय होकर विष्णु शब्द सिद्ध हुआ है। ''वेवेष्टि व्याप्नोति चराचरं जगत् सः–विष्णुः'' चर और अचररूप जगत् में व्यापक होने से परमात्मा का नाम विष्णु है।

''उरुर्महान् क्रमः पराक्रमो यस्य स उरुक्रमः'' अनन्त पराक्रम युक्त होने से परमात्मा का नाम उरुक्रम है। जो परमात्मा (उरुक्रमः) महापराक्रम युक्त (मित्रः) सब का सुहृत् अविरोधी है, वह (शम्) सुखकारक, वह (वरुणः) सर्वोत्तम वह (शम्) सुखस्वरूप, वह (अर्य्यमा) न्यायाधीश, वह (इन्द्र) सकल ऐश्वर्यवान् (शम्) सकल ऐश्वर्यप्रदाता वह (बृहस्पतिः) सबका अधिष्ठाता, विद्याप्रद और (विष्णुः) जो सब में व्यापक परमेश्वर हैं, वह (नः) हमारा (शम्) कल्याण कारक (भवतु) होवे।

विष्णु की यही व्याख्या महर्षि स्वामी दयानन्द सरस्वती जी ने अपने ग्रन्थ 'सत्यार्थप्रकाश और वेदभाष्य' में की है।[3] उनकी यह व्याख्या अतीव श्लाध्य तथा सार्थक और ग्राह्य है। श्री पं० शिवशंकर शर्मा 'काव्यतीर्थ' ने अपनी पुस्तक ''त्रिदेव निर्णय'' में महर्षि दयानन्द के अर्थ को स्वीकार किया है।[4] उन्होंने 'विश्–प्रवेशने' धातु से इसकी सिद्धि की है। पौराणिक कोश के अनुसार–विष्णु–पु० (सं) हिन्दुओं के प्रधान तीन देवताओं (ब्रह्मा, विष्णु, महेश) में से एक, जिनके ऊपर सृष्टि की रक्षा का भार है। ऋग्वेद में विष्णु गौण देवता माने गये हैं। परन्तु ब्राह्मण ग्रन्थों में इनका महत्त्व अधिक है। वैदिक काल में इनको धन, वीर्य और बल दाता कहा गया है। प्रजापति कश्यप की औरत अदिति के गर्भ से इनकी उत्पत्ति हुई है। इनकी पत्नी का

---

1. बालकाण्ड अ० 45।
2. विष्णु पुराण 1.9.98–105, 115–131।
3. सत्यार्थ प्रकाश, प्रथम सम्मुलास, पृ–26
4. त्रिदेव निर्णय, पं० शिवंशकर शर्मा काव्य तीर्थ, पृ० 29–113

नाम लक्ष्मी है। यह सृष्टि के कल्याण के लिए युग–युग में उत्पन्न होते हैं। पुराणों में इनके दस अवतार लिखे हैं।

पुराणानुसार इनके–1000 (एक सहस्र) नाम हैं। इनका वर्ण श्याम वर्ण तथा ये चतुर्भुज हैं। इनके शंख का नाम 'पाञ्चजन्य', चक्र का नाम सुदर्शन, गदा नाम–कौमुदकी; तलवार का नाम 'नन्दक' और धनुष का नाम 'शाङ्‌र्ग' है। 'गरुड' इनका वाहन और अर्हण इनका सेवक (भाग०–2–8–14) यह हिन्दु–त्रिमूर्ति के एक प्रधान देवता हैं (स्कन्द, विष्णु० आदि) बारह आदित्यों में पहले का नाम (ब्रह्मा०, मत्स्य०, वायु०, आदित्यगण)।।

यथा निम्न मन्त्र द्रष्टव्य हैं–

अतो देवा अवन्तु नो यतो विष्णुर्विचक्रमे। पृथिव्या सप्तधामभिः।।

(ऋग्वेद 1.22.16)

इदं विष्णुर्विचक्रमे त्रेधा निदधे पदम्। समूलमस्य पांसुरे

(वही 17)

त्रीणि पदा विचक्रमे विष्णुर्गोपा अदाभ्यः। अतो धर्माणि धारयन्।।

(वही 18)

इन मन्त्रों में आलंकारिक रूप में विष्णु के तीन पगों के विक्रमण का वर्णन है। विष्णु के अंधभक्तों और मन्त्रों का अनर्थ करने वाले व्याख्याताओं ने इनका अर्थ बलात् विष्णु ऐतिहासिक देवतापरक लगाया है, जो घटित ही नहीं होता। यह अर्थ केवल सर्वव्यापक परमेश्वर, सूर्य और यज्ञ के अर्थ में ही घटित हो सकता है। आचार्य यास्क की व्याख्या पूर्व पंक्तियों में उद्धृत की जा चुकी है। ईश्वर के लिए पृथ्वी, अन्तरिक्ष, द्युलोक में स्थित यह ब्रह्माण्ड तीन पग के समान है। वही प्रकृति, परमाणु, आकाश, अग्नि, वायु, जल, पृथ्वी सात धामों = स्थानों में व्याप्त हैं। यज्ञ भी अपनी सूक्ष्म आहुति–ऊर्जा द्वारा तीनों लोकों और सभी पदार्थों में व्याप्त होता है। इसी कारण ब्राह्मण ग्रन्थों में यज्ञ को विष्णु कहा है।[1]

यूरोपीय विद्वान् भी इस कथन से सहमत हैं कि वेदों में विष्णु सूर्य का प्रतिरूप भी है।[2] सूर्य सभी पदार्थों को व्याप्ति से प्रकाशित करता है। पृथ्वी अन्तरिक्ष, द्युलोक उसके तीन पग हैं। वह तीन पगों में इनको नाप लेता है। कुछ व्याख्याकारों का मानना है कि सूर्योदय, मध्याह्न, सूर्यास्त तीन पग हैं। तीसरा पग मनुष्यों के लिए अदृश्य रहता है। ऐतिहासिक मानवाकृति देवता विष्णु तीन

---

1. "यज्ञो वै विष्णुः" (शत०ब्रा० 13.1.8.8; कौषि०ब्रा० 4.2 आदि)
   "इमे वै लोकाः विष्णोः वि०मणम्" (शत०बा० 5.2.2.6)
2 'यः स यज्ञः असौ स आदित्यः" ; शत०14.1.1.6)

लोकों को तीन पगों में नहीं नाप सकता और न पृथिवी के सात धामों को व्याप्त कर सकता है। अतः वेदों का विष्णुपरक वर्णन ऐतिहासिक विष्णु की त्रिपाद विक्रमणक की घटना नहीं है।[1] उन्होंने यास्काचार्य को उद्धृत करके सूक्ष्म को विष्णु सिद्ध करते हुए बहुत सारे वेद मन्त्रों से इन दोनों का तादात्म्य सिद्ध किया है।[2] उनका कहना है कि परमात्मदेव को वेदों में भी अनेक नामों से पुकारते थे। यथा–इन्द्र मित्र, वरुण, अग्नि, दिव्य, सुपर्ण, गरुत्मान्, मातरिश्वा, पृथ्वी वायु आदि नामों से। जैसा कि वेदों में कहा गया है–

इन्द्रं मित्रं वरुणमग्निमाहुरथो दिव्यः सः सुपर्णो गरुत्मान्।
एकं सद् विप्रा बहुधा वदन्ति–अग्निं यमं मातरिश्वानमाहुः।।

श्री पं० काव्यतीर्थ जी ने अपने गहन पाण्डित्य के आधार पर लगभग एक सौ पृष्ठों में वैदिक सूर्य के गुणों से ही विष्णु देव (लौकिक विष्णु) के आभ्यन्तर व बाह्य अंग प्रत्यंग की निष्पत्ति सिद्ध की है।[3]

संस्कृत साहित्य में विष्णु–लक्ष्मी

अब विभिन्न कोशों में विष्णु–देव पर विचार करेंगे। श्री वामन शिवराम आप्टे ने अपने–संस्कृत–हिंदी कोश में लिखा है–(विष् + नुक्) देवत्रयी में दूसरा, जिसको संसार का पालन पोषण सौंपा गया है। इस कर्तव्य को भिन्न–भिन्न अवतार धारण कर सम्पन्न किया जाता है। इस शब्द की व्युत्पत्ति इस प्रकार की गई है–

यस्माद्विश्वमिदं सर्वं शक्त्या महात्मनः।
तस्माद्देवोच्यते विष्णुर्विशधातोः प्रवेशनात्। इति।।

अमरकोश के अनुसार–विष्णुरित्यादि। वेवेष्टि। विष्लृ व्याप्तौ। विषेः किच्च (उ० 3–39। इति नु।।

यहां अमर कोश के रचयिता ने विष्णु के षट् चत्वारिंशत् (46) नाम गिनाये हैं। उन में एक नाम 'गरुडध्वज' भी उल्लेख किया है। 'गरुडो ध्वजश्चिह्नमस्य।'

शब्दकल्पद्रुम के अनुसार गरुड शब्द की उत्पत्ति इस प्रकार बतलाई गई है–गरुड पु० (गरुद्भ्यां पक्षाभ्यां डयते–उड्डयते) इति गरुत् + डी + डः। पृषोदरात् तलोपे साधुः। यद्वा– "गिर उडुच्"। (उणादि 4/155। इति उडच्) स्वनामख्यात्

1. सभी पक्षों पर सप्रमाण विस्तृत वर्णन द्रष्टव्य है–'वैदिक आख्यानों का वैदिक स्वरूप–डॉ० सुरेन्द्र कुमार, पृष्ठ 60–122, बलि–विष्णु आख्यान।
2. ऋग्वेद, 1.164. 46
3. त्रिदेव निर्णय, पं० शिवशंकर शर्मा काव्यतीर्थ, 2002, सत्यधर्म प्रकाशन, गु०कु० कवरपुरा (जिला जयपुर)

पक्षी। तत्पर्यायः। गरुत्मान्–2, तार्क्ष्यः 3, वैनतेय 4, खगेश्वरः 5, नागान्तकः 6, विष्णुरथः –6, सुपर्णः–8, पन्नगाशनः 9, त्यइमरः 2.2.32।। महावीरः –10, पक्षिसिंहः 11, उरगाशनः 12, इति जटाधरः।। शाल्मली, 13, हरिवाटनः 14, अमृताहरणः 15, नागाशनः 16, इति हारावली। शल्मलिस्थः 17, खगेन्द्रः 18, भुजगान्तकः 19, तरस्वी 20, तार्क्ष्यनायकः 22– इति राजनिघण्टुः। तस्योत्पतिः कारणं यथा–

यजतः पुत्रकामस्य कश्यपस्य प्रजापतेः।
साहाय्यमृषयो देवाः गन्धर्वाश्च ददुः किल।।

इसी तरह 'वाचस्पत्यम्' आदि कोशों में तथा महाभारत आदि ग्रन्थों में गरुड पर विस्तार से लिखा है, उस पूरे उल्लेख को यहां उद्धृत करना उचित नहीं हैं। अमर मानक हिन्दी कोश के अनुसार–

''गरुड– पु० कश्यप की पत्नी विनता से उत्पन्न–विष्णु के वाहन पक्षिराज–गरुड। ध्वज–पु० विष्णुः वह पताका जिस पर गरुड की मूर्ति बनी होती है। गुप्त सम्राटों का राज चिह्न। गरुडध्वजः– गरुडो ध्वजोऽस्य विष्णोः–इत्यमरः।

जैसा हम प्रारम्भ में लिख चुके है– यास्काचार्य निरुक्त में (12.18) विष्णु शब्द की व्युत्पत्ति विश (प्रवेश करना) अथवा विष्लृ–व्याप्तौ धातु से मानी है।[1] बृहद् देवता के व्याख्याकार का मत है कि यह शब्द व्याप्ति अर्थवाली विष्, विश् अथवा वेविष (विष्लृ) धातुओं से बना है। समस्त संसार को व्याप्त (आच्छादित) कर लेने तथा प्रत्येक वस्तु में व्याप्त (प्रविष्ट) सूर्य को ही विष्णु कहा जाता है। विष्णु शब्द की व्याख्या करते हुये महाभारत के प्रसिद्ध टीकाकार नीलकण्ठ ने लिखा है–

विष्लृ–व्याप्तौ, विश–प्रवेशने, ष्णु–प्रस्रवणे–एतेषामन्यतमस्य रूपं विष्णुः– इति अभिप्रेत्याह। विच्छन्ति, गच्छन्ति, लीयन्ते–अस्मिन्।

विच्छन्ति अस्मात् लोकाः इति वा वेवेष्टि व्याप्नोति इति वा। विच्छन्ति दीप्यते इति वा।

अपनी इस व्याख्या में श्री नीलकण्ठ ने विष (व्याप्त करना) विश्–प्रवष्टि होना। इन दो धातुओं के अतिरिक्त ष्णु (प्रस्रवण) करना धातु से वि उपसर्ग पूर्वक विष्णु शब्द की सिद्धि की है, जो ठीक है। दीप्ति अर्थ में प्रयुक्त होने वाली चुरादिगणीय विच्छ् धातु भी विष्णु के जिस प्रकार शील स्वरूप को बतलाती है, वह महत्त्वपूर्ण है। 'बृहद्देवताकार' के अनुसार सूर्य ही विष्णु है और प्रकाशपुंज उद्गिरण करने वाले तेजस्वी सूर्य मण्डल से सम्बन्धी देवता के नाम में मूलतः इन भावों का होना स्वाभाविक ही है।

1. विष्णुर्विशतेर्वा व्यश्नोतेर्वा।।

विष्णु पुराण में बहुत स्पष्ट उल्लेख है–

"मैत्रेयः केशवः सूर्यः तत्प्रभा कमलालया"

2.8.23।।

सूर्य ही विष्णु हैं और उनकी प्रभा लक्ष्मी है। ब्रह्मपुराण और भी स्पष्ट शब्दों में कहता है–

यश्च सूर्यः स वै विष्णुः, यश्च विष्णुः स भास्करः।

258–287

अर्थात् जो सूर्य है वही विष्णु है, और जो विष्णु है वही भास्कर (सूर्य) है। इसी प्रकार श्रीमद्भागवत के निम्न श्लोक में सूर्य को विष्णु का रूप कहा गया है–

प्रत्नस्य विष्णोः रूपं च सत्यस्य ऋतस्य ब्रह्मणो अमृतस्य च मृत्योश्च सूर्यमात्मानं महिमा।। भाग० 5.10.5।

बहुत युगों से यहां के मनीषी लोग उस ब्रह्म को भूलकर प्राकृत वस्तुओं की उपासना करने लगे। प्राकृत वस्तुयें अनन्त हैं। यह पृथिवी, जल, जलचर, मत्स्य, मकर और कच्छप आदि। अंसरव्येय सूर्य–चन्द्र तारागण ये सभी प्रकृति की विभूतियां हैं। एक समय ऐसा आया जब ऋषि मुनि न रहे और ऋषि ग्रन्थों का पठन–पाठन और उपदेश की परिपाटी सर्वथा बन्द हो गई, उस समय प्रजाएँ अज्ञ बन जिस किसी की पूजा मनमाने ढंग से करने लगी। कालान्तर में कुछ विद्वान् हुए जिन्होंने अनेक प्राकृतिक देवों की पूजा छुड़वा कर तीन देव की उपासना प्रारम्भ कराई। ये तीन देव हैं– द्युलोकीय–सूर्यदेव। अंतरिक्षस्थ–वायुदेव। पृथिवीस्थ–अग्निदेव। उस समय के ग्रन्थों में यह स्पष्ट लक्षण पाया जाता है। अन्य समस्त देव–देवी इन तीनों के ही अंग हैं, और इन तीनों में भी एक महान् देव गूढ़रूप में–

तत्र विष्णुश्च शक्रश्च जज्ञाते पुनरेव च।[1]
अर्यमा चैव धाता च त्वष्टा पूषा तथैव च।।132।।
विवस्वान् सविता चैव मित्रो वरुण एव च।
अंशो भगश्चादितिजा आदित्या द्वादश स्मृता।।132।।

विष्णु, शक्र, अर्यमा, धाता, त्वष्टा, पूषा, सविता, विवस्वान्, मित्र, वरुण, अंश और भग। ये द्वादश (12) नाम सूर्य के हैं। अब महाभारत का प्रमाण भी देखिये–

---

1. विष्णु पुराण अध्याय–15। अंश प्रथम। जीवानन्द विद्यासगार प्रकाशित 1882, कलकत्ता

धाताऽर्यमा च मित्रश्च वरुर्णोंऽशो भगस्तथा।[1]
इन्द्रो विवस्वान् पूषा च त्वष्टा च सविता तथा।।65।।
पर्जन्यश्चैव विष्णुश्च आदित्या द्वादश स्मृताः।।66।।

वैदिक काल में सूर्य नाम विष्णु का था। यह भी देखिए अनेक नामों में अंतरिक्ष (आकाश) का एक नाम विष्णुपद है यथा–

वियद् विष्णुपदं वापि पुंस्याकाशविहायसी।।[2]

जिस कारण आकाश में सूर्य का पद = स्थान है, अतः विष्णुपद आकाश का नाम है। अब वेद का जो साक्षात् कोश निघण्टु है उसे देखिए–

त्वष्टा। सविता। भगः। सूर्यः। पूषा। विष्णुः–विश्वानरः। वरुण।[3]

इस पर भाष्य करने वाले यास्काचार्य ने विष्णु का अर्थ सूर्य ही किया है। वेदों में तो अनेक प्रमाण हैं, जिनका निरूपण आगे किया जाएगा।

लिंग पुराण तथा ब्रह्माण्ड पुराण में आया है–

यस्माद् विष्टम् इदं सर्वं वामनेन महात्मना।
तस्मात्, स वै स्मृतो विष्णुः विशेर्धातोः प्रवेशनात्।।[4]

महाभारत में स्वयं विष्णु कहते हैं कि–मैंने पृथ्वी और आकाश अन्तरिक्ष को व्याप्त कर रखा है, जगत् का विक्रमण अर्थात् आच्छादन करने या नाप लेने से मेरी संज्ञा विष्णु है।[5]

पुरातत्त्व में विष्णु–लक्ष्मी

डॉ० गया चरण त्रिपाठी ने विष्णु देव के सम्बन्ध में अपनी नई पुस्तक–''वैदिक देवता–उद्भव और विकास'' में बहुत विस्तार से लिखा है।[6] उन्होंने सभी पूर्वाग्रहों से मुक्त होकर सभी वैदिक तथा लौकिक देवताओं पर संस्कृत व्याकरण के साथ–साथ चारों संहिताओं, ब्राह्मण, आरण्यक, पुराणों तथा दोनों महाकाव्यों और संस्कृत साहित्य को उद्धृत करते हुए सभी देवताओं के विषय में विशेष रुप से लिखा है। डॉ० त्रिपाठी जी ने भी विष्णु की सूर्य के साथ एकात्मकता स्थापित की है, और उसको सप्रमाण पुष्ट किया है। आगे चलकर उन्होंने विष्णु और यज्ञ का तारतम्य सिद्ध करते

---

1. महाभारत आदिपर्व, अ०–156, प्रताप चन्द्र प्रेस कलकत्ता।
2. अमर कोषः, प्रथम काण्डम, व्योम वर्गः–2।
3. निघण्टु, अध्याय 5 खण्ड–6।
4. लिंग – 10/16।। ब्रह्माण्ड 1.4.25।।
5. महा० शान्ति०– 341–4.2.1
6. वैदिक देवता (उद्भव और विकास। राष्ट्रिय संस्कृत संस्थान दिल्ली)

हुए विष्णु के दश–अवतारों की समीक्षा की है, जो अति सराहनीय है। उनके द्वारा विदेशी विद्वानों की व्याख्याओं की पांडित्यपूर्ण समालोचना ही विशेषरूप से ग्राह्य है।

हम उपर्युक्त विद्वानों की समीक्षा से पूरी तरह सहमत हैं। परंतु लोक विश्वास के कारण अथवा कुछ पुराने विद्वानों द्वारा प्रतिपादित करने और उसके अनुसार विष्णु और गरुड की मूर्तियां बनने में फैले भ्रम के निवारणार्थ कुछ तो प्रयास करना ही पड़ेगा। इन देवी–देवताओं में जो आस्था भारतीय जनों में थी, वह बाहरी दुनिया के अनेकानेक देशों तक भी पहुंची। जैसा कि आपने गणेश और कार्तिकेय के प्रकरण में देखेंगे, प्राचीन समय से ही हमारे इन देवताओं की प्रतिमायें अपनी सीमायें लांघ कर विदेशों में पूज्य हो गईं। विष्णु के साथ भी यही हुआ। अपितु कहना चाहिए और अधिक हुआ। दक्षिण–पूर्वी एशियाई देशों में तो उनके बड़े–बड़े मंदिर भी बने। यहां इस संदर्भ में एक ही उदाहरण पर्याप्त होगा। कम्बुज का "अंकोर मन्दिर" विष्णु और भारत की ख्याति के लिए सर्वमान्य होगा। यह विष्णु भगवान् को समर्पित है, और उनके सभी रूपों और विभूतियों का इसमें अंकन है। मैंने स्वयं इसको पर्याप्त समय लगा कर देखा है। विष्णु के दश–अवतारों का यहां पर जितना सजीव कलात्मक चित्रण है–अन्यत्र शायद ही मिले। पवित्र मिकांग नदी के जल से आवृत मन्दिर के गृह प्रवेश से पहले 'समुंद्र–मंथन' का अति विस्तृत और लम्बायमान दृश्य अतीव मनोहारी है। विष्णु के दशावतारों के दृश्य भी खमेर–कला के बेजोड़ नमूने हैं। इस मंदिर में गरुड को तो जगह–जगह अनेक रूपों में दिखाया है। थाईलैंड में भी विष्णु मंदिर विद्यमान है। मंदिर में पूजा भी होती है।

विष्णु–लक्ष्मी, कम्बुज (कम्बोडिया) के अंकोर मन्दिर में

इन देशों में भारतीय धर्म, दर्शन तथा देव प्रतिमायें कैसे पहुंची? यह एक दिलचस्प प्रश्न है, जिसको बतलाना आवश्यक है। इसके पीछे बृहत्तर भारत के निर्माण और भारत की सांस्कृतिक दिग्विजय की गौरव गाथा कारक है। यह कार्य हमारे कुशल व्यापारियों और काषाय चीवर ओढ़े तथा हाथ में कमण्डलु लिए इन देशों में गये संन्यासियों और बौद्धभिक्षुओं के त्याग तपस्या एवं कर्मठता का परिणाम है।

बृहत्तर भारत में प्रवेश के दो मुख्य मार्ग थे–एक जलमार्ग और दूसरा स्थल मार्ग। पहले–पहल अधिकतर गमनागमन स्थल मार्ग से होता था। मध्य एशिया पहुंचने के दो रास्ते थे। पहला खैबरदर्रा पर्वतीय मार्ग से पामीर पठार होकर मध्य एशिया की पश्चिमी सीमा तक पहुंच जाता था। दूसरा मार्ग लद्दाख (कश्मीर प्रदेश) के प्रधान नगर लेह से कराकोरम का दर्रा पारकर यारकन्द तथा खोतान तक जाता था। वहीं मध्य एशिया में दोनों मार्ग मिलते थे।

सुदूर दक्षिण पूर्वी एशियाई देशों में जाने के लिए स्थल मार्ग असम से नेफा–कोहिमा होकर दक्षिण पूर्व चीन को जाता था। इसी मार्ग से पदाति जाने वाले भारतीय दक्षिण पूर्व के सभी देशों में जाते थे। बर्मा (म्यान्मार) पहुंचने के उपरान्त यात्री उन देशों की तीन नदियों (मिकांग, इरावती और स्वालिन) से नावों द्वारा आसानी से इन देशों में पहुंच जाते थे। इन देशों में जाने के लिए जल मार्ग का रास्ता पश्चिम बंगाल की बड़ी बंदरगाह ''ताम्रलिप्ती'' (तामलुक) से था। ईसा की प्रथम शती से पहले ही भारतीयों ने वहां अपने उपनिवेश बसा लिये थे। दक्षिण में चोल मण्डल के किनारे से जहाज बर्मा, मलाया होते हुए चीन सागर पार कर चीन व जापान जाया करते थे।

इस तरह इन देशों में अपना प्रभुत्व जमाने के उपरान्त वहां सभी ब्राह्मण देवों की स्थापना की। वहां वैष्णव मत का अधिक प्रचार हुआ, शैव धर्म उससे पहले था। कम्बुज (कम्बोडिया) में निर्मित दस मन्दिरों में शिव मन्दिर सबसे पुराना है और खण्डित भी अधिक है। वहां वैदिक धर्म (ब्राह्मण) पहले पहुंचा और बौद्ध धर्म उसके बाद। विष्णु तथा अन्य देवी–देवताओं की समीक्षा को विस्तार भय से यहीं विराम देते हैं। हमने इन सभी देशों में स्वयं जाकर अपने इस गौरवपूर्ण अतीत का अतंरग अनुशीलन किया है।

इण्डोनेशिया ने तो अपनी 'एयर लाइन' का नाम ही गरुड रखा है। जावा, सुमात्रा, बाली–बोर्नियो और वियतनाम में भी गरुड और विष्णु पाये जाते हैं। इण्डोनेशिया के बाली द्वीप में तो जगह–जगह गरुड के दर्शन हो जाते है। हमारे सभी देवता और वाहन तथा महात्मा बुद्ध के भिक्खु उन देशों में हमारे धर्म संस्कृति और परम्परा के संवाहक रहे हैं।

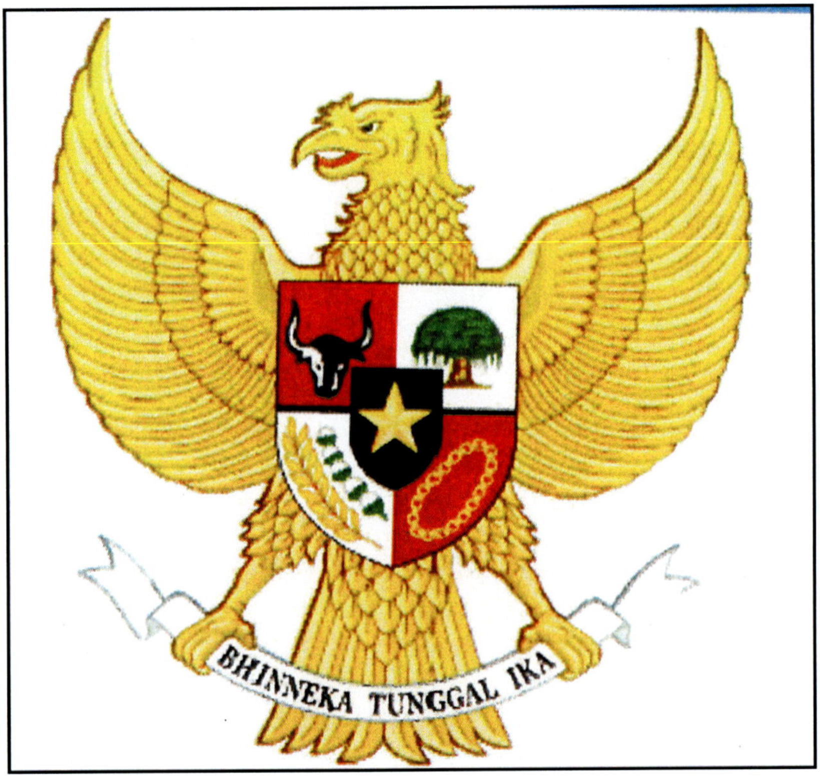

प्राचीन ग्रन्थों में विष्णु के चौबीस व्यूह स्वरूप माने गये हैं। उनकी चार भुजाओं में चार–आयुध शंख, चक्र, गदा और पद्म का वर्णन शास्त्रों में मिलता है। शंख विश्व की उत्पत्ति का द्योतक है। जल से ही सृष्टि की उत्पत्ति होती है। शंख (जीव के साथ) जल में रहता है। वह जल से लाकर ही प्रयोग में लाया जाता है। चक्र, जिसे सुरवनि–चक्र भी कहते है। विश्व के मस्तिष्क का प्रतीक है, साथ ही कालचक्र और जीवन चक्र का भी द्योतक है। (विष्णु पुराण–1/12/68) इस चक्र की परिधि की समता माया से करते हैं। उसकी छः तीलियां हैं, जो षड्ऋतु की प्रतीक हैं। इस चक्र से भगवान् राक्षसों का विनाश और श्रेष्ठजनों की रक्षा करते हैं। विष्णु के एक हाथ में रहने वाली गदा शक्ति की परिचायक है। इससे मानसिक तथा शारीरिक शक्ति उत्पन्न होती है। पद्म जल से ही उत्पन्न होता है। इसकी आठ पंखुड़ियां होती हैं, जो आठ दिशाओं की बोधक हैं। कमल जल के गर्भ से निकलता है, तथा सरोवर के किनारे से दूर रहता है, अर्थात् उसे अशुद्ध वातावरण स्पर्श नहीं कर सकता। पद्म उस शुद्ध तत्त्व का प्रतिनिधित्व करता है, जिससे धर्म एवं ज्ञान का प्रादुर्भाव होता है। इस प्रकार विष्णु के चार आयुधों का प्रयोग शास्त्रकारों ने गूढतम अर्थों में किया है।

चौदहवीं शताब्दी में अरब का एक उत्साही यात्री इब्न–बतूता भारत आया। उसने भारत भ्रमण के साथ–साथ अराकान चीन, सुमात्रा, जावा, (मूल जावा–यहां भी इस समय हिंदु राजा राज्य करते थे) तथा मालद्वीप आदि की भी यात्रा की। वह सरन दीप (स्वर्ण–द्वीप लंका) भी गया। लंका में भी इस समय हिंदु राजाओं का राज था। परंतु हजरत आदम और हव्वा के पद चिह्नों के कारण मुसलमान यात्री भी यहां अधिक संख्या में आते रहते थे। इब्नबतूता के अनुसार लंका तथा चीन दोनों ही देशों में शव–दाह किया जाता था। यहां देवनदेरा नामक स्थान में विष्णु का एक भव्य मंदिर भी था, जिसको पुर्तगाल निवासियों ने 1587 ई० में पूर्णतया विध्वंस कर डाला। बतूता के कथनानुसार मन्दिर में भगवान विष्णु की मनुष्याकार (मानवाकार) मूर्ति सुवर्ण की बनी हुई थी और नेत्रों के स्थान में उसमें नीलम जड़े हुये थे। एक सहस्र ब्राह्मण मूर्ति की पूजा करने के लिए नियत थे, और लगभग पांच सौ (500) स्त्रियां उनके सम्मुख दिन–रात भजन कीर्तन करती रहती थीं। नगर की समस्त आय इसी मंदिर को अर्पित कर दी जाती थी। प्रत्येक यात्री को यहां भोजन इत्यादि मिलता था। लंका में तब गोवध नहीं होता था। किसी के ऐसा करने पर उस पापी का या तो उसी प्रकार वध कर दिया जाता था, या उसको गोचर्म में लपेटकर अग्नि में भस्म कर दिया जाता था।''[1]

विष्णु का वाहन ध्वजचिह्न–गरुड

त्रिदेवों (ब्रह्मा, विष्णु, महेश) में विष्णु को संसार का पालक माना जाता है पौराणिक मान्यता के अनुसार समय–समय पर विष्णु को नाना रूप धारण कर अवतार लेकर संसार की रक्षा तथा प्राणियों को जीवन दान करना पड़ता है इसी कारण उनके वाहन के लिए गरुड को चुना गया। क्योंकि उसकी गति तीव्र ही नहीं अतुलनीय भी है। भगवान् को विभिन्न स्थानों पर ले जाने में तनिक भी विलम्ब नहीं करता। गरुड के इन्हीं गुणों के कारण उसको विष्णु का वाहन बताया गया।

विष्णु ब्रह्म के स्वरूप में सारी विभिन्न विरोधी शक्तियों को एक सूत्र में बान्ध डालते हैं। उस महान् संसार व्यापिनी अज्ञेय सत्ता के सम्मुख सभी अपना अस्तित्व खो देते हैं। सर्प तथा गरुड में शत्रुता है। बल्कि कहना चाहिए दोनों में 'शाश्वतिक वैर' (सदा से है और सदा रहेगा) है। गरुड सर्प का भक्षक है। विष्णु को 'शेषनाग' की शैय्या पर दिखाया जाता है, वहीं गरुड वाहन के रूप में विद्यमान रहता है। इसी भाव को विष्णु की दोनों पत्नियों (लक्ष्मी एवं सरस्वती) को कला में प्रदर्शित किया जाता है। तात्पर्य यह है कि विरोध को नष्ट करने के कारण गरुड विष्णु का वाहन हुआ।

---

1. 'इब्नबतूता की भारत यात्रा या चौदहवीं शताब्दी का भारत' राष्ट्रीय पुस्तक न्यास, भारत, दिल्ली।

गरुड़ पक्षी

हम यहां इस मत से सर्वथा सहमत नहीं है। गरुड जैसे लघुकाय पक्षी के ऊपर विष्णु कैसे बैठ सकते हैं। उनका भार उठाने की क्षमता गरुड सरीखे पक्षी में कैसे हो सकती है। 'वाहन' शब्द के अर्थ को ठीक से न समझ पाने के कारण हम यह अनर्थ कर रहे हैं। प्राचीन व अर्वाचीन दोनों ही विद्वानों ने वाहन शब्द का रूढ अर्थ–सवारी किया और करते रहे, जिस कारण भ्रम फैला।

विष्णु तथा गरुड़ के सम्बन्ध में दो विदेशी विद्वानों का मत भी जानिए–

मैक्डॉनल तथा हॉपकिन्स[1] का विचार है कि पूर्व से पश्चिम की ओर जाता हुआ सूर्य का बिम्ब ही वैदिक ऋषियों की कल्पना में व्योमविहारी गरुड है। ऋ०/5/45/8. में सूर्य को शीघ्र गामी श्येन कहा गया है:–

रघुः श्येनः पतयदन्धो अच्छा आ सूर्योअरुहच्छुक्रमर्णः।।

1. मैक्डॉनल वै०मा० पृष्ठ–152। हॉपकिन्स–रिलिजन्स ऑफ इन्डिया पृ०–45

गरुडारूढ विष्णु 9वीं सदी ई० दिनाजपुर आशुतोष म्यूजियम कलकत्ता विश्वविद्यालय

ऋग्वेद के दशम मण्डल में दो बार सूर्य के लिए 'गरुत्मत्' विशेषण भी आया है, जो परवर्ती साहित्य में गरुडवाची है।

विष्णु का वाहन–गरुड मानना डॉ० गयाचरण त्रिपाठी के अनुसार वस्तुतः यज्ञिय अग्नि ही गरुड़ है। (ऋ० 6/15/4) उनके मत में अस्य वामीय (सूक्त 1/164) की अन्तिम 52 वीं ऋचा में भी अग्नि को एक विशाल 'द्विव्य सुपर्ण' कहा गया है। यथा –

"द्विव्यं सूपर्ण वायसं बृहन्तम् अपां गर्भम्"

अग्नि मनुष्यों के यज्ञ की हवि को आकाश में देवों तक ले जाता है। वह यज्ञिय हवि को उसके विभिन्न अधिकारियों के पास ले जाता है। वहन करता है। अतः

उसकी पक्षी के रूप में कल्पना अत्यन्त स्वाभाविक है। वेदों में अग्नि को स्थापित करते हुये कहा जाता है–

"सुपर्णोऽसि गरुत्मान्, पृष्ठे पृथिव्याः सीद"।

वाज.सं. 26/12

अग्नि यज्ञ की हवि को देवों तक वहन करने वाला स्वर्ण–सुनहलों पंखों वाला श्येन है। उसका यह सामर्थ्य ही गरुड है।

यहां यह बात विशेष रूप से ध्यातव्य है कि सूर्य के जो–जो गुण हैं, वे ही परवर्ती विष्णु में स्थापित किये गये और जिस–जिस शब्द के दो–दो अर्थ हो सकते हैं, उस शब्द के अर्थ के अनुसार वाहन, स्थान तथा शक्ति आदि बनाये गये हैं। इसी प्रकार जिस–जिस समस्त पद में दो–दो समास हो सकते हैं, ऐसे–ऐसे पद रखे गये। सार यह है कि बड़ी विद्वत्ता और निपुणता के साथ वाहन आदि की कल्पना की गई है। जैसे सुपर्ण नाम सूर्य की किरण का है, परन्तु गरुड़ का भी नाम सुपर्ण है। यथा–

खेदयः। किरणाः। गावः। रश्मयः। अमीरः। दीधितयः। गभस्तयः। वनम्। उस्राः। वसवः। मरीचयः। मयूरवाः। सप्तऋषयः। साध्याः। सुपर्णाः। इति पंचदश–रश्मिनामानि। निघण्टु। प्रथमध्यायः। खण्ड. 5।।

ये पन्द्रह नाम सूर्य की किरणों के हैं। इनमें सुपर्ण नाम आया है। निघण्टु वेद का कोश है। इसका यह प्रमाण हमने दिया। वेदों के मन्त्रों में सूर्य के किरण अर्थ में सुपर्ण शब्द बहुत प्रयुक्त हुआ है। हम यहां केवल एक ही उदाहरण दे रहे हैं। यथा–

वयः सुपर्णा उपसेदुरिन्द्रं प्रियमेधा ऋषयो नाधमानाः।
अप ध्वान्तमूर्णहि पूर्धि चक्षुर्मुमुग्ध्यस्मान् निधये बद्धान्।[1]

निरुक्त. 4/2/

यह ऋग्वेद का मन्त्र है। यास्काचार्य ने निरुक्त में दिया है। सूर्य की किरणों का यहां अलंकार रूप में वर्णन किया गया है। (वयः) अतिगमनशील (सुपर्णाः) किरण (इन्द्रम्) सूर्य के निकट (उपसेदुः) पहुंचें। (नाधमानाः) याचना करते हुये, अर्थात् सूर्य से याचना करने लिए गये (या जायें)। वे किरण कैसे हैं–(प्रियमेधाः) यज्ञप्रिय, क्योंकि सूर्य के उदय हुए बिना यज्ञ नहीं होता। पुनः कैसे हैं, (ऋषयः) जैसे वासिष्ठादि ऋषिज्ञान का प्रकाश करते हैं, वैसे ही ये किरणें भी अन्धकार का नाश कर सब पदार्थों के रूप को प्रकाशित करती हैं। किस प्रयोजन के लिए सूर्य के समीप गई, अतः आगे कहते हैं–हे स्वामिन् (ध्वान्तम्) अन्धकार को (अप + ऊर्णुहि) दूर कीजिए (चक्षुः) प्राणिमात्र की आंखे अपनी ज्योति से (पूर्धि) पूर्ण कीजिए और (निधयः इव

1. निरुक्त. 4/2/3।। ऋग्वेद–10/13/11

बद्धान्) जैसे पक्षी पाश में बद्ध हो, तद्वत् आपके मण्डल में बद्ध (अस्मान्) हम लोगों को मर्त्यलोक में जाने के लिए (मुमुग्धि) छोड़ दीजिए।

यहां यास्काचार्य ने ''सुपर्णा आदित्यरश्मयः'' ऐसा लिखा है। अर्थात् सुपर्ण सूर्य की किरणों का नाम है। परन्तु आज कल यह सुपर्ण शब्द गरुड के अर्थ में ही आता है–

गरुत्मान् गरुडस्तार्क्ष्यौ वैनतेयः खगेश्वरः।
नागन्तको विष्णुरथः सुपर्णः पन्नगाशनः।।[1]

अमरकोश में ये सब नाम गरुड के बतलाये है। गरुत्मान् तार्क्ष्य आदि शब्द भी सूर्य की किरणों के अर्थ में वेदों में आये हैं। यहां आपने देखा कि सुपर्ण नाम गरुड का भी है। अब विचार करने की बात है कि सूर्य का वाहन किरण हैं। क्योंकि किरणों के द्वारा ही सूर्य सर्वत्र पहुंचता है। वेदों में वर्णन आया है कि किरण मानो सूर्य को ढोते फिरते हैं। जब सूर्य के स्थान में विष्णुदेव पृथक् कल्पित हुये, तब जो वाहन सूर्य का था, उसी से हम विदेशी विद्वानों में भी उपहास का पात्र बनते रहते हैं। वाहन शब्द ''वह–प्रापणे'' धातु से बना है। इसका अर्थ है– जो एक स्थान से ले जाकर दूसरे स्थान पर पहुंचाये। गरुड अपने कन्धे पर बैठाकर विष्णु को कैसे और कहां–कहां ले जा सकता है। यह तो बिल्कुल ठीक नहीं है। गरुड अत्यधिक शीघ्रगामी और वेगगामी है। उसकी दृष्टि भी बहुत तीक्ष्ण और विस्मयकारी है। वह बहुत ऊंचाई पर उड़ता हुआ भी जमीन पर रेंगने–चलने वाले सर्प आदि को देखकर एकदम गोता (डाई) मारकर अपने पंजों में फन्सा कर ऊपर ले उड़ता है, और सुरक्षित स्थान पर बैठकर उसका आराम से भक्षण करता है। इनकी नाक तोते जैसी, किन्तु चोंच बहुत नुकीली होती है। यह पक्षियों का राजा (पक्षीराज) कहलाता है। यह गरुड, वैनतेय, श्येन, उकाब तथा अहिभुक्, नागान्तक, और ईगल आदि अनेक नामों से जाना जाता है। सर्प दिखलाई देते ही इसमें अचानक नई चेतना आ जाती है। सांप कितना ही बड़ा और जहरीला क्यों न हो उसे कुछ ही क्षणों में मारकर तथा अपने पंजे में फंसाकर उड़ जाता है। प्रकृति में संतुलन बनाये रखने के लिए इनका होना आवश्यक है, इसीलिए ये देवताओं के वाहन (ध्वज चिह्न) के रूप में ग्रहण किये हैं। परन्तु सवारी के रूप में नहीं।

गरुड, मोर, हंस, मूषक तथा नंदी आदि देवताओं के वाहन (ध्वज) के रूप में रहेंगे तो देवी–देवता और प्रजायें इनके वास्तविक गुणों को देखकर प्रेरणा ले सकेंगे, और इनका वाहन होना सार्थक हो जायेगा। हमारे सब देवता इतने निर्बल नहीं हैं कि वे इन शारीरिक दृष्टि से अकिंचन पक्षियों की सवारी के लिए लालायित हों।

---

1. अमरकोष, प्रथम काण्डम्, स्वर्ग वर्ग० 1–28।।

यहां पर ज्ञातव्य है कि साहित्य में या प्राचीन शास्त्रों में अनेकत्र विष्णु को 'गरुडध्वज' कहा गया है। यथा –

पद्मनाभोऽरविन्दाक्षः पद्मगर्भः शरीरभृत्।
महर्षि ऋद्धो वृद्धात्मा महाक्षो गरुडध्वजः।[1]

कम्बोडिया (कम्बुज) के अंगकोर मन्दिर में गरुड

अमरकोश में भी विष्णु के 46 नामों का उल्लेख किया है। जैसे–

दैव्यारिः पुण्डरीकाक्षो गोविन्दो गरुडध्वजः।
पीताम्बरोऽच्युतः शङ्र्गी विष्वक्सेनो जनार्दनः।।[2]

इसी प्रकार दैनन्दिन या विशेष अनुष्ठानों में पण्डित लोग जो श्लोक बोलते हैं, उनमें भी विष्णु को 'गरुडध्वज' नाम से स्मरण किया जाता है। इसको उच्चारित करने वाले पण्डित भी इसकी ओर न जाने क्यों ध्यान नहीं देते हैं। हमारे जैसे सामान्य का तो कहना ही क्या। यह श्लोक निम्न है–

मंगलं भगवान् विष्णुः मंगलं गरुडध्वजः।
मंगलं पुण्डरीकाक्षः, मंगलायतनो हरिः।।

---

1. विष्णु सहस्र नाम स्तोत्रम्, श्लोक–51, पृष्ठ–22, गीताप्रेस, गोरखपुर
2. अमर कोष, प्रथम काण्ड, प्र०–22।।

इन उद्धरणों से स्पष्ट है कि गरुड विष्णु जी के ध्वज (झण्डे) का चिह्न था, न कि उनकी सवारी था। गरुड का एक नाम 'पक्षिसिहं' भी आता है। यह नाम बिल्कुल सार्थक है। हर पक्षी इससे डरता है। कदाचित् इसी कारण संसार के अधिकाधिक देशों ने किसी न किसी रूप में इसको अपनाया है। गरुड बहुत देशों का राष्ट्रीय प्रतीक है। अनेक देशों की मुद्राओं–सिक्कों पर इसका अंकन है। अमरीका, रूस आदि देशों के नोटों (पेपर–करंसी) पर भी देखा जाता है। अरब–देशों के अमीर–उमरा और शेख तो अपने कन्धों पर इसको शोभायमान करके गर्व महसूस करते हैं।

गरुड़युक्त–श्याम (थाईलैण्ड) के पूर्व राजाओं की शासकीय मोहरें

जावा और बाली द्वीप (इंडोनेशिया) के प्राचीन मन्दिरों में विष्णु और गरुड का बहुतायत में अंकन हुआ है। बौद्ध मन्दिरों में भी इनकी मूर्तियों की स्थापना हुई। श्याम (थाईलैण्ड) में तो इनको पूजा के साथ अयोध्या (अयोथया) मथुरा आदि के नाम से नगर भी बसाये गये। थाईलैण्ड और इंडोनेशिया में तो उसी परम्परा का वहन करते हुये गरुड को अपना राष्ट्रीय चिह्न बना रखा है। मंगोलिया की राजधानी का भी चिह्न गरुड ही है।

महाभारत के अनुसार कोई भी भगवान् (देवता गरुड) को युद्ध में नहीं हरा सकता था। क्योंकि गरुड शक्तिशाली ही इतना था। परंतु विष्णु देवता बीच में आये और उसकी योग्यताओं से प्रभावित होकर भगवान् विष्णु ने गरुड को अमरत्व प्रदान करते हुये वचन दिया कि वे उसे (गरुड) अपना वाहन बनायेंगे और उसे अपने से ऊंचा स्थान देंगे। इसी कारण भगवान् विष्णु ने अपने ध्वज (झंडे) पर स्थान देकर गरुड को सम्मान दिया। महाभारत की यह आख्यायिका थाईलैंड में खूब सुनाई जाती है। थाईलैंड में अयोध्या–साम्राज्य (1350–1767 ई०) के राजा कई प्रकार की मोहरों का प्रयोग अपने शासकीय आदेशों को प्रमाणित करने के लिए करते थे, उन पर विष्णु और गरुड के चित्र होते थे।

यहां ईसा पूर्व दूसरी शती के एक अति महत्त्वपूर्ण अभिलेख का उल्लेख करना आवश्यक है। यह स्तम्भ लेख विदिशा (मध्य प्रदेश) में मिला है। इसकी भाषा प्राकृत और लिपि–ब्राह्मी है। लेख निम्नवत् है–

"देवदेवस वासुदेवस गरुडध्वजे अयं कारिते इअहेलिओदोरेन भागवतेन दियस पुत्रेण तख्खसिलाकेयानद्योनदूतेन आगतेन महाराज अंतिलिकितस उपता सकासं रंञो कोसी पुत्रस भागभद्रस त्रातारस बसेन चतुदसेन राजेन बधमानस।"

भावार्थ–तक्षशिला के राजा अंतिलिकित के दूत हेलियोडोरस, जिसकी पदवी भागवत है, ने देवाधिदेव विष्णु के गरुडध्वज की स्थापना की। वह कोसीपुत्र भागभद्र के 14वें वर्ष में उसके दरबार में आया था।

यहां दो बातें विशेष रूप से विचारणीय हैं। पहली तो यह कि 'हेलियोडोरस' नाम का राजदूत हमारे देश में विदिशा के राजा के दरबार में आया। इससे पहले कभी कोई राजदूत हमारे यहां कहीं नहीं आया। दूसरा उसने हमारे वैष्णव–धर्म को अपनाकर 'भागवत' की उपाधि धारण की। साथ ही इस स्तम्भ लेख से यह भी सूचना मिलती है कि उस समय तक्षशिला में 'अंतिलिकितस' नामक यवन–शासक राजा राज कर रहा था जबकि उस समय से बहुत पहले से ही यहां निरंतर भारतीय राजाओं का राज रहा था।

इस पर अधिक न लिख कर सुधी पाठकों का ध्यान इस ओर दिलाना चाहते हैं, कि इस अभिलेख में विष्णु के 'गरुडध्वज' की स्थापना का उल्लेख किया गया है। हम पहले भी इसे सप्रमाण लिख चुके हैं, कि विष्णु के लिए अनेक प्राचीन ग्रन्थों में 'गरुडध्वज' नाम आया है। साथ ही महाभारत का यह उल्लेख कि विष्णु ने गरुड का युद्ध देखकर उसे अमरत्व का वचन (वरदान) देते हुये कहा था, कि मैं आपको अपने से भी ऊंचा स्थान दूंगा। विष्णु ने अपनी बात पूरी की तथा अपने ध्वज पर गरुड को रखकर उसको लोक में पूजनीय बना दिया। उपर्युक्त स्तम्भलेख से यह भी स्पष्ट ध्वनित हो रहा है कि यवन राजदूत हेलियोडोरस ने भागवत–धर्म अङ्गीकार कर लिया था। यह उस समय का सर्वाधिक प्रचलित धर्म रहा होगा। किन्तु उस समय से कुछ पहले बौद्ध धर्म भी उस क्षेत्र का प्रमुख धर्म रहा था। विदिशा से कुछ ही दूरी पर संसार प्रसिद्ध सांची स्तूप भी विद्यमान था। सांची से कुछ ही दूरी पर हमने कई बड़े–बड़े स्तूपों को भी देखा है। परंतु वे स्तूप इतने परिपक्व नहीं हैं। उनके साथ में न तो प्रवेश द्वार है और न ही प्रदक्षिणा वीथि है, तथा न ही वहां सांची–स्तूप की तरह प्रतिमाओं का निर्माण हुआ। इसलिए वहां पर्यटक भी नहीं जाते हैं।

अब इस विषय का सार तत्त्व देते हुये साम्बपुराण की एक पंक्ति उद्धृत करते हैं–

''यस्य यो वाहनः प्रोक्तो ध्वजस्तस्य स एव तु।।''

—साम्बपुराण, अ० 23,10

अर्थात् ''जो जिसका वाहन कहा गया है—वह उसका ध्वज समझना चाहिये''। इस पर गणेश—प्रकरण में विस्तार से लिखेंगे।

गरुड को अफ्रीकी और अरब देशों में बैटलर नाम से जाना जाता है इसको उकाब भी कहा जाता है। यह तेज गति से उड़ान भरने में माहिर है। यह पक्षी दिन का ज्यादातर वक्त आकाश में 50—60 किलोमीटर प्रति घंटे की रफ्तार से उड़ते हुए बिताता है। उड़ते समय यह अपने असाधारण रूप से लंबे डैनों (पंखों) को जरा ऊपर की ओर मोड़े रखता है। इसकी दुम बहुत ही छोटी होती है, इसलिए यह अपने शरीर को दाएं—बाएं झुका कर अपने को सही दिशा में रखता है। जैसा कि रस्सी पर चलता हुआ नट करता है। इसके उड़ने के इस ढंग पर ही इसका नाम बैटलर पड़ा, जो कि रस्सी पर चलने वाले नट के अर्थ में प्रचलित एक फ्रांसीसी शब्द से बना है।

इस पक्षी की पूरी दुनिया में जितनी प्रसिद्धि है उतनी अन्य किसी भी पक्षी की नहीं है। दिल्ली स्थित विदेशी दूतावासों के भवनों की बाहरी दीवारों पर उनके राजकीय चिह्न (मोनोग्राफ) के भव्य चित्र देखे जा सकते हैं, जिन पर गरुड बना है।

अंतर्राष्ट्रीय ख्याति प्राप्त पेंटर (चित्रकार) राजा रवि वर्मा भी इस पक्षी से प्रभावित हुये बिना नहीं रहे। उन्होंने गरुड का एक बहुत सुंदर चित्र (पेन्टिंग) बनाया, जिसमें विष्णु अपने अगल—बगल में लक्ष्मी और सरस्वती को लिये गरुड के ऊपर बैठे चित्रित किये हैं। गरुड अपने दोनों पैरों के पंजों में एक बड़े सांप को पकड़े हैं। यह चित्रांकन अति सुंदर और प्रभावोत्पादक है। राजा रवि वर्मा ने भी वाहन की उसी परम्परा को निभाया है। जो प्रस्तर प्रतिमाओं में चली आ रही है। उन्होंने भी वाहन को सवारी मानकर विष्णु को गरुड पर बैठा हुआ चित्रित कर दिया।

हम समझते हैं कि यह भूल संभवत है इसलिए प्रारम्भ हुई होगी, कि प्रस्तर मूर्तियों में अलग से ध्वज को कैसे दिखायें। क्योंकि ध्वजोत्तोलन के तो अपने नियम होते हैं। ध्वज तो यष्टि पर ऊपर वाले हिस्से पर उत्तोलित करना पड़ता है। किन्तु प्रतिमाओं पर ध्वज अंकित करना कठिन है। इसी कारण प्राचीन शास्त्रकारों ने वाहन का रूढ़ अर्थ सवारी कर दिया। शिल्पकारों को तो शास्त्रोक्त विधि का अनुसरण करना ही था, सो किया और एक गलत परम्परा का सूत्रपात हो गया। समाज ने भी इसको इसी रूप में अपना लिया। सुविज्ञ विद्वानों को चाहिए था कि वे इसको सवारी न मानकर प्रतीकात्मक रूप स्वीकार कर प्रतिमाओं और चित्रकला में उनको किसी भी स्थान पर अंकित कर वाहन को सवारी मानने का विरोध कर देते तो वाहन अपने वास्तविक रूप में प्रचलित होता।

राजा रवि वर्मा की पेंटिंग का फोटो—श्री तथा लक्ष्मी सहित गरुडारुढ़—विष्णु

साम्ब पुराण के 33 (तैंतीस) वे अध्याय में ध्वजारोहण का विशद उल्लेख किया है। हम उसके कुछ श्लोक यहां उद्धृत कर रहे हैं—

अतः परं प्रवक्ष्यामि ध्वजारोपणमुत्तमम्।
पुरा देवासुरे युद्धे योद्धुं देवैर्जयेप्सुभिः।।1।।

कृतान्युपरि चिह्नानि वाहनानि शुभानि तु।
लक्ष्मचिह्नध्वजः केतुरिति पर्य्यायनामभिः।।2।।

कीर्तितस्य च तस्येह प्रमाणं गदतः शृणु।
ध्वजवंशस्तु कर्त्तव्यो ह्यविद्ध ऋजुरव्रणः।।3।।

प्रसादेन स तुल्यस्तु ध्वजवंशः प्रमाणतः।
पताका च ध्वजे कार्या ध्वजवंशे विलम्बिनी।।4।।

रङ्का लिखिता वापि तद् वाहनसमाकृति।
गरुत्मांस्तु ध्वजे विष्णोरीश्वश्य ध्वजे वृषः।।5।।

ब्रह्मणः पंकजं कार्यं रवेर्व्योम स्मृतं ध्वजे।
हंसो जलाधिपस्योक्तो धनदस्य नरो ध्वजे।।6।।

मयूरः कार्तिकेयस्य हेरम्बस्य च मूषकः।
कुंजरो देवराजस्य यमस्य महिषो ध्वजे।।7।।

अर्थात् ध्वजा पर देवता के वाहन वाली चिह्न सूचक आकृति तैयार करनी चाहिए जैसे विष्णु की ध्वजा पर गरुड, महादेव की ध्वजा में वृष की आकृति बनानी चाहिये। ब्रह्मा की ध्वजा में पद्म, सूर्य की ध्वजा में आकाश चिह्न, वरुण की ध्वजा में हंस, कुबेर की ध्वजा में मनुष्य का अंकन करना चाहिये।

कार्तिकेय की ध्वजा में मयूर, गणेश की ध्वजा में मूषक, देवराज इंद्र की ध्वजा में हाथी, तथा यम की ध्वजा में भैंसा अंकित करना चाहिये।

यहां तीसरे और चौथे इस श्लोक में ध्वजारोहण से पहले वंश (बांस) लाने का विधान बताया गया है। बांस कैसा हो वह सीधा हो, तथा वह व्रणादि से रहित हो और नितान्त सीधा हो। उसमें न कोई छेद हो, और वह टेढा न हो ऐसे बांस के ऊपर ध्वजा लम्बित की जाये। इससे स्पष्ट है कि प्राचीन काल से ही ध्वजा का समादर था। इसीलिए तब भी और आज भी ध्वजा लगाने या लहराने का विधान है। उस विधान का अनुपालन अनिवार्य होता है। उस विधान या नियम को तोड़ने वाले को दंड दिया जाता था। उसे पांच सौ पण देने पड़ते थे। वंश–बांस का विधान अनिवार्य होने के कारण ही कदाचित्–देव प्रतिमाओं पर ध्वजारोपण न किया हो और उसकी जगह वाहन–को ध्वज चिह्न के स्थान पर सवारी मान लिया गया हो। परन्तु यह उद्भावना प्रमाण के अभाव में मान्य होगी या नहीं, यह नहीं कहा जा सकता है।

ध्वज के विषय में प्राचीन ग्रन्थों में बहुत कुछ लिखा गया है। पौराणिक साहित्य से ज्ञात होता है कि–भगवान् विष्णु की ध्वजा पर 'गरुड' की आकृति अंकित थी, और भगवान् शिव की ध्वजा पर नन्दि का अंकन होता था। मृत्यु के देव यम की ध्वजा पर भैंसा, प्रणय के देवता कामदेव की ध्वजा पर 'मीन' और महाराज जनक की ध्वजा पर 'सीत' (हल) अंकित रहता था। रावण की ध्वजा पर 'कपाल' का चित्र अंकित रहता था। इसलिए उसको 'कपाल–ध्वज' कहा जाता था। कपाल को भगवान् शिव से सम्बंधित माना जाता है। रावण शिव का अनन्य भक्त था। शिव की अनुकम्पा प्राप्त करने के लिए ही रावण ने 'मानव–कपाल' को ही अपनी ध्वजा का चिह्न बनाया था। शैव अपने भोजन और पेय के लिए कपाल को पात्र के रूप में उपयोग करते थे, आजकल अनेक साधु कमण्डलु का उपयोग उसी भाव से करते हैं।

सम्राट् अशोक पहले ऐसे राजा थे जिन्होंने यूप–स्तम्भों पर हाथी, घोड़े, सांड आदि पशुओं की आकृति अंकित करवाई। परवर्ती ब्राह्मण युग में गरुड–स्तम्भ, वृषभ–स्तम्भ तथा मकर–स्तम्भ खड़े किये जो क्रमशः विष्णु, शिव तथा नदियों की देवी गंगा के वाहन थे। जैसा कि हम पहले लिख चुके हैं– हेलियोडोरस नामक यूनानी (ग्रीस देशीय) राजदूत ने विदिशा में 'गरुडध्वज' स्तम्भ की स्थापना कराई थी। दक्षिण भारत में आज भी मन्दिरों में ऐसे ध्वज–स्तम्भ बहुतायत में देखे जा सकते हैं। सिखों के गुरुद्वारों में भी ऊंचे ध्वज–स्तम्भ स्थापित किये जाते हैं। वैदिक युग के साहित्य में राजाओं द्वारा विभिन्न यज्ञों, जैसे अश्वमेध यज्ञ और राजसूय यज्ञ आदि के पूर्ण होने पर इसे स्मारक के रूप में 'यूप–स्तम्भ' खड़े किये जाने का उल्लेख मिलता है।

आर्यों में सैनिक अभियान से पहले विजय के लिए भगवान् तथा देवताओं का आशीर्वाद प्राप्त करने के लिए 'ध्वज–पूजन' का विधान था। रघुवंश में अपने सैनिक अभियान में सफल राजा रघु द्वारा 'जय–ध्वजा' के पूजन का उल्लेख मिलता है। ध्वजों के साथ कुछ धार्मिक अनुष्ठान और मान्यताएँ भी जुड़ी हुई थीं। युद्ध भूमि के लिए प्रस्थान करने से पहले योद्धा अपने हाथों से अपने रथ पर ध्वजा लगाते थे। इसकी चर्चा उद्धरण सहित हम पहले कर चुके हैं।

लक्ष्मी के वाहन का कहीं वर्णन नहीं मिलता। उसे कमलासन विष्णु के साथ 'कमलासना', 'पद्मस्थिता' अवश्य दर्शाया है तथा 'कमलहस्ता' वर्णित किया है। विष्णु का एक नाम 'चतुर्भुज' है उसके स्त्रीलिंग रूप में लक्ष्मी का नाम भी 'चतुर्भुजा' मिलता है।

चतुर्थ अध्याय

रुद्र एवं दुर्गा और उनका वाहन

उमा–महेश्वर, पाटन, 9वीं सदी

फोटो सौजन्य–एल.एस. बंगदेल

रुद्र (शिव) का ऐतिहासिक परिचय

भारतीय समाज में त्रिदेवों (ब्रह्मा, विष्णु, महेश = शिव) में महेश = शिव या रुद्र को तीसरे स्थान पर स्मरण किया गया है। किन्तु रामायण महाभारत पुराण और पुराणोत्तर काल में आकर सम्माननीय एवं उपासनीय देवता के रूप में शिव की प्रतिष्ठा सर्वाधिक मिलती है। यहां तक कि उसकी स्तुति और उपासना के लिए शैव, कापालिक, पाशुपत, लिंगायत, पांचरात्र, शक्ति पूजा आदि अनेक सम्प्रदाय, अनेक अवतार, महाशिवरात्रि जैसे पर्व प्रचलित हो गये और दर्जनों स्वतन्त्र ग्रन्थ लिखे गये। ज्यों–ज्यों शिव की उपासना का प्रसार देश–विदेश में हुआ, त्यों–त्यों शिव के साथ अलौकिक एवं असम्भव कथाएं जुड़ती चली गयीं। वह ऐतिहासिक महापुरुष न रहकर अलौकिक देवता और परब्रह्म बना दिया गया। उससे उसका ऐतिहासिक स्वरूप ही अस्पष्ट एवं गौण हो गया। रुद्र, शिव नामों के वेदोक्त और परवर्ती ऐतिहासिक स्वरूप में ऐसा घालमेल कर दिया कि पाठक भ्रमित हो जाता है। इसी कारण अन्य देशीय अथवा अन्य मतीय लेखकों ने इन देवताओं को ऐतिहासिक न मानकर मिथकीय देवता घोषित कर दिया।

वेदों में रुद्र, शिव, शंकर आदि नामों के ईश्वर, अग्नि[1], प्राण[2], राजा[3], विद्वान्[4] आदि प्रमुख अर्थ हैं। ऐतिहासिक व्यक्तिपरक अर्थ नहीं। तर्क भी यही कहता है कि जिस व्यक्ति ने स्वयं वेद पढ़े हों, जिसको 'वेदवित्' 'मन्त्रज्ञ = मन्त्रार्थ' का ज्ञाता, चिन्तन करने वाला कहा गया है, तो वे वेद उससे पूर्व के हुये। उनमें बाद के पढ़ने वाले व्यक्ति का उल्लेख कैसे सम्भव हो सकता है। उक्त तथ्य की पुष्टि कैवल्य उपनिषद् और तैत्तिरीय आरण्यक के एक वचन से हो जाती है। वह है–

''सः ब्रह्मा सः विष्णुः सः रुद्रः सः शिवः सोऽक्षरः सः परमः स्वराट्। सः इन्द्रः सः कालाग्निः सः चन्द्रमाः।''

(तैत्ति०आ०10.11.2)[5]

अर्थात्–वेदों में ब्रह्मा, विष्णु, रुद्र, शिव, इन्द्र, चन्द्रमा आदि नाम कभी नाश न होने वाले सर्वशक्तिमान् परमात्मा के हैं।

---

1. अग्निर्वै रुद्रः (शत०ब्रा० 5.3.1.10), अग्निरपि रुद्र उच्यते (निरुक्त 10.7)
   एषः रुद्रः यदग्निः (तै०ब्रा०1.1.58)
2. प्राणा वै रुद्राः। प्राणा हीदं सर्वं रोदयन्ति (जैमि०उप० 4.2.6)
   कतमे रुद्रा इति? दशेमे पुरुषे प्राणा आत्मैकादशः (शत०ब्रा० 11.6.3.7)
3. दुष्टानां भयंकरः (राजा) (ऋग्०5.56.2, स्वामी दयानन्द भाष्य)
4. दुष्टानां रोदयिता विद्वान् (स्वामी दयानन्द भाष्य, यजु० 4.22)
5. कैवल्य उपनिषद् 1.8।

वेदों से पवरर्ती ब्राह्मण ग्रन्थ, उपनिषद् आदि वैदिक साहित्य में ऐतिहासिक रुद्र = शिव के भी उल्लेख मिलते हैं। शतपथ ब्राह्मण में आठ रुद्रों और नौवें कुमार का उल्लेख है। किन्तु उनको अग्नि का रूप बताकर अधिक दैविक प्रतीक बनाया है–

''तान्येतान्यष्टौ (रुद्रः, शर्वः, पशुपतिः, उग्रः, अशतिः, भवः, महादेवः, ईशानः) अग्निरूपाणि कुमारो नवमः।''

(शत०6.1.3.18)

तैत्तिरीय संहिता में असुर–विनाशक के सन्दर्भ में रुद्र = शिव का उल्लेख है।[1] महाभारत एवं पुराणों में एकादश रुद्रों का वर्णन है। वहां स्पष्टीकरण दिया गया है कि कृतयुग में आठ रुद्र हुए थे। उसके बाद तीन और हुए। किन्तु ग्यारह रुद्रों के नामों में विभिन्न पुराणों में बहुत अधिक अन्तर है। उदाहरण के रूप में देखिए–

महाभारत में – भृगव्याध, शर्व, निर्ऋति, अजैकपात्, अहिर्बुध्न्य, दहन, ईश्वर, कपालिन्, पिनाकिन्, स्थाणु, भव। (आदि० 66.1–3)

स्कन्दपुराण में – भूतेश, नीलरुद्र, कपालिन्, वृषवाहन, त्रयम्बक, महाकाल, भैरव, मृत्युंजय, कामेश, योगेश। (7.1.87)

भागवत में पत्नी–सहित नाम– मन्यु–धी, मनु–वृत्ति, सोम–उशना, महत्–उमा, शिव–नियुता, ऋतध्वज–सर्पि, उग्ररेतस्–इला, भव–अम्बिका, काल–इरावती, वामदेव–सुधा, धृतध्वज–दीक्षा। (2.12.7–18)

इन वर्णनों से दो बातें स्पष्ट होती हैं–एक, रुद्र = शिव क्रमशः पीढ़ी अनुसार ग्यारह हुए हैं। ये एक व्यक्ति नहीं हैं। जैसा कि परवर्ती साहित्य में और आज भी कहा जाता है। दो–अत्यन्त प्राचीन इतिहास होने के कारण ग्यारह रुद्रों का इतिहास गड्ढ–मड्ढ होकर एक देवता का इतिहास बनकर रह गया। इसी प्रकार पत्नियों के नाम भी मिलकर एक के ही हो गये हैं। रुद्र = शिव के जो अनेक, अपितु विरोधी विभिन्न व्यक्तित्व मिलते हैं, वे पृथक्–पृथक् व्यक्तित्व एक में आरोपित हो गये हैं। उनको पृथक्–पृथक् विवेचन करने का कोई साधन नहीं है। किन्तु ब्राह्मण ग्रन्थों से कुछ संकेत अवश्य मिलते हैं, जिनकी परवर्ती साहित्य से पुष्टि भी हो रही है। रुद्र के निवास की दिशा 'उत्तर दिशा' लिखी है।[2] यह त्रिशूल नामक शस्त्र हाथ में रखता है, अतः 'शूलपाणि' है।[3] इसकी बहन का नाम अम्बिका है, और यह पशुओं का प्रेमी तथा वृद्धि करने वाला है। अतः पशुपति है।[4] वैदिक साहित्य में इस धारणा का बीजवपन

1. तैत्ति० संहिता 6.4.3।
2. एषा (उदीची) वै रुद्रस्य दिक् (तै०ब्रा०1.7.8.6)
3. शूलपाणये (रुद्राय) स्वाहा (षड्०ब्रा०5.12)
4. अस्य पशूनां पते (तै०ब्रा०3.11.4.2), (रुद्रः) पशूनाभीष्टे (शत०ब्रा०1.7.3.1)

हो चुका था कि रुद्र ज्येष्ठ देव हैं।[1] इन संदर्भों से मिलता है कि इस समूह में पहला व्यक्ति रुद्र नामक था। उसी के नाम पर इनको 'रुद्रगण' और 'एकादश' रुद्र कहा जाता है। इसी वंश में बाद में शिव प्रसिद्ध व्यक्ति हुआ। परवर्ती ग्रन्थों में उसी का विवरण अधिक है, ऐसा प्रतीत होता है।

पुराणों में रुद्र–शिव का जन्म कृतयुग में असम्भव कल्पनाओं के माध्यम से पुराणों में ब्रह्मा से दिखाया गया है। उससे यह संकेत मिलता है कि यह ब्रह्मा के वंश में उत्पन्न हुआ होगा। महाभारत में ब्रह्मा के मानसपुत्र स्थाणु को ग्यारह रुद्रों का पिता कहा है (आदि० 66.1)। यह मान्य लगता है। माता के नाम की भी विभिन्नता मिलती है। कहीं कश्यप–सुरभि का, तो कहीं कश्यप–सुरूपा का, तो कहीं प्रभास–बृहस्पतिभगिनी का पुत्र लिखा है।[2] स्वामी दयानन्द सरस्वती ने शिव के पिता का नाम अग्निष्वात्त लिखा है।[3] रुद्र = शिव की पत्नी के अनेक नाम मिलते हैं, जैसे–दुर्गा, देवी, शक्ति, त्रिगुणात्मिका, रुद्राणी, शिवा, महालक्ष्मी, भवानी, महिषासुरमर्दिनी, काली, गौरी, उमा, दाक्षायणी, पार्वती, गिरिजा, शाकम्भरी, सती, मातृका, चंडिका आदि। ऐसा ज्ञात होता है कि इनमें कई रुद्रों की पत्नियों के नाम हैं, जो एक पर आरोपित कर दिये हैं। कुछ एक पत्नी के ही कई विशेषण हैं। यह भी ज्ञात होता है कि पहले रुद्र की पत्नी का नाम रुद्राणी दुर्गा और देवी था। वैसे इस बिन्दु को स्पष्ट करने वाला ऐतिहासिक समाधान हमें आचार्य पाणिनि ने एक सूत्र द्वारा दे दिया है–'इन्द्रवरुणभवशर्व रुद्रमृड. ...आनुक्' (अष्टा 4.1.49) सूत्र में व्याकरण के द्वारा यह बता दिया कि भव की पत्नी का भवानी नाम था। शर्व की पत्नी का शर्वाणी और रुद्र की पत्नी का नाम रुद्राणी था। यह बहुत स्पष्ट और बड़ा प्रमाण है। रुद्राणी की विस्तृत चर्चा आगे की जाएगी। शिव की पूजा शिवलिंग के रूप में की जाती है। इसका कारण यह है कि इसको प्रजा–उत्पत्ति और उत्पत्ति–शक्ति का दाता देवता माना गया है। शिव की दो पत्नियों का उल्लेख पुराणों में आता है–सती और पार्वती। सती दक्ष प्रजापति की कन्या थी जो निःसंतान रहते मृत्यु को प्राप्त हुई। पार्वती हिमवान् की पुत्री थी। पार्वती से शिव को दो पुत्र प्राप्त हुए–गणेश और कार्तिकेय (स्कन्द)। कार्तिकेय शिव का सेनापति भी था। इन पुत्रों के अतिरिक्त भूत समुदाय के अध्यक्ष वीरभद्र को और बाणासुर को अपना मानस पुत्र मान लिया था। इस प्रकार शिलादपुत्र नन्दी को भी शिव ने अपना मानसपुत्र माना। इसलिए इनका नन्दीश्वर नाम हुआ। इसी कारण

1. रुद्रो वै ज्येष्ठश्च श्रेष्ठश्च देवानाम् (कौषि०ब्रा०25,13)
2. हरि०पु०1.3; ब्रह्म पु० 3.47–48; शिव पु० रुद्र 17; भाग०पु०6.6.17; विष्णु पु०1.15.23।
3. उपदेश मंजरी (अष्टम उपदेश)– स्वामी दयानन्द सरस्वती

ये तीनों भी शिव के पुत्र कहलाते हैं। उमापति, गिरीश, गौरी हृदय वल्लभ, पार्वती वल्लभ, उमामाधव आदि इनके प्रसिद्ध नाम हैं।[1]

रुद्रगण हिमालय पर्वत के मेरु प्रदेश में एक बृहत् भूभाग के राजा थे। वहां स्थित कैलाश पर्वत पर इनकी राजधानी थी। उसी क्षेत्र में स्थित भुंतवत्/भुंजवान् पर्वत इनकी साधना स्थली थी।[2] इनके राज्य में देव, दानव, असुर, दैत्य, भूत, पिशाच, यक्ष, प्रेत, गन्धर्व आदि अनेक मानवों के गण = समुदाय निवास करते थे। उन गणों के अध्यक्ष गणेश (गणपति) नियुक्त थे। उनके सैनिक भी इनकी सेना में थे। कुछ नाम उक्त इतिहास को प्रमाणित करते हैं, जैसे–मेरुधामा, गिरीश, कैलास गिरिवासी, हिमवद्गिरिसंश्रयः, गिरिरुह आदि।[3] यह भी वर्णन आता है कि शिव ने कुरुक्षेत्र (हरियाणा) में यज्ञ का अनुष्ठान किया था और वे कुरुक्षेत्र में निवास करते थे। इसी आधार पर उनके कुरुवासी, कुरुकर्ता और कुरुभूत नाम मिलते हैं। (महा०अनु० 17)। शिव ने काशी में रहकर पत्नी उमा सहित तपस्या की थी। इसलिए काशी नगरी को शिव का प्रिय निवास कहा गया है (ब्रह्मा०पु० 3.11.35) (महा०अनु० 141.17.19) इसका अर्थ यह हुआ कि भारत के अनेक प्रमुख स्थानों पर उनका गमनागमन तथा निवास हुआ करता था।

देवों–असुरों के युद्ध में इन्होंने अनेक बलशाली दैत्यों–दानवों आदि का वध किया। उसके कारण इनका पराक्रम इतना प्रसिद्ध हुआ कि वैदिकोत्तर साहित्य में ये सर्वाधिक पराक्रमी, बलशाली और रक्षक देवता माने जाने लगे। उपासकों ने इसको परब्रह्म और दुर्गा को आदिशक्ति का देवता मान लिया। सन्तान शक्तिदाता के रूप में देश–विदेश में इसके प्रतीक शिव लिंग की पूजा आज भी व्यापक रूप में प्रचलित है। इनके पराक्रम के बोधक नाम हैं–त्रिपुरघाती, त्रिपुरध्न, त्रिपुरान्तक, अन्धकघाती, अन्धक संहारक, दैत्यारि, असुरारि, गजहा, दक्षक्रतुहर, दैत्यचमूस्तम्भन आदि।

शिव का वाहन अर्थात् ध्वज का चिह्न वृषभ या नन्दी था। वाहन का अर्थ ध्वज और सवारी प्रसंगानुसार होते हैं। अनभिज्ञ व्याख्याकारों ने उसको सवारी बना दिया। बाद के अन्धभक्तों में यह धारणा भी बन गई कि शिव–पार्वती वृषभ पर सवारी करते थे। उन्होंने यह नहीं सोचा कि शिव वैदिक राजा एवं महापुरुष थे। वैदिक सनातन परम्परा में आज तक भी बैल या गाय की सवारी करना शुभ नहीं माना

1. वायु पु० 41.38, 72.43; विष्णु० 1.15.116; मत्स्य० 160.10–23; ब्रह्माण्ड० 3.42–44 अध्याय।
2. महा० आश्व० 8.1–3; विष्णु पु० 2.2 आदि।
3. कैलासं पर्वतश्रेष्ठं जगाम त्रिदशैः सह (महा० बन० 108.17)
   तत्र साक्षात् पशुपतिः दिव्यैः भूतैः समावृतः।
   उमासहायो भगवान् रमते भूतभावनः।। (महा०भीष्म० 6.25)

जाता। उनके अनेक नाम हैं, जो यह संकेत देते हैं कि वृषभ = बैल उनके राज्य की ध्वजा का चिह्न था—वृषभध्वज, वृषध्वज, वृषभवाहन, दिव्य गोवृषध्वज, वृषकेतन, ऋषभकेतु, गोवृषध्वज, गोवृषांक, वृषभांक, नन्दिकेश्वर, वृषभध्वज, आदि। अनर्थकारी व्याख्या संस्कृति—सभ्यता को विकृत करती है, यह अन्धव्याख्याताओं ने नहीं सोचा।[1]

महाभारत, रामायण, पुराण और काव्य रुद्र = शिव, महेश, महादेव, शंकर की महिमा से भरे पड़े हैं। विष्णुसहस्रनाम के अनुकरण पर महाभारत में 'शिव महिमा सहस्रनाम' भी रचित मिलता है। किन्तु नाम या विशेषण उससे भी अधिक मिलते हैं।[2] ज्यों—ज्यों शिव—उपासना का क्षेत्र और प्रभाव बढ़ता गया, उसके साथ शिव से सम्बद्ध वर्णन भी बढ़ते चले गये। उसका स्वरूप विराट् होता गया। कुछ श्लोक द्रष्टव्य हैं—

किरीटिनं गदिनं शूलपाणिम्, व्याघ्राजिनं जटिलं दण्डपाणिम्।
पिनाकिनं वज्रिणं तीक्ष्णद्रंष्टम्, शुभाङ्गदं व्यालयज्ञोपवीतम्।।
दिव्या मालामुरसानेकवर्णम्, समुद्वहन्तं गुल्फदेशावलम्बाम्।
चन्द्रं यथा परिविष्टं संसध्यम्, वर्षात्यये तद्वदपश्यमेनम्।।

(महाभारत, अनु० 14.387, 388)

मुनि उपमन्यु कहते हैं कि मैंने शिव = महादेव का यह रूप देखा। सिर पर मुकुट, हाथों में गदा, त्रिशूल, दण्ड थे। सिर पर जटा थी। व्याघ्रचर्म धारण कर रखा था। एक हाथ में वज्र और कन्धे पर पिनाक धनुष था। तीक्ष्ण दाढ़ें थी, सुन्दर बाजूबन्द थे। गले में सर्प रूपी यज्ञोपवीत था। घुटनों तक लटकी हुई बहुरंगी माला वक्षस्थल पर शोभायमान थी। शरद्ऋतु के संध्याकाल के लालरंग के समान चन्द्रमा का घेरा था। इस स्थिति में वे पार्वती के साथ और प्रमुख गणों से घिरे बैठे थे।

वे पिंगल = लालिमायुक्त गौर वर्ण के, सुरूप, चन्द्रमुख, महाकाय, दीर्घाकार, विशालाक्ष, दीर्घनासा, जटाधारी, कृत्तिवासा = व्याघ्र या मृगचर्म के वस्त्र धारण करने वाले, महाग्रीव महाजत्रु = सुदृढ़ ग्रीवा वाले थे। राजा और गृहस्थ होकर भी वे ब्रह्मचारी, भिक्षुकवेशधारी, महर्षि, पंडित, सिद्धयोगी, योगाध्यक्ष, सर्वयोगेश्वर, महायोगी, यति, काममर्दन, ब्रह्मवित्, वेदवित् भी थे। नृत्यकला में प्रवीणता को बताने वाले नर्तक, नृत्यप्रिय, नित्यनर्त, महानृत्य आदि नाम हैं। ब्रह्मा से उन्होंने दण्डनीतिशास्त्र = राजनीतिशास्त्र की शिक्षा ग्रहण की थी।[3]

---

1. ध्वजं च वाहनं चैव तस्मात् स वृषभध्वजः (महा०अनु० 77.28)
   वृषभांक नाम ध्वज पर वृषभ होने से (महा० अनु० 77.29, 140.23)
2. महाभारत, अनु० अ० 17।
3. महा० शान्ति० 58.83, 89.59, 80—82।

शिव अनेक शस्त्रास्त्रों के ज्ञाता एवं प्रयोगकर्ता थे। त्रिशूल उनका प्रसिद्ध शस्त्र है। उसके अतिरिक्त उनके धनुष, गदा, दण्ड = भाला, वज्र शतघ्नीपाश, तलवार, पट्टिश = बर्छी, आयुध = फेंके जाने वाले अस्त्र चक्र आदि प्रयोग करने का वर्णन भी आता है।[1] इन शास्त्रास्त्रों से उनके पराक्रम और वीरता का अनुमान लगाया जा सकता है। इस प्रकार वैदिक देवताओं में उनका महत्त्वपूर्ण स्थान था। अतः उनका महेश, महादेव, महेश्वर कहकर स्मरणीय महापुरुषों में स्वीकार किया गया है। वे वैदिक शासन, संस्कृति–सभ्यता, इतिहास के अविस्मरणीय देवता पुरुष थे।

वैदिक इतिहासकार पं. भगवद्दत्त देववंशियों का जीवनकाल वैदिक कालगणना के आधार पर कम से कम 17000–19000 वर्ष पूर्व मानते हैं। यही रुद्र देवता का समय है।[2]

वैदिक वाङ्मय में रुद्र (शिव) देवता

हिन्दू देव–त्रयी में शिव का स्थान अत्यन्त महत्त्वपूर्ण है। यद्यपि सामान्यतया बोलने के क्रम में (ब्रह्मा, विष्णु, महेश) वे तीसरे स्थान पर उच्चारित किये जाते हैं। तथापि जनाधार और लोकप्रियता में वे सब देवों में अग्रणी माने जाते हैं। समय–समय पर उनके नाम से कई मत, पन्थ और सम्प्रदाय प्रचलित हुए। इस कारण भी उनका नाम और उपासना अधिक लोक विश्वास अर्जित कर सकी। अन्य देवताओं की तुलना में उनकी ख्याति तथा मान्यता संसार के अधिकाधिक देशों में प्रचलित रही। इसी कारण हम 'बृहत्तर–भारत' का निर्माण कर सके। इस पर हम आगे लिखेंगे।

वैदिक वाङ्मय में शिव के लिए रुद्र नाम का अधिक प्रयोग हुआ है। वैसे तो उनके अनन्त गुण कर्म, स्वभाव हैं। इस हेतु उनके नाम भी अनन्त हैं। किन्तु यहाँ सबसे पहले हम वेदों के प्रसिद्ध भाष्यकर, विद्वान स्वामी दयानन्द की व्याख्या को ले रहे हैं। शिव का लोक प्रसिद्ध एक नाम है–शंकर। इसकी वैय्याकरणिक व्युत्पत्ति करते हुये वे लिखते हैं–(डुकृञ्–करणे) शम् पूर्वक इस धातु से शंकर शब्द सिद्ध हुआ है। 'यः शंशं कल्याणं सुखं–करोति स शंकरः', जो कल्याण अर्थात् सुख का करने हारा है, इससे उसका नाम–शंकर है।[3]

वेदों में रुद्र, शिव, महादेव, शंकर आदि शब्द मिलते हैं। किन्तु वैदिक व्याख्याकार और वेदांग आदि शाास्त्र उनको ऐतिहासिक नहीं मानते हैं। महर्षि दयानन्द महादेव शब्द की व्याख्या में लिखते हैं–

1. महा० अनु० 14.387; 17.43।
2. भारतवर्ष का बृहद् इतिहास, भाग 2, पृ० 220–221; भाग 2, पृ० 18।
3. सत्यार्थ प्रकाश–प्रथमसमुल्लास, पृ०–31, आर्ष साहित्य प्रचार ट्रस्ट, दिल्ली

'महत्' शब्द पूर्वक 'देव' शब्द से 'महादेव' सिद्ध होता है। "यो महतां देवः सः महादेवः", जो महान् देवों का देव अर्थात् विद्वानों का भी विद्वान्, सूर्यादि पदार्थों का प्रकाशक है, इसलिए उस परमात्मा का नाम 'महादेव' है।

महर्षि ने 100वें नाम में 'शिव' की व्याख्या की है। (शिव–कल्याणे) इस धातु से 'शिव' शब्द सिद्ध होता है। 'बहुलमेतन्निदर्शनम्' इससे शिवु धातु माना जाता है, जो कल्याण स्वरूप और कल्याण का करने हारा है। इसलिए उस परमेश्वर का नाम 'शिव' है।[1]

शिव का एक प्रमुख नाम 'रुद्र' है। वैदिक काल से उपनिषद् और ब्राह्मण (शतपथ ब्राह्मण, गोपथ ब्राह्मण आदि) काल तक उनका अधिक प्रचलित नाम रुद्र ही था। निरुक्त कार ने रुद्र शब्द की व्युत्पत्ति में लिखा–

रुद्रो रौतीति सतो रोरुप्यमाणो द्रवतीति वा रोदयतेर्वा।
यदरुदत् तदुद्रस्य रुद्रत्वमिति काठकम्।।
यदरोदीत्तरुद्रस्य रुद्रत्वमिति हारिद्रविकम्।[2]

वैदिक साहित्य में इस देवता के निकट का साम्य रुद्र से दिखता है।[3] कह सकते हैं कि उस काल में इस देवता के लिए 'रुद्र' नाम का उल्लेख अधिक हुआ है। महाकाव्यों तथा पुराणों में उपलब्ध शिव–सम्बन्धी विभिन्न कथाओं का मूल वाजसनेयिसंहिता के शतरुद्रीय पाठ[4] में उल्लिखित रुद्र के कुछ नामों में निहित है। इसी प्रकार ऋग्वेद, अथर्ववेद, वाजसनेयिसंहिता और शतपथ ब्राह्मण में उल्लिखित रुद्र के विभिन्न नाम भी पौराणिक शिव के कुछ नामों के समरूप हैं।

उपनिषद् काल में आकर रुद्र और शिव में पूर्ण तादात्म्य स्थापित हो जाता है 'श्वेताश्वतर उपनिषद्' में शिव रुद्र के विभिन्न नामों में से एक है।[5] यहां रुद्र एवं शिव को स्थान–स्थान पर सर्वव्यापी कहा गया है।[6] अथर्वशिरस–उपनिषद् में भी ईश्वर, महेश्वर, भगवत् और महादेव, रुद्र के ही विभिन्न नाम बतलाये गये हैं। महाकाव्यकाल तक आते–आते शिव सर्वोच्च–देवता के रूप में समादृत एवं प्रतिष्ठित हो जाते हैं।[7] महाकाव्यों में उनकी महत्ता स्थान–स्थान पर रावण, कृष्ण, अर्जुन, अश्वत्थामा और

---

1. स्वामी दयानन्द सरस्वती, सत्यार्थ प्रकाश प्रथम समुल्लास पृ० 131
2. निरुक्त 1046।
3. डी. एच. आई. पृ०–447।।
4. वा० स०, अ०–26।
5. श्वेता० उप० अ०–3।।
6. श्वेत०उप०–3,11; 4. 14; 4.16
7. रामा० 1,16, 9–10। महा० 7.74, 56।

उपमन्यु आदि द्वारा स्वीकार की गई है। शिव से सम्बन्धित ''पाशुपत–सम्प्रदाय'' का सन्दर्भ भी महाभारत में उपलब्ध है।[1]

भारतीय परम्परा के अनुसार वेद परमात्मा के निःश्वास हैं। उनका निर्माण किसी ने नहीं किया। वैदिक ऋषियों की दिव्य–दृष्टि ने उस ज्ञान का प्रयास करके शाब्दिक वर्णन किया। इसी कारण वेदों के प्रत्येक सूक्त का अपना ऋषि है और वही उन मन्त्रों का द्रष्टा है। ''ऋषिर्दर्शनात्''। सृष्टि के आदि में लोक कल्याण के लिए परमात्मा ने मनुष्यों को यह ज्ञान राशि प्रदान की। वे मानव प्रखर मेधा व बुद्धि के विस्तार की सीमायें हैं। वेदों की प्रामाणिकता में अविश्वास करने वाला नास्तिक है–''नास्तिको वेदनिन्दकः।''[2] अन्य ग्रन्थों की प्रामाणिकता पर सन्देह हो सकता है, किन्तु वेदों के वाक्यों (मन्त्रों) के सम्बन्ध में यह बात नहीं। ''स्वतः–प्रमाण'' हैं। जो कुछ उनमें कहा गया है वह, परम सत्य है। परन्तु वेदों की भाषा इतनी अधिक आर्ष एवं लौकिक संस्कृत से इतनी भिन्न है कि किसी भी मन्त्र का अर्थ–'यही' है कहकर निश्चित नहीं किया जा सकता। धात्वर्थ एक न होने से मन्त्र के देवता अर्थात् प्रतिपाद्य विषय के एकाधिक अर्थ हो सकते हैं और किये भी गये हैं। यास्काचार्य ने निरुक्त के आधार पर प्रत्येक देवता के भौतिक स्वरूप का उल्लेख किया है। शौनकीय बृहद्देवता भी देवताओं के स्वरूप के विषय में अधिकांशत निरुक्त पर ही आधारित है। वेदों के भाष्यकार सायण, महीधर तथा विदेशी विद्वानों के अर्थों को अनेक आधुनिक भाष्यकारों ने स्वीकार नहीं किया है। सायण की देवता–विषयक व्याख्या से सन्तोष नहीं हुआ और उन्होंने वैदिक एवं लौकिक देवताओं के स्वरूप का गहन अध्ययन करके उनकी अन्य प्रकार से अपनी व्याख्यायें प्रस्तुत कीं। ऐसे विद्वानों में स्वामी दयानन्द सरस्वती[3], अरविन्द[4], एम.पी. पण्डित, डॉ० रेले[5] लोकमान्य तिलक[6], परमशिव अय्यर[7] तथा वासुदेवशरण अग्रवाल[8] आदि प्रमुख हैं।

डॉ० गयाचरण त्रिपाठी ने इस सन्दर्भ में लिखा है–''स्वामी दयानन्द सम्भवतः सर्वप्रथम भारतीय विद्वान् थे, जिन्होंने सायण–भाष्य एवं पाश्चात्य विद्वानों के द्वारा स्थापित मत के विरुद्ध चलने का प्रयास किया। सं०–1933 (सन् 1876) में

---

1. महा० 12, 338, 62; 12 आदि।
2. डॉ० गयाचरण त्रिपाठी, वैदिक देवता (उद्भव और विकास) राष्ट्रिय संस्कृत संस्थान, नई दिल्ली।
3. 'सत्यार्थ प्रकाश' एवं ऋग्वेदादि भाष्य भूमिका, वेदभाष्य
4. ऑन् दि वेद एवं–आदिति एण्ड अदर डीटिज इन दि ऋग्वेद।
5. वैदिक गाड्स एज फिगर्स ऑफ बायालॉजी,
6. ''आर्कटिक होम इन ही वेदाज'' तथा 'ओरियन'।
7. ऋक्स?
8. 'वेद विद्या' 'उरूज्योति' आदि।

आरम्भ किये अपने ऋग्वेद–भाष्य में सर्वप्रथम उन्होंने वैदिक 'बहुदेववाद' के मूल में एकदेववाद' के आधार की स्थापना की। उनका मत था कि वेदों में इन्द्र, वरुण, मित्र, विष्णु आदि विविध नामों से केवल एक परमेश्वर की ही स्तुति की गई है। वे विविध नाम केवल परमात्मा की विभिन्न शक्तियों एवं गुणों के व्यंजक हैं। अपने इस मत की पुष्टि के लिए उन्होंने व्याकरण की सहायता ली और ''अनेकार्थाःहि धातवः'' के सिद्धान्त पर चलकर वैदिक शब्दों के अर्थ किये। ''इदि–परमैश्वर्ये'' धातु से औणादिक 'रन्' प्रत्यय करने पर इन्द्र शब्द सिद्ध होता है। ऐश्वर्यशाली होने से परमात्मा इन्द्र है। ''यः इन्दति, परमैश्वर्यवान् भवति स इन्द्रः परमेश्वरः'' 'वृञ–वरणे' अथवा 'वर–ईप्सायाम्' धातुओं से उनन् प्रत्यय करने पर 'वरुण' शब्द बनता है। अतः वह वरुण है। ''यः सर्वान् शिष्टान् मुमुक्षून् धर्मात्मनो वृणोति'', अथवा–'यः शिष्टैः मुमुक्षुभिर्महात्मभिर्व्रियते वर्यते वा स वरुणः परमेश्वरः'।

'ञिमिदा–स्नेहने' धातु से क्त्र प्रत्यय होने से मित्र शब्द बनता है। परमात्मा सबसे स्नेह करता है–अतः वह मित्र है–''मेद्यति स्निह्यति वा स मित्रः परमेश्वरः।'' 'विष्लृ–व्याप्तौ' धातु से नु प्रत्यय होने पर 'विष्णु' शब्द सिद्ध होता है। परमात्मा सकल जगत् में व्याप्त होने के कारण विष्णु हैं।–''वेवेष्टि व्याप्नोति चराचरं जगत् सः विष्णुः परमेश्वरः''।[1]

यद्यपि संहिताओं एवं ब्राह्मण ग्रन्थों में 33 तथा उससे भी अधिक देवों का उल्लेख है किन्तु ये केवल व्यवहार मात्र की सिद्धि के लिए हैं–''सब मनुष्यों के उपासना के योग्य तो देव एक ब्रह्म ही है, जो सम्पूर्ण जगत् का कर्त्ता सर्वशक्तिमान्, सर्वोपास्य, सर्वाधार, सर्वकारण, सच्चिदानन्द स्वरूप परमात्मा है। उसी का अनेक विशेषणों से (34वें देव के रूप में) वेदों में वर्णन किया गया है।''

...इत्यादि विशेषणयुक्तं ब्रह्मास्ति स एवैकोदेवश्चतुस्त्रिंशो वेदोक्तसिद्धान्त प्रकाशितः परमेश्वरो देवः सर्वमनुष्यैरुपास्योऽस्तीति। ये वेदोक्तमार्ग–परायणा आर्यास्ते सर्वदेतस्यैवोपासनं चक्रुः, कुर्वन्ति, करिष्यन्ति च।[2]

जिस दिव्–धातु से देव बनता है, उससे क्रीडा, विजिगीषा, व्यवहार, द्युति, स्तुति, मोद, मद, स्वप्न, कान्ति एवं गति ये 10–दस अर्थ हैं। इनमें से क्रीडा, विजिगीषा, व्यवहार, निद्रा एवं मद ये पांच अर्थ परमात्मा के भौतिक स्वरूप अर्थात् 33 देवताओं में पाये जाते हैं, और द्युति, स्तुति, कान्ति, मोद तथा गति ये परमात्मा के ही प्रमुख गुण हैं।[3] अतः देव शब्द का मुख्य अर्थ परमात्मा ही है। उसमें अनन्त गुण हैं। गौण

---

1. सत्यार्थ प्रकाश, 32वां संस्करण, अजमेर, 1956, पृ० 5
2. महर्षि दयानन्द–ऋग्वेदादि भाष्य भूमिका, तृतीय संस्करण, पृ०–59, 1949।।
3. वही, पृ०–99 ।।

रूप से पृथक एक या दो गुण जिन–जिन तत्त्वों में व्यक्त होते हैं उनको भी देव कह दिया जाता है। दिव् धातु के मुख्य अर्थ 'प्रकाश' करना से भी परमात्मा का ही बोध होता है। क्योंकि सूर्य चन्द्रमा आदि अपनी ज्योति से प्रकाशित नहीं होते। परमेश्वर ही उनको प्रकाशित करता है। इस विषय में कठोपनिषद् का निम्नलिखित मन्त्र प्रमाण है[1]–

न तत्र सूर्यो भाति न चन्द्रतारकं नेमा विद्युतो भान्ति कुतोऽयमग्निः।
तमेव भान्तमनुभाति सर्वं यस्य भासा सर्वमिदं विभाति।।[2]

स्वामी जी के अनुसार इस मन्त्र का अर्थ है– सूर्य चन्द्रमा तारे आदि परमेश्वर में प्रकाश नहीं कर सकते। इन सबका प्रकाश करने वाला एक ही है। परमेश्वर के प्रकाश से ही सूर्यादि प्रकाशित हो रहे हैं।

इस प्रकार के अन्य वैदिक मन्त्रों से अपने दृष्टिकोण की पुष्टि करते हुये स्वामी दयानन्द जी ने अपने–ऋग्वेद भाष्य में विभिन्न देवताओं के नामों को परमेश्वर का वाची मानकर प्रत्येक शब्द के प्रत्येक अर्थ को ईश्वर परक लगाकर वेदों में देवों के विविध व्यक्तित्त्वों का खण्डन करके उनको केवल पर ब्रह्म की स्तुति परक माना है। इस सम्बन्ध में उदाहरण के लिए उनकी व्याख्या–पद्धति के अनुसार ऋग्वेद के प्रथम मन्त्र को उद्धृत किया जाता है–

अग्निमीळे पुरोहितं यज्ञस्य देवमृत्विजम्। होतारं रत्नधातमम्।

इस मन्त्र की व्याख्या व अर्थ स्वामी जी कृत ऋग्वेद–भाष्य में देखा जा सकता है। स्वामी जी पुराणों में वर्णित आख्यानों एवं देवकथाओं को कपोल–कल्पना समझते थे। उन्हें उनका केवल वैदिक रूप ही ग्राह्य था। वेदों में प्राप्त ऐसी सभी देवकथाओं की उन्होंने भौतिक स्तर पर व्याख्या करने का प्रयास किया है। यहां पर उन्होंने यास्क, सायण एवं सभी पाश्चात्य विद्वानों द्वारा अनुमोदित वैदिक देवों एवं देवकथाओं के प्राकृतिक स्वरूप को निःसंकोच स्वीकार किया है और उनकी कोई आध्यात्मिक या परमेश्वर परक व्याख्या नहीं की। उदारहणार्थ इन्द्र द्वारा वृत्र हनन के प्रसिद्ध वैदिक प्रसंग को उन्होंने निम्नवत् व्याख्यात किया है–

''यहां सूर्य नाम इन्द्र का है। वह अपनी किरणों से वृत्र अर्थात् मेघ को मारता है। जब वह मरकर पृथ्वी पर गिर पड़ता है, तब अपने जल रूप शरीर को सब पृथिवी में फैला देता है–जिस समय इन्द्र मेघरूप वृत्रासुर को मार कर आकाश से पृथिवी पर गिरा देता है, तब यह पृथ्वी में सो जाता है।[3] इस प्रकार अलंकार रूप

---

1. कठोपनिषद्– 5.15।।
2. ऋ० भा० भू० पृष्ठ 89।
3. ऋ० भा० भू० पृ० 416,

वर्णन से इन्द्र और वृत्र, ये दोनों परस्पर युद्ध का सामना करते हैं, अर्थात् जब मेघ बढ़ता है तब तो वह सूर्य के प्रकाश को हटाता है, और जब सूर्य का ताप अर्थात् तेज बढ़ता है वृत्र नाम के मेघ को हटा देता है। परन्तु इस युद्ध के अन्त में इन्द्र नाम सूर्य की ही विजय होती है। जब–जब मेघ वृद्धि को प्राप्त होकर पृथिवी और आकाश में विस्तृत होकर फैलता है, तब–तब उसको सूर्य हनन करके पृथिवी में गिरा दिया करता है।[1]

महर्षि स्वामी दयानन्द कहते है कि अग्नि सूर्य आदि नामों से वेदों में ईश्वर की स्तुति है। श्री अरविन्द का मत है कि वस्तुतः वैदिक–मन्त्र मनोवैज्ञानिक रहस्यों का ही वर्णन करते है, केवल प्राकृत जनों से इस रहस्य को अस्पष्ट रखने के लिए ही बाह्य प्रकृति के दृश्यों का उन पर आवरण पहना दिया गया है। रेले का कथन है कि ''प्रकृति के विभिन्न तत्त्वों के आधार पर वैदिक–मन्त्र शरीर–विज्ञान एवं स्नायु संस्थान के रहस्यों पर प्रकाश डालते हैं।'' अय्यर महोदय भी अग्नि सूर्यादि नामतः देवताओं के प्रकृतिपरक सम्बन्ध को स्वीकार करते हुये भी विष्णु, इन्द्र आदि देवताओं के स्वरूप के आधार पर कुछ भूगर्भ शास्त्रीय एवं भौगोलिक तथ्यों की व्याख्या करते हैं। डॉ० वासुदेव शरण अग्रवाल जी भी मानते हैं, कि इन्द्र, अग्नि, सूर्य, आपस् इत्यादि प्रतीकों द्वारा सृष्टि के रहस्यों की कहानी वेदों में कही गई है। यास्क से ज्ञात होता है कि उसके समय में भी वैदिक देवताओं को ऐतिहासिक व्यक्ति मानने वाले 'ऐतिहासिक' तथा कपोल कल्पना मानने वाले 'पौराणिक' आदि सम्प्रदाय के विद्वान् विद्यमान थे।

संस्कृत साहित्य में रुद्र (शिव)

पौराणिक कोश में रुद्र के लिए लिखा है। 'रुद्र' पुं (स०)। सृष्टि के आरम्भ में ब्रह्मा की भौंहों से उत्पन्न एक प्रकार का देवता, जो क्रोध रूप माने जाते हैं और जिनसे भूत, प्रेत, पिशाचादि उत्पन्न कहे जाते हैं। अज, एकापाद, अहिर्बुध्न्य पिनाकी, अपराजित, त्रयम्बक, महेश्वर, वृषाकपि, शम्भु, हरण, और ईश्वर ये ही ग्यारह रुद्र हैं। गरुड़ पुराण में इनके जो नाम दिये हैं, वे कुछ भिन्न हैं, पर संख्या ग्यारह ही है। कूर्म पुराणानुसार जब ब्रह्मा सृष्टि उत्पन्न नहीं कर सके तो मारे क्रोध के उनकी आंखों से आंसू निकल पड़े, जिससे भूत–प्रेतों की सृष्टि हुई और उनके मुख से ग्यारह रुद्र निकल आये। ब्राह्मण–ग्रन्थों के अनुसार ये उत्पन्न होते ही जोर–जोर से रोने लगे थे (रुद्र = रोना) इसी से इनका नाम रुद्र पड़ा। यह अविश्वसनीय सी आख्यायिका है। हम इस पर विश्वास कैसे करें। अस्तु, क्योंकि हम पौराणिक–कोश को उदधृत कर रहे हैं, इस हेतु इसका उल्लेख विवशता है। वैदिक–साहित्य में अग्नि

1. वही, पृष्ठ – 420।

को ही रुद्र माना है, जिन्हें अग्निरूपी वृष्टि करने वाला और गरजने वाला देवता कहा गया है। इन्हें अपार्य भी कहते हैं (ब्रह्मा० 4, 34, 42 गरुड पु०, कूर्म पु० भाग 6/6/16।) भगवान् शंकर का एक रुप जो कामदेव को भस्म करने के समय और दक्ष का यज्ञ–ध्वंस करते समय उन्होंने धारण किया था। शंकर की उपासना जब रुद्र या महाकाल के रूप में की जाती है, तब उन्हें महाप्रलय या सारी सृष्टि को ध्वंस करने वाला देवता समझा जाता है। लेकिन महाप्रलय के पीछे ही नयी सृष्टि का भाव छिपा रहता है। शायद इसी से भगवान् शंकर की पूजा 'लिंग और योनि' के रूप में की जाती है। क्योंकि ये अंग ही सृष्टि के द्योतक समझे जाते हैं। लिंग = पुरुष की शक्ति = शिव का पुलिंग रूप और योनि शंकर की उत्पादन शक्ति का स्त्रीलिंग रूप समझना चाहिए। संहार के पश्चात् शंकर सृष्टि रचते हैं। इसके दोनों कार्यों ने शंकर को महादेव बना दिया, जिसे 'ईश्वर' की संज्ञा से भूषित कर दिया गया है–देखें (शिव, महाकाल, मत्स्य 4.5–5 रा०)

'शब्द कल्पद्रुम' आदि शब्दकोशों में शिव शब्द का विवेचन करते हुये बहुत अधिक विस्तार से लिखा गया है। हम उसको यहां संक्षेप से उद्धृत करेंगे–

शिवं, क्ली (शी + ''सर्व्वनिघृष्वरिष्वलष्वशिवपद्वप्रहेष्वा अतन्त्रें''। उणा० 1/153। वन् प्रत्ययेन साधु।) मंगलम्। इत्यमरः। यथा रघुः 160।

उपपन्नं ननु शिवं सप्तस्वङ्गेषु यस्य मे।
दैवीनां मानुषीनाच्च प्रतिहर्ता त्वमापदाम्।।

यथा महाभारते च। 1/208/36

''तत्र रम्ये शिवेदेशे कौरवस्य निवेशनम्''। तस्य व्युत्पत्तिर्यथा–शिवं कल्याणं विद्यतेऽस्य–शिवः।

श्यति अशुममिति वा। शेरतेऽवतिष्ठन्ते अणिमादयोऽष्टौ गुणा अस्मिन् इति वा–शिवः इत्यमरटीकायां भरतः। तत्पर्यायः शम्भु, ईशः, पशुपति, महेश्वरः, विरूपाक्षः, त्रिलोचनः, त्रयम्बकः, वृषध्वजः, रुद्रः, नन्दिवर्धनः, भैरवः, महानटः। इति जटाधरः। भूतनाथः, जटाधरः. ....इस तरह कई शब्द कोशों से लेकर यहां शिव के 119 नामों का उल्लेख किया गया है। साथ ही लिखा है–''तस्य सहस्रनामानि–श्रीमहाभारते–अनुशासनपर्वणि 17 अध्याये द्रष्टव्यानि'' उनके एक सहस्त्र नाम महाभारत ग्रन्थ में देखे जा सकते हैं।

यद्यपि रुद्र = शिव देवता से सम्बन्धित सम्प्रदाय की स्थापना की तिथि के विषय में निश्चित रूप से कुछ कहना कठिन है, तथापि कहा जा सकता है कि ईसा पूर्व की शताब्दियों में इसका विकास प्रारम्भ हो गया था। पाणिनीय अष्टाध्यायी में शिव के अनुयायियों का उल्लेख मिलता है[1]–तथा शिव–भक्तों से सम्बन्धित सन्दर्भ

1. अष्टाध्यायी–4.1.112

पतंजलि–महाभाष्य में भी उपलब्ध होता है। पाणिनि का काल सातवीं शती ईसा पूर्व का है। अतः उस समय तक शिव सम्प्रदाय की स्थापना अनिवार्य रूप से माननी पड़ेगी।

ईस्वी काल में 'माहेश्वर–सम्प्रदाय' की अवस्थिति का संकेत कुषाण शासक–विमकडफ़िस के उन सिक्कों से मिलता है जिन पर उसने स्वयं को महेश्वर का मतानुयायी कहा है। उसने इन सिक्कों पर पृष्ठभाग में नन्दी तथा त्रिशूलधारी शिव की प्रतिमायें उत्कीर्ण कराई हैं–

(सिक्के की मुख–पृष्ठ भाग की फोटो) (मुख व पृष्ठ की फोटो)

इसके अतिरिक्त चन्द्रगुप्त द्वितीय के मथुरा स्तम्भ लेख (गु०सं०– 61 = 381) में 'पाशुपत–सम्प्रदाय' के व्यवस्थाकार 'लकुलीश' तथा पाशुपत सम्प्रदाय की कुशिक द्वारा प्रवर्तित एक शाख की आचार्य–परम्परा का उल्लेख है। मथुरा–स्तम्भलेख में उल्लिखित इस आचार्य–परम्परा के आधार पर आधुनिक विद्वानों ने लकुलीश की तिथि द्वितीय शती ई० का पूर्वार्ध निश्चित की है। इससे प्रकट होता है कि 'पाशुपत सम्प्रदाय' द्वितीय शती ई० के पूर्वार्ध में सुव्यवस्थित हो चुका था और गुप्त काल (381 ई०) में आकर इसकी विभिन्न शाखाएँ भी विकसित हो गई थीं। इन्हीं में से एक शाखा का वर्णन इस अभिलेख में हुआ है।[1]

1. डॉ० (श्रीमती) पंकजलता श्रीवास्तव–हिन्दु तथा जैन प्रतिमा–विज्ञान पृ० 137–178 सुलभ प्रकाशन, लखनऊ, 1990

'पाशुपत–सम्प्रदाय' की इन शाखाओं के प्रर्वतक लकुलीश के चार शिष्य–कुशिक, मित्र, गर्ग और कौरुषेय माने जाते हैं। विभिन्न साहित्य और अभिलेखीय साक्ष्यों से पता चलता है कि मध्ययुग तक आते–आते शिव से सम्बन्धित सभी सम्प्रदायों का अत्यधिक विकास हो गया था। इन सम्प्रदायों में प्रमुख हैं–पाशुपत, कापालिक, कालमुख, शैवसिद्धान्त, काश्मीरशैव, वीरशैव तथा लिंगायत सम्प्रदाय।[1]

गुजरात के एक लेख में वर्णन आया है–कि भगवान् शिव लकुलीश के रूप में अवतरित हुए। यह पाशुपत–धर्म (शैवमत की शाखा) की संस्थापना के लिए अवतरित हुए। सम्भवतः इन्हीं की आकृति कुषाण नरेश हुविष्क की स्वर्ण–मुद्राओं पर अंकित है। बाण ने अपने ग्रन्थों में पाशुपत लोगों का वर्णन किया है, जो दिवाकर मिश्र के आश्रम में रहते थे।[2] इस मत के अनुयायी शरीर में भस्म लगाते तथा रुद्राक्षमाला धारण करते थे। (धवल–भस्म ललाटिकाभिः–अक्षमालिका)–कादम्बरी।

साहित्य ग्रन्थों में इस देवता के दो नाम अधिक. प्रसिद्ध हैं–शिव तथा रुद्र। शिव के गुणों में कल्याण तथा मंगलमय कार्यों–अनुग्रह तथा प्रसाद की गणना होती है। रुद्र संहार–कार्य एवं विश्व के प्रलय से सम्बन्धित हैं। भारत में शिव की पूजा प्रमुख स्थान रखती है। यहां हजारों मन्दिरों का निर्माण प्राचीन काल में हुआ। मध्ययुगीन कला में शिव योगी एवं व्याख्याता के रूप में प्रदर्शित हैं। विद्याओं में अक्षर तथा संगीत की उत्पत्ति शिव से मानी जाती है। इन सब कारणों से शिव स्वामी, चन्द्रशेखर, विश्वनाथ, नीलकण्ठ, मृत्युंजय, त्रिलोचन, भूतनाथ, पशुपति, महादेव आदि नामों से पुकारे जाते हैं।

शिव–पूजा का आरम्भ प्राग्–ऐतिहासिक युग में हो गया माना जाता है। हड़प्पा–सभ्यता में शिव–पूजा का प्रसार था। मोहनजोदड़ो से प्राप्त एक मुद्रांक (मुहर) में इस देवता की आकृति खुदी है। इस आकृति को विद्वान् पशुपति का नाम देते हैं। सृष्टि के उत्पादक प्रतीक लिंग के रूप में अनेक आकृतियां प्राग्–ऐतिहासिक खण्डहरों से प्राप्त हुई हैं, अतएव वैदिक युग से पूर्व किसी न किसी रूप में शिव–पूजा का प्रचार भारत में था, ऐसा विचार व्यक्त किया जा सकता है।[3]

डॉ० वासुदेव उपाध्याय और कई अन्य विद्वानों ने भी यह मत प्रतिपादित किया है। यह सर्वथा अशुद्ध है। इस मत के अनुयायी केवल वही विद्वान् हो सकते हैं, जिन्होंने विदेशी इतिहासकारों का उच्छिष्ट आस्वादित किया है। भारतीय इतिहास

---

1. शिव से सम्बन्धित इन सम्प्रदायों की विस्तृत विवेचना के लिए देखिये–वी.एस.एम, आर.एस. पृ० 119–40।।
2. हर्षचरित, उच्छवास, 8।।
3. डॉ० वासुदेव उपाध्याय–प्राचीन भारत में मूर्ति–विज्ञान, पृ० 85। चौखम्बा राष्ट्रभाषा ग्रन्थमाला–1982।।

के कालक्रम को बिगाड़ने का काम तथाकथित प्राच्यविद्याविद्–अग्रेजों ने किया, उसी का अन्धानुकरण हम करें, इससे बड़ा दुर्भाग्य क्या हो सकता है? हड़प्पन सभ्यता को वैदिक काल से पूर्व की मानना हद दर्जे की अज्ञानता और भ्रम ही माना जायेगा। पुरातन–परम्परा और भाषा विज्ञान की कसौटी पर उपर्युक्त मत कदापि युक्ति संगत नहीं माना जायेगा। जिस मुहर का सन्दर्भ दिया जा रहा है–उसमें एक व्यक्ति सिद्धासन (पद्मासन) में बैठा है और उसके चारों ओर हिंसक और अहिंसक पशु खड़े हैं। उनमें सिंह, गेंडा और हाथी भी विद्यमान हैं–कई विद्वान् बैठे व्यक्ति को 'योगी' मानते हैं तो कुछ शिव का प्रारम्भिक रूप मानते हैं। यह तो ठीक है कि यह पशुपति का रूप भी हो सकता हैं। यहां यह यदि पशुपति हैं, तो भी वे योगासन में स्थित हैं। हिंसक पशुओं का होना यह इंगित करता है, कि जो भी ये हैं इन्होंने योग दर्शन के अनुसार अंहिसा को सिद्ध कर लिया है तभी हिंसक पशु भी इनके पास शान्त भाव से खड़े हैं। पतंजलि–योगदर्शन का एक सूत्र है–

"अहिंसा प्रतिष्ठायां तत्सन्निधौ वैरत्यागः[1]"

अर्थात् जिस किसी योगी साधक या व्यक्ति ने अंहिसा को सर्वात्मना सिद्ध कर लिया है उसके सन्निकट वैर का वातारण बिल्कुल समाप्त हो जायेगा। हिंसक पशु

1. पतंजलि–योगदर्शन, अध्याय–1, पाद–2, सूत्र–28

और हिंसक जीव भी उसके मित्र हो जायेंगे। वे उसके प्रति वैर त्याग कर पार्श्ववर्ती सहायक हो जायेंगे। उपर्युक्त हड़प्पन मुहर हू–बहू योग दर्शन के सूत्र का क्रियात्मक रूप जान पड़ती है। यदि यह ठीक है तो फिर मानना पड़ेगा कि इस मुहर का काल वैदिक युग से बहुत बाद का है। यहां अर्थापत्तिन्याय से यह भी सिद्ध हो जाता है कि हड़प्पा–सभ्यता को वेदों से पूर्व की मानना केवल मनघड़न्त तथा कपोल कल्पित धारणा है। इस तरह की मान्यतायें भारतीय इतिहास, संस्कृति पुरातत्त्व और परम्परा को विकृत करके हमारी सभ्यता को संसार की कई अन्य सभ्यताओं से निम्नतर दिखाने और हमारे मनोबल को गिराने का सोचा–समझा प्रयास है। इस विषय पर अलग से सुसंगत और तर्कसंगत धारणा के साथ विस्तार से लिखना–वांछनीय है। यहां विस्तार भय से अधिक लिखना उचित नहीं।

यह कहना कठिन है कि रुद्र–शिव मत को किस युग–काल में प्रमुखता मिली। पाणिनि का सूत्र–'शिवादिभ्योऽण्'' इसकी पुष्टि करता है कि ईसा पूर्व सातवीं सदी में शिव–पूजा का प्रचलन था। महाभारत के नारायणीय भाग में भी पाशुपत का नामोल्लेख है, जिसकी समता शिव–भगवान् से कर सकते हैं। पुराणों में शिवमूर्तियों का जो प्रसंग है उससे ज्ञात होता है कि वैदिक विवरण के सदृश शिव की मूतियों को दो वर्गों में विभक्त किया जा सकता है (1) घोर तथा (2) अघोर। शिवाख्यानों के अनुग्रह एवं संहार मूर्तियों का वर्णन पुराणों में स्पष्ट मिलता है। इस स्थान पर शैव मत की विभिन्न शाखाओं का इतिहास अप्रासंगिक न होगा। उनके जिस रूप का विस्तार हुआ अथवा जिस काल में कोई धार्मिक विचार प्रसारित हुआ, उसके अनुरूप ही शिव को लिंग के रूप में तथा प्रतिमा रूप में उपस्थित किया गया है।

भारतवर्ष सदा से ही धर्मपरायण देश रहा है। इसकी अपनी प्राचीनतम सांस्कृतिक परम्परा भी है। इस कारण धर्म एवं संस्कृति से सम्बन्धित कल्पना तथा विचार शैली मूर्ति–निर्माण के आधारभूत विषय थे। इतिहास यह घोषित करता है। अत्यन्त प्राचीन युग में प्रतीक–पूजा द्वारा मानव अपने हृदयगत विचारों को व्यक्त करता था। विभिन्न धर्मों में यही प्रथा मान्य थी। शैव मतावलम्बी लिंग को ही प्रतीक मानते रहे हैं। यह विश्व–उत्पत्ति का मूल साधन माना गया। कला में भी उसे स्थान दिया गया। भारत में लिंग पूजा की परम्परा की प्राचीनता सर्वविदित है। कालान्तर में उस स्वरूप (लिंग) के दार्शनिक विचार से मानव सन्तुष्ट न होकर अन्य साधनों की खोज में लग गया। अत एव मानवाकृति तक पहुँचाने में उसे विलम्ब हुआ। कलाकार ने उसे ज्ञानपिपासा को शान्त करने के लिए लिंग से मुखाकृति को युक्त कर दिया, जिसे 'मुखलिंग' का नाम दिया गया। एक या चार मुखों की आकृतियाँ प्राचीन तथा मध्यवर्ती लिंग के साथ जोड़ दी गई। परन्तु उनका यह अन्तिम प्रयास नहीं था। उस खोज की अन्तिम

परिणति शिव–प्रतिमा में पाते हैं। कला का इतिहास हमें यही बतलाता है। मनुष्यरूप में देव–प्रतिमाएँ शिवलीला की अभिव्यक्ति करती हैं। उसे वर्णनात्मक प्रतिमा कहना उचित होगा। शिव की संहार–मूर्तियां तथा विशिष्ट प्रतिमायें उसी उपविभाग में रखी जा सकती हैं। इस प्राचीन क्रम का अनुसरण करते हुऐ शिवमूर्ति का विवरण हम आगे प्रस्तुत करेंगे। बहुत से नये देवताओं का जन्म भी महाकाव्यों और पुराणों में हुआ हैः–दुर्गा, स्कन्द, गणेश और हनुमान् आदि ऐसे ही देवता हैं। इनकी उपासना पौराणिक युग में जन्म लेकर आज भी हिन्दू धर्म में व्यापक रूप से प्रचलित है।[1]

पुराण काल आने तक वेदों में पठित बहुत से देवता नाममात्र से ही शेष रह गये थे, और कुछ देवता पूर्णतः विलुप्त हो गये थे। ऐसे ह्रासोन्मुख देवताओं में पूषन्, सविता, अर्यमा, मित्र, त्रित तथा अपां–नपात् आदि हैं। वरुण तथा इन्द्र का उत्कर्ष पूर्णतः क्षीण हो गया। वैदिक देवमण्डल का सम्राट् वरुण केवल समुद्रों का राजा मात्र रह गया। शिव, विष्णु आदि के आगे उसकी शक्ति पूर्णतः नगण्य हो गई। अग्नि को एक ब्राह्मण के रूप में चित्रित किया गया है। उसका महत्त्व केवल यज्ञ में उसकी उपयोगिता के कारण है, देवता के रूप में नहीं। इन्द्र यद्यपि अब भी राजा रहा, किन्तु उसका कार्य केवल अप्सराओं के साथ विलास करना रह गया है।[2] राक्षसों का वध करने की शक्ति उसमें नहीं रही। रामायण के अनुसार एक बार इन्द्र ने सूर्य वंशी राजा ककुत्स्थ को असुरों का विनाश करने के लिए बुलाया। इन्द्र वृषभ बना और राजा ने उसके ककुद् पर बैठकर युद्ध किया। महाभारत में इन्द्र राक्षसों का विनाश करने के लिए अर्जुन को बुलवाता है। यह दो ही नहीं अनेक राजा इन्द्र की सहायता के लिए वर्णित किये गये हैं। जब असुर उसे तंग करते हैं, तो वह ब्रह्मा, विष्णु या शिव के पास भागता है। वे इसकी सहायता करते हैं। यह सब पौराणिक काल में इन्द्र की अवनति का परिचायक है।

पुराणों में देवों की संख्या बहुत अधिक बतलाई गई है। ऋग्वेद के 33 देवों को पुराणकारों ने 33 करोड़ बना दिया। वस्तुतः यहां आये कोटि शब्द के अर्थ की भ्रान्ति ही मुख्य कारण है। करोड़ के अतिरिक्त कोटि का अर्थ प्रकार भी है। प्राचीन साहित्य में वर्णित देवों की ''तैंतीस कोटि'' का अर्थ तैंतीस प्रकार के देवगण से है। विष्णु पुराण में एक स्थान पर कहा गया है कि सब देवता संख्या में 33 हैं और ये वेदों से उत्पन्न हुये हैं–(सर्वे देवगणास्तात त्रयस्त्रिंशतु छन्दजाः)[3] महर्षि स्वामी दयानन्द का भी यही मत है, जिसका उल्लेख हम पहले कर चुके हैं। किन्तु वे इनके साथ 'प्रजापति' को जोड़कर देवों की संख्या यदा–कदा 34 मानते

1. डॉ० उपाध्यय, वैदिक देवता, पृ०162, राष्ट्रिय संस्कृत संस्थान दिल्ली।
2. डॉ० उपाध्यय, वैदिक देवता, पृ०162, राष्ट्रिय संस्कृत संस्थान दिल्ली।
3. विष्णु पुराण, 1.15.169।।

हैं। विद्वानों ने देवों का वर्गीकरण करते हुये आकाश स्थानीय देवता, अन्तरिक्ष स्थानीय देवता और पृथिवी स्थानीय देवता माने है।[1] भास्काचार्य ने इन तीनों वर्गों में 11–11 देवता कहे हैं।

पुरातत्त्वीय सदंर्भ में रुद्र = शिव

इस देवता का पूर्व मोहनजोदड़ो की तथा हड़प्पा के पुरातत्त्वीय उत्खनन में प्राप्त मुद्राओं (मोहरों) पर उत्कीर्ण आकृतियों में दर्शनीय है।[2] इनमें से कुछ मुद्राओं पर उत्कीर्ण आकृतियां परवर्ती शिव के पशुपति योगी किरात एवं वृषवाहन रूपों से साम्य रखती हैं।[3] इसके अतिरिक्त कुछ अन्य अवशेष भी सिन्धुघाटी के क्षेत्रों से मिले हैं, जिनको शिवलिंग कहा जाता है। जैसा कि हम पहले इंगित कर चुके हैं–हड़प्पनकाल के प्राप्त अवशेषों को सूक्ष्मेक्षिकया निरीक्षण करने पर कहा जा सकता है कि उस युग में शिव के पूर्व रूप और लिंग का उद्भव हो चुका था। अतः मानना पड़ेगा कि शिव उपासना बहुत प्राचीनकाल से प्रारम्भ हो गई थी।

शैव–प्रतिमायें

अब हम शास्त्रों के विधान अनुसार निर्मित शिव प्रतिमाओं का विवरण प्रस्तुत करेंगे, जिससे जन–सामान्य को भारतीय कला में शिव–महिमा का सम्यक्–ज्ञान हो सके। अपने देश से बाहर भी विदेशों में शिव–प्रतिष्ठा ने तत्तद्देशीय कला को समृद्ध किया, इसकी भी एक आभा को प्रस्तुत करने का प्रयास करेंगे।

भारतीय मूर्तिकला में शिव के लिंग एवं पुरुषाकार रूपों का अंकन द्वितीय शती ई. पूर्व से आरम्भ हो गया था और पूर्व मध्ययुग में उनके विविध रूप भी विकसित हो गये थे। जैसा कि हम पहले इंगित कर चुके हैं–हड़प्पन काल के प्राप्त अवशेषों का निरीक्षण करने पर कहा जा सकता है कि उस युग में शिवलिंग का उद्भव हो चुका था।

शिवलिंग

शिवलिंग एवं उनकी अन्य मूर्तियों से सम्बन्धित प्रतिमा लक्षणों का सुन्दर विवेचन वास्तु शास्त्रों–'रूपमण्डन' अपराजितपृच्छा, तथा 'देवतामूर्ति प्रकरण' में है।

---

1. 1. आकाश स्थानीय–वरुण, सूर्य, विवस्वान्, विष्णु आदि।
   2. अन्तरिक्ष स्थानीय–इन्द्र, वायु मातरिश्वन् पर्जन्य, रुद्र आदि।
   3. पृथ्वी स्थानीय–पृथ्वी, अग्नि, बृहस्पति, सोम आदि।

   डॉ० गयाचरणत्रिपाठी–वैदिक देवता, पृ०–172, दिल्ली, 2011

2. D.H.I.P 447A
3. मार्शल जे०, मोहनजोदड़ो एण्ड दि इण्डस् सिविलाइजेशन, भाग–1 पृष्ठ 52–56

इन वास्तु शास्त्रों में शिवलिंग, लिंगोद्भव–मूर्ति तथा कुछ अन्य शिव मूर्तियों, वाहन, नन्दी, और शिव–परिवारों के प्रतिमा–लक्षण उपलब्ध हैं। शिवलिंग का विवरण उपर्युक्त तीनों शास्त्रों में है। रूप मण्डन में शिवलिंग को स्थूलरूप से दो भागों में विभक्त किया गया है–चललिंग और अचल अथवा स्थिरलिंग।[1] आगे इन चल और अचललिगों के पांच प्रकार बताए गए हैं–

रत्नज, धातुज, शैलज, मृन्मय और दारुण। अपराजितपृच्छा में मृन्मय और पार्थिव लिंग के दो अन्य भेद पक्व तथा अपक्व भी बताए गये हैं। दक्षिण भारतीय आगमों के अनुसार उपर्युक्त पांच प्रकार के लिंग चललिंग की श्रेणी में आते हैं।

अपराजितपृच्छा और रूपमण्डन में इनके अतिरिक्त शतलिंग, सहस्रलिंग और मुखलिंग का तथा देवतामूर्ति प्रकरण में नागरलिंग, द्राविड़, बेशरलिंग और मुखलिंग का वर्णन भी है। दक्षिणात्य आगमों में इन विभिन्न लिंगों को मानुषलिंग की श्रेणी में रखा गया है। इन आगमों के अनुसार मानुषलिंग अचल होते हैं।

लिंगमूर्ति मन्दिर के मुख्य भाग (गर्भगृह) में स्थापित की जाती है, तथा लिंग के निचले अशं को पीठ (पाषाण का निर्मित आधार) में स्थित रखते थे, जिसे 'योनि' कहते हैं। इस प्रकार ये दोनों सृष्टि की उत्पत्ति के मूल कारण (पुरुष तत्त्व एवं प्रकृति तत्त्व) पुरुष तथा प्रकृति के प्रतीक कहे गये हैं। वर्तमान में भी शिव–मन्दिरों में मुख तथा शिवलिंग ही स्थापित किया जाता है। मन्दिर के तारव पर अन्य शैव मूर्तियां स्थापित की जाती हैं। गोपीनाथ राव ने शैव–आगम के आधार पर विभिन्न प्रकार के शिवलिंग का विस्तार से वर्णन किया है। वाणलिंग (शालिग्राम के सदृश) प्राकृतिक रूप में एक आकार (लिंग) बन जाता है, जिसे रेवा या नर्मदा नदी के गर्भ से प्राप्त करते हैं। इस कारण उसे 'नर्मदेश्वर' भी कहा जाता है। मनुष्य द्वारा निर्मित लिंग (मानुषलिंग) एक बड़े प्रस्तर से तैयार किया जाता है। उसका निचला भाग चौकोर होता है जिसे 'ब्रह्मा–भाग' कहते हैं। आठ कोण का मध्यम भाग 'विष्णुभाग' के नाम से प्रसिद्ध है। ऊपरी अंश गोलाकार रहता है, जिसकी पूजा की जाती है। इस हेतु सबसे ऊपरी भाग पूजा–भाग या रुद्र–भाग के नाम से विख्यात है। लिंग की आकृति मन्दिर के द्वार सीमा पर निर्भर करती है ताकि प्रत्येक द्वार से उपासक देवता का दर्शन कर सकें। मुम्बई के समीप ऐलिफेंटा गुफा में विशाल–शिवलिंग मुख्यभाग में स्थापित है। उस मन्दिर के चार द्वार हैं, तथा चारों तरफ द्वारपाल खड़े हैं। मानसार में शिवलिंग की लम्बाई के समान ही पीठ (योनि) के विस्तार का वर्णन मिलता है। पीठ वर्गाकार, अष्टभुजाकर या गोल आकार की तैयार की जाती थी। जल के निकलने का एक मार्ग रहता था। जिसे 'योनिमार्ग' कहते हैं। पहले

1. रूपमण्डन, 4.45। मुखलिंग

दो भाग पीठ (योनि) में स्थिर किये जाते हैं। केवल पूजा भाग पर जल, पुष्प तथा नैवेद्य आदि अर्पित किया जाता है। मानुषलिंग बनावट के कारण 'धारा–लिंग' या 'सहस्र–लिंग' नाम से विख्यात है। दक्षिण भारत में शिवलिंग की बहुलता है। उत्तर प्रदेश के करमदण्डा (फैजाबाद) नाम से पांचवीं सदी का एक मानुष–लिंग प्राप्त हुआ है, जिसके निचले भाग पर प्रथम कुमार गुप्त का लेख खुदा है। वह अभिलेख–'नमो महादेवस' से प्रारम्भ होता है। मन्दिर में स्थापित होने के कारण इसे 'अचल–लिंग' कहा जाता है। समाज में पार्थिव पूजा का भी प्रचार है, जिसमें मिट्टी का शिवंलिंग बनाकर पूजते हैं। तत्पश्चात् उसे नदी में प्रवाहित कर देते हैं। इसी को 'चल–लिंग' कहते हैं।

एक मुखी शिव लिंग लम्बाई–3′ 2″ वर्तुलकार 5′ 3″
दूसरी सदी ई., किलोई, रोहतक

यहां हम एक ऐसे एकमुखी शिवलिंग का उल्लेख करना चाहेंगे जो अत्यधिक महत्त्वपूर्ण है। किन्तु अभी तक उस पर किसी भी इतिहासकार या कला पारखी की दृष्टि नहीं गई। यह एकमुखी शिवलिंग वृत्ताकार में बहुत स्थूल (विशाल) तथा दर्शनीय है। लाल–चकत्तेदार (सफेद चकते) पत्थर का बना यह लिंग स्वभाविक रूप से प्रथम–दूसरी शती ईस्वी का है। इसको हम एकदम से कुषाण कालीन कह सकते हैं। यह किलोई (रोहतक) गांव के मन्दिर में स्थापित है। यहां निरन्तर पूजा होती है। यहां प्रतिवर्ष एक दिन का विशाल मेला भी होता है। आस–पास के हजारों लोग आकर इस लिंग की पूजा करते हैं।[1]

अभी तीन दिन पहले एक दैनिक समाचार–पत्र में वियतनाम में उत्खनन में मिले एक शिवलिंग का चित्र छपा है जो ग्याहवीं शती ई० का बताया गया है। इसमें जल निकासी के लिए एक बहुत सुन्दर और गहरी तथा पतली नाली बनी है।

इतिहासकार जानते हैं कि गुप्त काल तक शिवलिंग की स्थापना एवं पूजा होती रही। गुप्त नरेश द्वितीय चन्द्रगुप्त विक्रमादित्य के मथुरा–स्तम्भ लेख में शिवलिंग की स्थापना का उल्लेख मिलता है। उसके उत्तराधिकारी प्रथम कुमारगुप्त के शासन–काल (ई०स०–437) में स्थापित करमदण्डा से प्राप्त अभिलिखित शिवलिंग का उल्लेख हम पहले कर चुके हैं। सम्भवतः गुप्त काल के पश्चात् लिंग–पूजा की प्रधानता जाती रही। सम्भव है, समाज में प्रतीक–पूजा से देव–आकृति की ओर जनता का विशेष आकर्षण हो गया। इसी कारण कलाकारों ने सर्वप्रथम मुख–लिंग का आविष्कार किया तथा लिंग के पूजा–भाग पर शिव की मुखाकृति तैयार की।

मुख–लिंग की अनेक मूर्तियां मध्य भारत (मध्य प्रदेश) की नागौद रियासत में मिलीं थीं, जो अब प्रयाग संग्रहालय में सुरक्षित हैं। रूप मण्डन के आधार पर गोपीनाथ राव ने एक तीन, चार व पांच मुखलिंग का विवरण दिया है। विष्णु धर्मोत्तर पुराण[2] के अनुसार पांच–मुखीलिंगों के रुपों का विवरण दिया है, जो सद्योजात, वामदेव, अघोर, तत्पुरुष तथा ईशान का परिज्ञान कराता है। परन्तु अभी तक पांच मुखलिंग की मूर्ति प्रकाश में नहीं आई है। गुप्त कालीन एक या चतुर्लिंग (चतुर्मुख लिंग) उत्तर प्रदेश तथा बिहार प्रदेश से मिली हैं। यहां लखनऊ एवं प्रयाग–संग्रहालय तथा वैशाली के बनिया ग्राम के चतुर्मुखलिंग उल्लेखनीय हैं। मुखलिंग की आकृति में जटा–मुकुट चन्द्रमा से विभूषित है तथा ललाट पर तीसरा नेत्र स्पष्ट दिखलाई पड़ता है। अहिच्छत्र (बरेली) से भी इसी प्रकार की एक चतुर्मुखी लिंग की मृन्मूर्ति मिली है। जिसके मुख भाग में शिव–मुख को जटा

---

1. देखिए फलक सं.–12 (बारह)
2. वि०ध० पुराण–3.44.1।।

जूट और त्रिनेत्र[1] वाला दिखलाया गया है। आकृति से यह गुप्त कालीन प्रतीत होता है। पार्थिव लिंग को पूजा के उपरान्त जल में बहा देने का विधान है। यहां निकट में कोई जलागार न होने से इस चतुर्मुखलिंग को कुएँ में निमग्न कर दिया होगा। क्योंकि लेखिका ने उस कुएं का भी चित्र दिया है, जहां से गावों वालों ने इसको निकाला।

यहां यह उल्लेख करना आवश्यक है कि गुप्तकाल से पूर्व ही कुषाण कालीन कलाकारों ने स्वर्ण मुद्रा पर शिव की पूर्ण मूर्ति तैयार कर ली थी। ईस्वी पूर्व के शासक कुषाण नरेश–'वीम–कदफिस' के स्वर्ण–सिक्कों पर नन्दी सहित शिव की मूर्ति अंकित है और इस पर मुद्रा–लेख में वीम को 'महीश्वर' की पदवी से विभूषित किया गया है। लेख है–''महरजस राजधिराज सर्वलोग ईश्वरस विमकदफिसस'' यह लेख (खरोष्ठी लिपि तथा प्राकृत भाषा) में है। कदाचित्–अब तक मानवाकार शिव प्रतिमा जनता में अधिक लोकप्रिय हो गई थी, इसी कारण एक विदेशी आक्रान्ता वीम ने इसको अपनी स्वर्ण–मुद्राओं पर अंकित कराया। बाण ने अपने हर्षचरित में 'पंच ब्रह्मरूप' शिव–पूजा का वर्णन किया है। इससे स्पष्ट है कि सातवीं सदी तक मुखलिंग (पंचमुख–लिंग) का प्रचार था। किन्तु गुप्तयुग (चौथी, पांचवीं) सदी के उत्तरार्द्ध में निश्चितरूप से मनुष्य आकार में देव प्रतिमा (शिवमूर्ति) का निर्माण होने लगा था। तन्त्रयान में ''पांच–ध्यानी बुद्ध'' भी इसी का बोधक समझा जा सकता है।

दाक्षिणात्य भारतीय शिवलिंग में गुड्डीमल्ल (आन्ध्र प्रदेश) का मुखलिंग इतिहास तथा कला की दृष्टि से बहुत महत्त्वपूर्ण है। यह विशाल शिवलिंग पांच फीट ऊंचा काले पत्थर का बना है जिसमें पीठ का अभाव है। उस लिंग के निचले भाग में शिव की स्थानक प्रतिमा अप्समार (असुर) की पीठ पर खड़ी है। सिरे के भाग पर गोलाकार लिंग में दोहरा कटाव दिखाई पड़ता है। इस कारण ही इसे मुख–लिंग की श्रेणी में रखते हैं। महाभारत में दक्षिण मुख को भंयकर कहा गया है। ऊपरी मुख को ईशान, पूर्वी को तत्पुरुष, दक्षिण मुख को अघोर, पश्चिमी को वामदेव तथा उत्तर मुख को 'सद्योजात' नाम दिया गया है।

लिंगोद्भवमूर्ति

शिवलिंग से उत्पन्न मनुष्याकार में देव प्रतिमा लिंगोद्भव–मूर्ति कही जाती है। पौराणिक कथानक के अनुसार एक बार ब्रह्मा तथा विष्णु में विवाद खड़ा हो गया कि सृष्टिकर्ता कौन है? दोनों देवतागण विवाद कर रहे थे, उसी समय शिव–अग्नि–स्तम्भ

1. पांचाल राज्य का इतिहास, डॉ० सुषमा आर्या, मुख पृष्ठ, प्राचीन भारतीय शोध परिषद् दिल्ली

के रूप में प्रकट हुए। ब्रह्मा तथा विष्णु दोनों स्तम्भ के ऊपरी तथा निचले भाग को खोजने लगे, पर किसी को सफलता नहीं मिली। यही कथानक, कांची, लाहौर तथा बृहदेश्वर मन्दिर (तंजौर) के प्रस्तर पर साकार प्रदर्शित है। इनमें प्रज्वलित अग्नि स्तम्भ तो नहीं है पाषाण–स्तम्भ के योनि स्थान से चतुर्भुजी शिवप्रतिमा प्रकट होती दृष्टि गोचर हो रही है। एलौरा की दशावतार गुहा में वैसी ही चतुर्भुजी प्रतिमा निर्मित है। पिछले हाथ में परशु तथा मृग हैं। तीसरा हाथ अभय मुद्रा और चौथा कट्यवलम्बित दशा में स्थित है। ब्रह्मा लिंग के ऊपरी भाग में तथा वराह मुख विष्णु नीचे की और दिखलाए गये हैं। दक्षिण भारत में ऐसी प्रतिमाओं की लोकप्रियता रही है। कहीं पर ब्रह्मा को हंस पक्षी से, विष्णु को वराह मूर्ति से भी व्यक्त किया गया है। अजमेर की लिंगोद्भव–मूर्ति इनसे किंचित् भिन्न है। वहां विशाल स्तम्भ पर शिव, ब्रह्मा तथा विष्णु की आकृतियाँ खुदी हुई हैं। एलौरा की गुफा में कैलाशनाथ मन्दिर के बरामदे में दूसरे प्रकार की लिंगोद्भव मूर्ति उत्कीर्ण है। उस स्थान पर लिंग से उत्पन्न शिव मार्कण्डेय की रक्षा कर रहे है। कथानक यह है कि मार्कण्डेय ऋषि शिव–लिंग का पूजन कर रहे थे, उसी समय उनकी आयु पूरी हो गई और यमराज उन्हें लेने पहुंच गये। भक्त की रक्षा के लिए शिव उसी लिंग से उत्पन्न हुये और मार्कण्डेय को बचा लिया। प्रतिमा में मार्कण्डेय शिवलिंग का आलिंगन करते दिखलाई पड़ते हैं। लिंग के समीप मनुष्य आकार की पूर्ण मूर्ति खड़ी है, जिसका एक पैर लिंग के अन्दर तिरोहित मालूम पड़ता है। प्रतिमा के घुटने से नीचे का अंग लिंग के अन्दर है। इसी आधार पर यह भी 'लिंगोद्भव' मूर्ति की श्रेणी में रखी गई है। दक्षिण में एलौरा तथा तंजौर की शिव मूर्तियों की प्रधानता है।

अर्द्धनारीश्वर–प्रतिमा

शान्त तथा रौद्र मूर्तियों के अतिरिक्त पौराणिक कथानकों के आधार पर कलाकारों ने शिव की अनेक मूर्तियां तैयार कीं जो वर्णनात्मक शैली की हैं। प्रत्येक मूर्ति किसी न किसी विशेष कार्य या कथानक से सम्बन्धित हैं। उन प्रतिमाओं में "अर्द्धनारीश्वर" की मूर्ति सर्वाधिक महत्त्वपूर्ण है।

इस प्रतिमा के नाम से ही आधा नारी तथा आधा पुरुष की आकृति का आभास हो जाता है। यह तो सृष्टि की प्रतीक है तथा पुरुष प्रकृति के मिश्रित स्वरूप–परब्रह्म की याद दिलाती है। यह कवि कुल गुरु कालिदास के कथन–"जगतः पितरौ वन्दे पार्वतीपरमेश्वरौ" का साक्षात् दृष्टान्त है। शिव पुराण की कथा का प्रस्तर पर बेजोड़ प्रदर्शन है। ब्रह्मा ने सृष्टि रचना के साथ प्रजापति को पैदा किया। परन्तु जब उनको यह ज्ञान हुआ कि नारी के बिना पुरुष सृष्टि नहीं कर सकता। तब महेश्वर से प्रार्थना की तो वे अर्द्धनारीश्वर के रूप में प्रकट हुये। तदनन्तर उमा–महेश्वर ने

सृष्टि के लिए बीजारोपण किया और मानव–उत्पत्ति का श्री गणेश हुआ। इसी के प्रतीक स्वरूप यह युगल–प्रतिमा निर्मित की गई।

ऐलिफैन्टा की गुहा में अर्द्धनारीश्वर की विशाल प्रतिमा है। प्रतिमा के बाएं भाग में नारी केशग्रन्थि, केयूर, मेखला, नूपुर तथा स्तन स्पष्ट दिखलाई पड़ते हैं। दाहिने आधे भाग में जटा–मुकुट, हाथों में परशु, सर्प तथा वीणा विद्यमान है।

अर्द्धनारीश्वरो देवः कथ्यते लक्षणान्वितः।
दक्षिणं पुरुषाकारं वामं योनिमयं वपुः।।

(शिल्परत्नम्)

इससे शैव तथा शाक्तमतों का सम्मिश्रण भी सिद्ध होता है। दक्षिण भारत के बृहदेश्वर मन्दिर तथा दारसूरम में अर्द्धनारीश्वर बहुभुजी प्रतिमा विद्यमान है। तीन सिर आठ भुजायें तथा विस्तृत प्रभामण्डल दारसूरम की प्रतिमा की विशेषता है।

एक अर्द्धनारीश्वर की लघु–प्रतिमा अग्रोहा (प्राचीन अग्रोदक) जिला हिसार से मिली थी। आकार में लगभग एक फीट है। नीचे का भाग त्रुटित (टुटा हुआ) है। इसकी विशेषता यह है कि देवता उत्थित लिंग के साथ खड़े हैं। इसलिए यह प्रतिमा दुर्लभ श्रेणी में आती है। लाल चकत्तेदार प्रस्तर निर्मित होने और प्रतिमा विज्ञान की दृष्टि से आसानी से कहा जा सकता है कि यह कुषाण कालीन है। सम्भवतः ईसा पूर्व की पहली सदी या ई० सन् की पहली शती में इसका निर्माण हुआ होगा। नारी का बायां हाथ कटि पर अवलम्बित है। केवल नारी के कान में एक सुन्दर कर्ण कुण्डल लम्बित है। सिर पर केश–चूड़ा अवगुंठित है। कमर में एक कई लड़ों वाली करधनी शोभायमान है। महेश्वर का दायां हाथ अभयमुद्रा में दिखलाई पड़ता है। इनके हाथ में हस्त कंगन दिखलाई दे रहा है। इस प्रतिमा में महेश्वर हाथ अभय मुद्रा में होने का क्या अभिप्राय है, इसको हम नहीं समझ पा रहे हैं? इसको हम विद्वानों के निर्वचन के लिए छोड़ रहे हैं। इसमें शिव का 'उत्थित लिंग' बहुत स्पष्ट है।[1]

मध्ययुग के प्रतिहार लेख (ए०ई०भा० 19, पृष्ठ–175) तथा बंगाल के सेन शासकों के अभिलेखों (वही भा० 14, पृ०–159) में अर्द्धनारीश्वर की स्तुति की गई है। इससे स्पष्ट है कि प्राचीन भारत में शैव कलाकार ऐसी प्रतिमाओं का अनवरत निर्माण करते रहे। मध्य भारत से 11वीं सदी की अर्द्धनारीश्वर की प्रतिमा के चार हाथ दिखलाए गए हैं। बायां भाग नारी का है जिसके कानों में कुण्डल तथा हाथ में दर्पण है। दाहिना भाग पुरुष (शिव) का है, जिसके हाथ मे त्रिशूल विद्यमान है।

1. देखिए–प्लेट सं:–13

शिव की 'कल्याण सुन्दर' प्रतिमा

शिव की वर्णनात्मक प्रतिमाओं में कल्याण सुन्दर मूर्ति अत्यन्त प्रसिद्ध है।[1] शिव की सभी मूर्तियों के साथ कोई न कोई कथानक जुड़ा हुआ है। इनमें कौन ठीक है और कौन नहीं यह निर्णय बड़ा कठिन है। विशेषकर पुराणों में जो आख्यायिकाएं आती हैं, विद्वानों के उन पर बहुत मतभेद हैं। कई लोग उनको सिरे से नकारते भी है। परन्तु हम उन्हें इसलिए समाविष्ट कर रहे हैं जिससे विद्वानो को उन पर विचार तथा चिन्तन करने के लिए अधिकाधिक शास्त्रीय सामग्री एक ही जगह मिल सके।

जहां तक इस विवेच्य प्रतिमा का सम्बन्ध है, इसके साथ भी एक लघु कथा जुड़ी है। यह आज की नहीं अपितु बहुत पुरानी है। इस प्रतिमा में शिव–पार्वती के विवाह का दृश्य प्रदर्शित है। दक्ष की पुत्री सती पार्वती के रूप में पैदा होकर शिव से विवाह के लिए तपस्या करने लगीं। देव ने ब्राह्मण वेश में पार्वती की परीक्षा ली। वह ब्राह्मण नदी में गया और सहायता के लिए अनुनय विनय करता हुआ चिल्लाने लगा। पार्वती ने उसे उठाने से इन्कार कर दिया। क्योंकि उसका प्रण था कि पार्वती के हाथ शिव के सिवाय अन्य किसी व्यक्ति के शरीर को स्पर्श नहीं कर सकते हैं।

एलौरा तथा एलिफैन्टा की गुफा की दीवार पर दृश्य विस्तार से अंकित है। ब्रह्मा, विष्णु, गन्धर्व और अष्टपाल आदि की आकृतियां भी खुदी हैं। हिमालय पार्वती को शिव के हाथ में अर्पित (कन्यादान) कर रहा है। इसमें पाणिग्रहण का दृश्य स्पष्ट दिखलाई पड़ रहा है। ब्रह्मा पुरोहित के रूप में अग्नि (यज्ञ–कुण्ड) के समीप हैं। इन्द्र ब्रह्मा के पीछे खड़े हैं। लक्ष्मी भी पार्वती की पीठ की ओर खड़ी हैं। निचली पंक्ति में पाणि–ग्रहण का दृश्य है। प्रस्तर के ऊपरी भाग में–वरुण, अग्नि, वायु, विद्याधर आदि अपने वाहन के साथ उपस्थित हैं। ऐसे जमघट में कलाकार ने बड़ी कुशलता दिखलाई है।[2] कलकत्ता, संग्रहालय में पाषाण प्रतिमा तथा मद्रास में इसकी कांस्य मूर्ति सुरक्षित है।

मुद्राओं पर शिव

उत्तर पश्चिम भारत में कुषाण शासकों ने ई० सन् से पूर्व ही अपनी स्वर्णमुद्राओं पर शिव की आकृति अंकित कर दी थी। जैसा कि हम पहले संकेत कर चुके है–वीमकद्फिसस (कुषाण नरेश) ने अपने स्वर्ण और ताम्र सिक्कों पर नन्दी सहित शिव की स्थानक–मूर्ति खुदवाई। शिव के दाहिने हाथ में त्रिशूल है। मुद्रा लेखों में शासक को 'महीश्वर' (महेश–शिव) का भक्त कहा गया है। कनिष्क की

---

1. देखिए फलक सं.–15
2. फलक सं.–14

स्वर्ण मुद्राओं पर शिव के हाथों में त्रिशूल, बकरी, डमरू तथा अकुंश दिखाई पड़ते है। और 'ओइशो' (ग्रीक भाषा में शिव का नाम) लेख अंकित है। हुविष्क के सिक्कों पर दो हाथ वाली आकृति में लम्बा त्रिशूल तथा अकुंश धारण किये है। अन्तिम कुषाण नरेश वासुदेव की स्वर्ण–मुद्राओं पर शिव के हाथों में पाश तथा लम्बा त्रिशूल विद्यमान है। शिव सामने खड़े हैं तथा नन्दी पीठ की ओर अंकित है।[1] ब्रिटिश संग्रहालय में शिव के पांच सिर सहित कुषाण सिक्का संग्रहीत है, जिसकी पाषाण पर अंकित पंचमुखी–प्रतिमा से समता कर सकते हैं।

कुषाण सम्राट वासुदेव की स्वर्ण मुद्रा के पृष्ठभाग पर त्रिशूलधारी नन्दी सहित शिव–महादेव

कुषाण सम्राट् विमकदफिसस के सिम्के के पृष्ठभाग पर त्रिशूलधारी शिव

1. पंजाब संग्रहालय, मुद्रा सूची पत्र, फलक–17.31.36–65।।

शिवलिंग के आधार शिला प्रकार को पीठ कहते हैं। मानसार आदि ग्रन्थों में तीन प्रकार की पीठ का वर्णन आया है। उनके नाम निम्न हैं–

नागर पीठ – वर्गाकार

द्राविड पीठ – अष्टकोण

वेसर पीठ – गोलाकार

पीठ की लम्बाई के सम्बन्ध में यह वर्णित है कि लिंग की लम्बाई के बराबर पीठ का लम्बान होना चाहिए।

हरिहर प्रतिमा

विशिष्ट शैव प्रतिमाओं में हरिहर प्रतिमा का स्थान बहुत महत्त्वपूर्ण है। शैव तथा वैष्णव मतों में सद्भावना स्थापित करने के लिए 'हरिहर–मूर्ति' का निर्माण किया गया। इसमें दोनों देवता (विष्णु तथा शिव) के आयुध तथा आकृतियां विशेष रीति से तैयार की गई हैं। बायां भाग हरि (विष्णु) तथा दायां हर (शिव) का है। जटा–मुकुट तथा किरीट से दोनों देवताओं के शिरोभाग स्पष्ट हो जाते हैं। कानों में सर्प, कुण्डल तथा मकरकुण्डल क्रमशः हर तथा हरि के आभूषण रूप में प्रदर्शित हैं। वैजयन्ती माला विष्णु का द्योतक है। नन्दी तथा गरुड़ दोनों वाहन अपने देवता के अधोभाग (चौकी या पीठ) पर दिखलाई पड़ते हैं।

बादामी की प्रतिमा से बिहार की हरिहर मूर्ति भिन्न रूप में प्रदर्शित है। चतुर्भुजी में त्रिशूल तथा कपाल शिव के हाथों में तथा शंख और चक्र विष्णु के आयुध के रूप में अंकित हैं। कलकत्ता संग्रहालय में उत्तर–भारत से प्राप्त कई हरिहर मूर्ति संग्रहीत हैं। गुजरात तथा बड़ौदरा से भी ऐसी ही प्रतिमायें उपलब्ध हुई हैं। खजुराहो की हरिहर प्रतिमा भी अपने असीम सौन्दर्य के कारण उल्लेखनीय है।[1]

रौद्र अथवा संहार प्रतिमा

ब्राह्मण धर्म के त्रिदेवों में शिव के उग्ररूप को 'रुद्र' नाम देते हैं। कुछ विद्वानों की मान्यता यह है कि रुद्र की उपासना वैदिक काल से ही हमारे देश में प्रचलित है। यजुर्वेद के शतरुद्रीय अध्याय तथा तैतिरीय आरण्यक (10/16) में समस्त जगत् रुद्र रूप बतलाया गया है–(सर्वो रुद्रः तस्मै रुद्राय नमोऽस्तु) भगवान् शिव सर्वव्यापी माने गये हैं। रुद्र जगत् के संहार कर्ता प्रसिद्ध हैं। इस देवता का प्रमुख कार्य राक्षस तथा असुरों का दमन करना था। शिव की घोर (संहार) प्रतिमाएँ–भयंकर चेहरा, गोल आंखें, लम्बे दान्त, शिरोभाग पर कंकाल, गले में मुण्डमाला तथा विनाशक आयुधों के साथ कला में प्रदर्शित हैं। यों तो पुराणों में अनेक रौद्र मूर्तियों का वर्णन है, किन्तु यहां केवल प्रधान मूर्तियों का ही विवरण दिया जायेगा।

---

1. देखिए फलक सं.–16, 17

भैरव प्रतिमा

यह मूर्ति शिव की घोर भावना को प्रकट करती है। इस रूप में अधिकतर नग्न प्रतिमा प्राप्त होती हैं। भैरव खड़ाऊँ पहने तथा कुत्ता लिये रहते हैं। विष्णुधर्मोत्तर पुराण में वर्णन आया है कि भैरव–मूर्ति के गले में मुण्डमाला रहती है। बहुभुजी प्रतिमा में अनेक अस्त्र–शस्त्र रहते हैं। गोल आंखें, बड़ी नासिका, भंयकर मुखाकृति तथा सर्प सहित काले शरीर युक्त प्रतिमा बनी होती है। भैरव के सिर की जटा से अग्नि–ज्वाला निकल रही होती है। वाराणसी में भैरव 'काल–भैरव' के नाम से प्रसिद्ध है। यमराज (काल) भी इनसे कांपता है। उत्तरी भारत में यही लोकप्रिय प्रतिमा है। भैरव की चतुर्भुज प्रतिमा जटामुकुट के साथ तथा श्वान सहित स्थानक रूप में भी मिलती है। यह नग्न प्रतिमा चतुर्भुज मन्दिर खजुराहो के बाहर दीवार पर खुदी हुई है। दसवीं सदी की इस मूर्ति के हाथों में नरमुण्ड और तलवार स्पष्ट दिखलाई पड़ती है।

नृत–मूर्ति

शिव की सौम्य मूर्तियों में 'नृत–मूर्ति' की गणना होती है। किन्तु उसका दूसरा पक्ष (कठोर रूप) भी सामने आता है। भगवान् शिव के नृत्य में ताल एवं लय तथा मान का अभाव रहता है, अतः उसे नृत्य शब्द से सम्बोधित नहीं किया जा सकता। भारतीय शास्त्रों में शिव नृत्–कला में कुशल कहे गये हैं। भरत–नाट्य शास्त्र में एक सौ आठ प्रकार का नृत्य वर्णित है। दक्षिण भारत चिदम्बरम् स्थित नटराज मन्दिर के गोरपुरम् पर सभी नृत्यों का प्रदर्शन है। शिव का नाच (नृत्) नृत्य से भिन्न कोमल या कठोर भाव को करते हुये प्रदर्शित किया गया है। अतः 'शिव–नृत्' को दो भागों में विभक्त किया जाता है–कोमल (ललित) या सौम्य। (2) ताण्डव (कठोर)। प्रथम नृत् शिव के कल्याण कारक तथा शान्त भाव का द्योतक है। ललित नृत्य शिव के दोनों पैर पीठ पर (आसन) स्थित नहीं है। दाहिना पैर अप्समार (पापी) की पीठ पर रखे हैं तथा दूसरा ऊपर उठा हुआ है। देवता के चार हाथ विभिन्न–मुद्रा में दिखलाई पड़ते हैं, अगला बायां गजहस्त दशा में है जो उठे पैर को लक्षित कर रहा है। दाहिना हाथ 'अभय मुद्रा' में स्थित है। पिछले दो हाथों में डमरु तथा अग्निकुण्ड दृष्टि गोचर हो रहे हैं। विद्वानों ने इसका विवेचन करते हुये कहा है–डमरु से सृष्टि–रचना का विचार उपस्थित होता है। अभय–मुद्रा से हाथ मानव रक्षा का भाव सामने आता है। अग्निकुण्ड की स्थिति ज्ञान की ज्वाला की भावना प्रदर्शित करती है। गजहस्तभुजा पैर का (उठाए हुए) लक्षित कर शरणागत के विचार को व्यक्त कर रहा है, अर्थात् जो भक्त शिव की शरण में आयेगा वह संसार के बन्धन से मुक्त होगा तथा सदा अभय रहेगा। शिव के पैर के

नीचे अप्समार (पापी या दुष्ट व्यक्ति) या असुर अज्ञान का प्रतीक है। भगवान् ऐसी आसुरी शक्ति को पैरों से कुचल रहे हैं। अग्नि ज्वाला से अज्ञान, अन्धकार तथा सब प्रकार के अनिष्टों को दग्ध कर रहे हैं। इस प्रकार भगवान् शिव अपने पांचों कृत्यों (सृष्टि रचना, मुक्ति, अभय, अज्ञान का विनाश तथा ज्ञान–प्रसार) का इस नृत–मूर्ति के द्वारा पूरा करते प्रदर्शित हो रहे हैं।

दक्षिण भारतीय शैली में धातु–प्रतिमा की बहुलता है। पाषाण प्रतिमा नहीं के बराबर हैं। यह मूर्ति पूर्णतया दार्शनिक भाव लिए हुए है। इसमें अप्समार (कुकर्म के प्रतीक पुरुष) की पीठ पर शिव का ताण्डव नृत हो रहा है। पूर्वी नटराज की दस भुजायें हैं। नटेश हाथ में वीणा लिये हैं। नन्दी ऊपर की ओर स्वामी का मुख देख रहा है तथा वह भी नाचने की मुद्रा में हैं। पूर्वी भारत में शैव–मत का अधिक प्रचार था। पाल नरेशों के बाद सेन शासक करनाट देश से आकर बंगाल में बस गये।

उनका राजधर्म शैवमत था। अतः पूर्वी भारत में विविध प्रकार की शिव प्रतिमायें बनाईं गयीं। ढाका संग्रहालय में नन्दी के समीप (पीठ पर नहीं) नृत करती शिव मूर्ति सुरक्षित है। दक्षिण भारत के होयसलेश्वर मन्दिर में नटराज की प्रतिमा मिली हैं, जिसमें शिव हाथी की पीठ पर नृत कर रहे हैं।

शिव–प्रतिमाएँ अपने भिन्न–भिन्न रूपों में इतनी संख्या में हैं कि उन सबका वर्णन करना बड़ा दुष्कर कार्य है। अतः अब यहां उन सभी प्रतिमाओं का केवल नामोल्लेख करेंगे जो अब तक के विवरण में छूट गईं हैं।

अनुग्रह तथा सौम्य प्रतिमा, स्थानक मूर्ति, आसनमूर्ति, चण्डेशानुग्रह मूर्ति, रावणानुग्रह मूर्ति, किरातार्जुन मूर्ति, सदाशिवमूर्ति, कामान्तक मूर्ति, गजसंहार मूर्ति, त्रिपुरान्तक मूर्ति, अन्धकासुर–वधमूर्ति, कालारिमूर्ति, धातुप्रतिमा, ताण्डवनृत मूर्ति, महेश मूर्ति, धर्म मूर्ति, भिक्षाटन मूर्ति, एक पाद–शिव मूर्ति, उमा–महेश्वर मूर्ति, वृषभारूढ़–उमामहेश्वर मूर्ति, सद्योजात मूर्ति, नीलकण्ठ–प्रतिमा, ईशान, मृत्युंजय, अधोरात्र, विरूपाक्ष मूर्ति, त्र्यम्बक मूर्ति, सदाशिव–मूर्ति, बटुक–भैवरमूर्ति, स्वच्छन्द भैरव तथा अष्ट भैरव मूर्ति, चण्डभैरव, त्रिपुरान्तक मूर्ति, महाकाल प्रतिमा, नन्दी एवं प्रतिहार कालीन मूर्तिया, भृंगी मूर्ति, दुर्मुख मूर्ति, गंगा–जटाधर मूर्ति, (गंगाधर–मूर्ति), नीलकण्ठ।

लोकविश्वास का एक कथानक बहुत प्रसिद्ध है। भागवत आदि ग्रन्थों में उसका बहुशः उल्लेख हुआ है। देवासुर–संग्राम के समय समुद्र–मन्थन से 14 रत्न निकले थे, और हालाहल भयंकर विष भी इसी समय निकला था। ऐसा प्रतीत हो रहा था कि प्रलय के पहले ही सृष्टि का नाश हो जायेगा। अतः संसार के कल्याणार्थ शंकर भगवान् ने इसे अपने कण्ठ में रख लिया। विष के प्रभाव से शंकर का कण्ठ नीला पड़ गया और तभी से उनका नाम नीलकण्ठ हो गया–

ततः करतलीकृत्य व्यापि हालाहलं विषम्।
अभक्षयन्महादेवः कृपया भूतभावनः।।

(भाग०–8.7.42)

समुद्र–मन्थन का सबसे विशाल दृश्य शिल्पकारों ने कम्बुज (कम्बोडिया) के अंगकोर–मन्दिर में बनाया है। उसकी सुन्दरता उन कलाकारों के हस्तलाघव का बेजोड़ नमूना है। डॉ. वासुदेव शरण अग्रवाल ने अपने एक लेख 'शिव का विषपान' में अपने मत को और अधिक स्पष्ट करते हुए लिखा है–''पुराणों में भगवान् शंकर का एक अति प्रियनाम नीललोहित भी है। उनका कंठ नीला और शेष शरीर लोहित है। कंठ आकाश का प्रतीक है, जहां से शब्द का उदय होता है, और शेष चार भूत कबन्ध या शरीर के प्रतीक हैं। इन चारों में विश्व की सत्ता अपना प्रभाव प्रकट कर सकती है या उन्हें दूषित कर सकती है। किन्तु वो कितना ही हालाहल विष हो, यह

अनन्त सूक्ष्म आकाश में विलीन हो जाता है और उसे दूषित नहीं कर पाता। आकाश की वायु विष से दूषित हो सकती है किन्तु आकाश नहीं।''

शिव के शरीर में सर्प लिपटे रहते हैं, ऐसी पुराणों की कल्पना है। सर्प साक्षात् विष या मृत्यु का लक्षण है। किन्तु अमृत स्वरूप शिव पर उस विष या मृत्यु का कोई प्रभाव नहीं होता। मानसिक या मनन समाधि के अधिदेवता शिव मनस्तत्त्व के अधिष्ठाता हैं। मन से ही वे मृत्युंजय बने हैं। ऋग्वेद की कल्पना के अनुसार शिव के तीन नेत्र हैं, अर्थात् सूर्य, चन्द्र और अग्नि। सूर्य को पिंगला या यमुना, चन्द्रमा को इडा या गंगा, और अग्नि को सुषुम्ना या सरस्वती भी कहा जाता है। इसी कारण शिव की संज्ञा 'त्र्यम्बक' है। सूर्य को वैदिक भाषा में घर्म या घ्रंस कहते हैं, जिसका अर्थ गर्मी है। चन्द्रमा को हिम कहा गया है। घर्म और हिम दोनों मध्यस्थ अग्नि के ही दो रूप हैं। एक में ताप और दूसरे में प्रकाश का स्त्रोत है। त्र्यम्बक शिव का विशिष्ट रूप सुगन्धिमय है। अर्थात् जब शरीर की प्राणशक्ति सब दोषों का शमन कर देती है तब शरीर संचारी रसों से दुर्गन्धि हट जाती है और सुगंधि उत्पन्न होती है। गंध को योग का प्रथम लक्षण कहा है। दूषित गंध मृत्यु की ओर तथा शुभ गंध अमृत की ओर हो जाती है। अतएव शिव के मृत्युंजय के मन्त्र में यही प्रार्थना की गई है कि हम मृत्यु से छूटें, अमृत से नहीं–

'मृत्योर्मुक्षीय मामृतात्'[1]

यहां यदि शिव के द्वादश ज्योतिर्लिंगों का उल्लेख नहीं किया गया तो विषय को अधूरा माना जायेगा। उनके ये ज्योतिर्लिंग निम्न है–

	देवनाम	**स्थान**
1.	ओंकार	मान्धाता
2.	महाकाल	उज्जैन
3.	त्र्यम्बक	नासिक
4.	घृष्णेश्वर	इलौरा
5.	नागनाथ	अहमद नगर
6.	भीमशंकर	सह्यादि
7.	केदारनाथ	गढ़वाल
8.	विश्वेश्वर	काशी
9.	सोमनाथ	काठियावाड़
10.	वैजनाथ	नेवपर्लि
11.	मल्लिकार्जुन	श्री शैल पर्वत

1. वासुदेव शरण अग्रवाल–'रचना संचयन' एवं सम्पादन

12. रामेश्वर दक्षिण भारत (रामेश्वर तीर्थ)

रुद्र = शिव का वाहन = ध्वजचिह्न वृषभ

पाणिनीय धातु पाठ के चुरादिगण में उल्लिखित धातु–''पृषु वृषु मृषु सेचने'' (1.418) से वृषभ शब्द सिद्ध होता है। निरुकतकार ने इस शब्द की व्युत्पत्ति तथा व्याख्या अधिक स्वीकार्य तरीके से की है। यथा–

वृषु–सेचने से अभच् प्रत्यय[1] (ऋषिवृषिम्यां–किच्च–अभच्) अति वृहति रेतः वृषकर्मा शुक्रं सन्ततिशक्तिरूपं बीजं स्वशरीराद्–अत्यन्तं बहिरानयति वर्षितुं सिंचितुं–परशरीरे।[2]

वृषु–धातु की तरह ही 'वृष्' धातु से भी वृषभ शब्द की व्युत्पत्ति होती है। परन्तु यहां इसका अर्थ ''वृष–शक्ति बन्धने'' है। यह चुरादिगण का पाठ है। यहां भी 'अभच्' प्रत्यय होकर वृषभ शब्द बना है। इसका अर्थ किया गया है–''प्रजां वर्षति सिंचति एव बीजशक्त्या स वृषभः।'' 'शक्तिबन्धने' का अर्थ 'सन्तानोत्पत्ति का सामर्थ्य' किया गया है। दोनों अर्थ लगभग एक जैसे हैं। इन अर्थों की सार्थकता इसलिए भी है कि शिव अपनी तपस्या में लीन रहकर ऊर्ध्वरेतस हो गये और संसार से सर्वथा विरक्त होकर शरीर पर श्मशान की भस्म रमाये अरण्य–विचरण कर रहे थे। उनको सन्तानोत्पत्ति कर सृष्टि चलाने में रुचि ही नहीं थी।

ऐसे में देवताओं और ऋषि मुनियों की रक्षा कौन करे? यह बड़ा प्रश्न था। इसीलिये ऋषि एकत्रित होकर शिव से सन्तानोत्पत्ति की प्रार्थना लेकर मिले। एतदर्थ उनको तैयार किया। साथ ही उनके लिए 'वाहन' के रूप में 'वृषभ' निश्चित किया, जिससे वे वृषभ के उन गुणों का आदान करें जो उपर्युक्त व्याख्या (व्युत्पत्ति) में कहे गये हैं:–

'वृषकर्मा शुक्रं सन्ततिशक्तिरूपं बीजं स्वशरीराद् अत्यन्तं बहिरानयति वर्षितुं सिञ्चितुं परशरीरे''– इति वृषभः।

अर्थात्–जो सन्तति के लिए शक्ति शुक्राणु बीज को पूर्णतः पर–दूसरे के शरीर में सिंचित (आधान) करने के लिए बाहर ले आता है, वह वृषभ कहा जायेगा। दूसरा अर्थ जो वृष धातु से किया है वह इस प्रकार है–जो अपने बीज की शक्ति से प्रजा में वर्षण और सिंचित करे, अर्थात् जिसमें सन्तानोत्पत्ति का सामर्थ्य हो वह वृषभ कहलायेग।

शिव का एक नाम शास्त्रों में 'वृषध्वज' आया है। कई जगह 'वृषभध्वजः' भी आया है। दोनों शब्द पर्यायवाची हैं। जैसा कि हम कई बार लिख चुके हैं–वाहन का

---

1. उणादिपाठ, पाद–3, सूत्र 123
2. निरुक्त टीका अध्याय 9, खण्ड–22।

अर्थ ध्वजा या ध्वजचिह्न है, दूसरा अर्थ सवारी भी है। इसी कारण शिव का एक नाम 'वृषभध्वज' है। ध्वजा पर बना वृषभ सदा उनके सम्मुख रहेगा और उससे वे उन भावों या गुणों को आत्मसात् कर सकेंगे जो उसमें विद्यमान है केवल शिव महाराज ही क्यों, उनके गण अनुयाई और प्रजा भी उनसे अनुप्राणित होगी। किसी भी व्यक्ति, संगठन या राष्ट्र का ध्वज (झण्डा) निर्धारित करने से पहले उस पर चिन्तन, मनन और मन्थन होता है, तभी ध्वज निश्चित किया जाता है। उसके रंगों के साथ–साथ उस पर अंकित किये जाने वाले लक्षण (चिह्न) पर अधिकाधिक मन्थन होता है। क्योंकि वे चिह्न सदा उस समाज–राष्ट्र की प्रेरणा के कारक रहने वाले होते हैं।

नन्दी

नन्दी (नादिया–बैल) का भी शिव से गहरा सम्बन्ध है। उसका एक नाम नन्दीश्वर भी है। वामन शिवराम आप्टे के 'संस्कृत हिन्दी कोश' में इनको शिव का प्रधान अनुचर बताया गया है। पौराणिक कोश में नन्दी को शिव गणों का एक प्रकार बताया है जो तीन तरह के हैं। कनक नन्दी, गिरिनन्दी और शिवनन्दी। नन्दीश्वर को शिव का एक प्रमुख गण तथा दिव्य पार्षद बतलाया है (वायु०पु०–77/63) महा०सभा०–10/34) तथा रुद्र का वाहन (भाग०–10.63.3)। शिव के दर्शन से पूर्व इनसे आज्ञा लेना आवश्यक माना जाता है। यह महेश्वर–धर्म में प्रवीण हैं। पताका पर इनका स्थान है–(मत्स्य० 60.49.95)। इससे स्पष्ट ज्ञात होता है कि कहीं–कहीं नन्दी को भी शिव का वाहन माना गया है। श्री शिवसहस्र नामावलि में–''99 ओं गणकर्त्रे, तथा ओं नन्दीश्वराय नमः'' 278, ओं नन्दिवर्धनाय नमः 381 आदि उनके नामों से उन्हें नमस्कार किया गया है। मत्स्य पुराण में अनेक बार शिव की पताका पर इनका स्थान माना है।[1]

वृषभ–नन्दी (बैल) भारतीय समाज एवं संस्कृति का एक महत्त्वपूर्ण पशु है। हमारी सभ्यता एवं परम्परा में उस के ऊपर बैठना या सवारी करना निषिद्ध है। अतः उसको शिव–वाहन कहकर उस पर सवारी नहीं कर सकता। मध्यकाल के कुछ शिल्पकारों ने अज्ञान वश, यदा–कदा भ्रमवश शिव पार्वती को प्रस्तर–प्रतिमाओं में नन्दी पर बैठे दिखलाया है। परन्तु ऐसी प्रतिमाएँ नगण्य ही हैं।

इस पशु के साथ हिन्दुओं की धार्मिक भावनायें भी जुड़ी हुई हैं। बैल या गाय को हम गोमाता के नाम से पुकारते हैं। दोनों ही हमारे जन–जीवन में प्रमुख पशुधन माने गये हैं। गाय का गुणगान तो हमारे लगभग सभी प्राचीन संस्कृतसाहित्य में पाया जाता हैं। वेद के मन्त्र से इसका अनुमान लगाया जा सकता है।

---

1. मत्स्य पुराण–6.49; 95.3; 112.22; 132.29; 133.60.5।।

इस मन्त्र में गाय को रुद्र ब्रह्मचारियों (44 वर्ष तक ब्रह्मचर्य का पालन करने वाले) की माता कहा है। वसु (24 वर्ष तक) ब्रह्मचर्य का पालन वाले के लिये 'दुहिता' बेटी होती है और (48–अड़तालीस वर्ष तक ब्रह्मचारी रहने वाले) आदित्य ब्रह्मचारी की वह स्वसा–बहिन कही व मानी गई है। ऐसी दोष और पाप रहित गाय का वध न करने का उपदेश वेद का यह मन्त्र देता है। इस मन्त्र का ऋषि यह जानता है कि गायों को यदि मारा जाता रहेगा तो बैल की उत्पत्ति अवरुद्ध हो जायेगी। इसका सीधा परिणाम होगा शनैः शनैः, सृष्टि अपने अवसान की ओर बढ़ेगी और नन्दी का वृषभत्व (सन्तानोत्पत्ति का सामर्थ्य) निरर्थक हो जायेगा। 'बीजे नाशे सर्वनाशम्'' इसी प्रकार सब जगह हिंसा का ताण्डव हो गया तथा सब प्राणियों का बीज नाश हो जायेगा तो जल, थल, नभ भी नहीं रहेंगें, और प्रकृति प्रलय की ओर बढ़ चलेगी। इसी हेतु वेद भगवान् ने इस मन्त्र में आदेश दिया है कि ''मा गां अनागाम् अदितिं वधिष्ट''। मन्त्र है–

माता रुद्राणां, दुहिता वसूनाम् स्वसादित्यानाम्अमृतस्य नाभिः।
प्र नु वोचं चिकितुषे जनाय मा गां अनागाम् अदितिं वधिष्ट।।

(ऋग्वेद मण्डल 4, सूक्त मन्त्रा–101–15)

साथ ही इस मन्त्र में गाय को (अमृतस्य नाभिः) अमृत का केन्द्र बिन्दु कहा है। महाभारत में नकुल की पश्चिम दिग्विजय का वर्णन करते हुये रोहीतक (वर्तमान रोहतक) को ''गवाढ्यम्'' गऊओं से भरपूर (गऊओं का खजाना) बतलाया गया है। यह रोहीतक (रोहतक) महाभारत काल से बहुत पहले से ही धन–धान्य तथा गोवंश का प्रसिद्ध नगर था। इसी कारण महाकाव्य युग के समय से ही इस प्रदेश का नाम 'बहुधान्यक' रहा है। गोवंश की प्रभुता के कारण से यह अति सम्पन्न–बहुत धनाढय और रम्य रहा है। कृषि प्रधान युग होने के कारण नन्दी–बैल यहां प्रिय पशु रहा है। उसी के कारण यहां शासन करने वाले गणराज्य (यौधेयगण) के लोगों ने अपने सिक्कों और मोहरों पर शिव के वाहन नन्दी को स्थान दिया। यौधेयों ने अपने प्रथम प्रकार के सिक्कों पर अग्रभाग में नन्दी अंकित किया और इस गोलाकार सिक्के पर मौर्यकालीन ब्राह्मी लिपि में–'यौधेयानां बहुधान्यके' लेख अंकित किया।[1] औदुम्बर गण की मुद्राओं पर भी नन्दी का बहुत सुन्दर अंकन है।[2]

1. लेखक की पुस्तक–यौधेय गणराज्य, प्लेट नं० 18
2. नोट–इन सिक्कों की रोहतक तथा नौरंगाबाद (भिवानी) से टकसाले भी हमें मिली है। इनके ठप्पे (मुद्रा–सांचे) भी यहां देखे जा सकते हैं। प्रकाशक–सूर्य भारती प्रकाशन, नई सड़क; अंसारी रोड, दरियागंज, दिल्ली।

प्राचीनकाल में यौधेय गण सबसे बड़ा गण था। बहुत विस्तृत क्षेत्र में इनका राज्य रहा। जनरल कनिघंम ने जोहियावार से हरिद्वार तक के विशाल भूभाग पर इनका शासन माना है। इसी कारण इनके बहुत प्रकार के सिक्के मिलते हैं। लगभग उन सभी सिक्कों और मोहरों (मुद्राङ्कों) पर चलायमान बैल का चित्र मिलता है। ''यौधेयानां जयमन्त्रधराणाम्'' लेख वाली मोहरों पर तो अनिवार्य रूप से बैल अंकित है। हमें ये मिट्टी की मोहरें नौरंगाबाद (भिवानी) दौलतपुर (कुरुक्षेत्र) तथा सुनेत (प्राचीन सुनेत्र) लुधियाना से मिली हैं। कुछ मोहरें केवल यौधेय लेख वाली, रांगा और ताम्र की भी मिली हैं, जिन पर नन्दी बने हैं। इन सब पर अधेड़ आयु के बैल का चित्र है। किन्तु अगरोहा से मिले (मृतिका–मुद्रांक) मिट्टी की मोहर पर चलायमान ककुद वाले बलिष्ठ युवा तथा सींगरहित नन्दी बना है।[1]

1. लेखक की पुस्तक–यौधेय गणराज्य प्लेट नं:–13 सूर्य भारती प्रकाशन नई सड़क दिल्ली।

बैल के चित्र वाली मोहरें मोहन–जो–दड़ो हड़प्पा तथा बन्नावली (सिरसा–हरियाणा) आदि से मिली है।[1] विदेशी आक्रांता (इन्डोग्रीक) यवन शासक अपोलोडोटस की रजत मुद्राओं पर भी नन्दी पाया जाता है। ये सिक्के आकार में छोटे और चोकोर हैं।[2] हूण शासक मिहिरकुल एवं तोरमाण का शासन भी यहां कुछ समय के लिए रहा। मिहिरकुल ने जो ताम्र सिक्के चलाये उन पर एक ओर अपना चित्र और दूसरी तरफ नन्दी का आकर्षक अंकन किया और उसके नीचे ब्राह्मी अक्षरों में–''जयतु वृषः'' (शिव के नन्दी = वृषभ की जय हो) लिखवाया। यह लोक–समाज में नन्दी की लोकप्रियता और शिव के प्रति आस्था का द्योतक है।[3]

उपर्युक्त हिन्दु शासकों और विदेशी आक्रान्ताओं के अतिरिक्त हिन्दुस्तान के मुस्लिम शासकों ने भी अपने सिक्कों पर शिव के नन्दी को सम्मानपूर्वक स्थान दिया। इनमें मुहम्मद गौरी सुलतान मुइजदीन, सुरिताण (सुलतान) कुवाचा, समसुद्दीन इलितितिमस, जलालुद्दीन रजिया सुल्तान, आदि प्रमुख हैं। इन बादशाहों ने नन्दी के साथ ही अपने सिक्कों पर देवनागरी लिपि का भी प्रयोग किया। हम यहां पाठकों के लाभार्थ इन सिक्कों का चित्र दे रहे हैं। यह अंकन इस्लाम का मानने वाले सुलतानों (बादशाहों) का नन्दी–बैल के प्रति प्रेम का परिचायक है। इन सिक्कों के चित्र की यह प्लेट 'स्वामी ओमानन्द सरस्वती पुरातत्व संग्रहालय' के निदेशक श्री विरजानन्द दैवकरणि ने हमें उपलब्ध कराई है।[4]

वैदिक तथा पौराणिक साहित्य में नन्दी और गाय का स्थान–स्थान पर जो विवरण आया है उससे स्पष्ट प्रकट होता है कि समाज में उनका बहुत महत्त्वपूर्ण स्थान था। प्राचीन काल से ही हमारा देश कृषि–प्रधान देश रहा है। हमारी आर्थिक उन्नति में गोवंश का ही सर्वोपरि स्थान रहा था। इसी कारण हम 'सोने की चिड़िया' कहलाते थे। तभी तो ई० सन् 1820 तक विश्व व्यापार में हमारी भागीदारी 25 प्रतिशत हुआ करती थी। जबकि आज हम पूरे दो प्रतिशत पर भी नहीं हैं। इसके क्या कारण हैं? यहां लिखना अभीष्ट नहीं है। हमारी आर्थिक उन्नति का मुख्य आधार गो वंश ही था।

भारतीय कला में भी नन्दी (सांड) की आकृति पाई जाती है। बिहार में चम्पारण के रामपुरवा से जो स्तम्भ मिला है। उसके शीर्ष भाग पर खड़े सांड की आकृति है। उसका सुडौल सुन्दर शरीर देखते ही बनता है। सारनाथ से मिले अशोक स्तम्भ की चौकी पर अंकित चार जानवरों में नन्दी (बैल) की आकृति रामपुरवा के सांड

1. डॉ० योगानन्द शास्त्री–प्राचीन भारत में यौधेय गणराज्य, प्लेट नं०–19
2. वही–प्लेट नं०–29।
3. वही, प्लेट नं० 1 से 7 तक तथा प्लेट नं०–13।।
4. फलक (प्लेट) सं. 17–क

से मिलती–जुलती है। बौद्धकला में भी वृषभ को समादरणीय स्थान मिला है। लोक विचारधारा में नन्दी सहनशीलता तथा सत्य, अहिंसा का प्रतीक रहा है। कदाचित् इसी भावना से अभिभूत होकर बौद्ध–कलाकारों ने नन्दी को अपनाया और उसको अपनी कला में यथोचित स्थान दिया। जनजीवन तथा लोकविश्वास के प्रधान पशु वृषभ को आदितीर्थंकर का वाहन समझकर जैन मतावलम्बियों ने अपनी कला में स्थान दिया।

ब्राह्मण धर्म में नन्दी के नाम से वृषभ को पुकारा जाता है। शैवमत में नन्दी का स्थान बहुत ऊंचा माना गया है। नन्दी के दर्शन मात्र से शिव–मन्दिर या शिव मूर्ति का ज्ञान हो जाता है। कला में नन्दी को शिव के वाहन के रूप में स्थापित किया जाता है। नन्दी को प्रतिमा की चौकी पर स्थान दिया जाता है। शिव–पार्वती की युगल मूर्ति में नन्दी के साथ सिंह (पार्वती का वाहन) को भी अकिंत किया जाता था। पहली से बारहवीं सदी तक नन्दी की आकृति निरन्तर पाई जाती है। कुषाण नरेशों के सिक्कों पर शिव के साथ नन्दी की खड़ी–मूर्ति मिलती है। वीमकदफिस, की ताम्र मुद्राओं और वासुदेव की स्वर्ण–मुद्राओं पर नन्दी की सुन्दर आकृति देखी जा सकती है। गुप्तकाल से लेकर मध्य युग तक शिव–पार्वती की मूर्तियों में तथा शिव की एकाकी मूर्ति में नन्दी अवश्य दिखलाई पड़ते हैं। बंगाल के सेन शासकों की मुहरों पर नन्दी की आकृति खुदी है। यह इस बात का परिचायक है कि सेन राजा शैवमतानुयायी थे।

महाराजा हर्ष की मोहर पर भी नन्दी का चित्र बना हुआ है। शिव की नृत्–मूर्तियों में भी नन्दी को स्थान दिया गया है। धातु–प्रतिमा में भी नन्दी नटराज शिव के समीप खड़े मिलते हैं। पूर्वी बंगाल से नन्दी की पीठ पर नृत करते हुये शिव की प्रतिमा मिली है। लौकिक क्षेत्र में वृषभ की साम्यतानुसार कामशास्त्र चार प्रकार के पुरुष बतलाते हैं। यदि वृषभ का सम्बन्ध विषय–वासना से मान लिया जाये तो काम को नष्ट करने वाले शिव के वाहन के रूप उसकी स्थिति उपयुक्त तथा सार्थक मानी जायेगी। वृषभ बल और सहनशीलता का धनी माना जाता है। वेदों में तथा वैदिक वाङ्मय और वेदोत्तर प्राचीन साहित्य में गाय एवं वृषभ = नन्दी की बहुत प्रशंसा की गई है। पीछे हमने ऋग्वेद का एक मन्त्र उद्धृत किया था। अब यजुर्वेद का एक मन्त्र देखिये–

तदाहुरघ्न्या इति वरूण इति शपामहे।

यजु०अ० 6, मन्त्र० 22।।

यहां शपथपूर्वक (वरुण की शपथ लेते हुये) गाय को 'अघ्न्या' अहिंसनीय कहा गया है। हमने यजुर्वेद के मन्त्र की केवल एक ही पंक्ति उद्धृत की है। जहां भी गाय का उल्लेख आता है, वहां सम्पूर्ण गोवंश का अर्थ लेना चाहिए।

शतपथ ब्राह्मण में और भी अधिक उल्लेख गोमाता के लिए किया है–

''मनुष्याणां पशूनाम् च मातेव धेनुः''

शत०ब्रा०, 1–2, 1.12

गाय मनुष्य और पशुओं दोनों की मां है। हम समझते हैं इस वाक्य की व्याख्या करने की आवश्यकता नहीं है। हर बुद्धिजीवी व्यक्ति इसको आसानी से समझ लेगा। इसी तरह के दो और प्रसिद्ध वाक्य हैं, जिनको सब सन्त–मुनि और विद्वान् प्रायः बोलते है। वह है–

'गावो विश्वस्य मातरः''। गावा घृतस्य मातरः।।

इस वाक्य का अर्थ है कि–गऊएँ सम्पूर्ण विश्व की और घी की भी माता (माँ) हैं। यह एक ऐसी सच्चाई है जो विश्व को हमारे सामने लाकर खड़ा कर देती है। दुनिया इस बात की गवाह है कि जिस–जिस देश में गाय अधिक हैं, वहां समृद्धि आर–पार है, तथा वहां सुख शान्ति के साथ ऐश्वर्य का भी साम्राज्य है। जहां गोधन पर्याप्त नहीं है वहां विपन्नता और गरीबी है। यहां उन सब देशों का उदाहरण देना समीचीन नहीं होगा।

जिन विद्वानों ने चरक सुश्रुत आदि ग्रन्थों का अवगाहन किया है वे जानते हैं कि असाध्य से असाध्य रोगों को गोरसों से ठीक किया जाता था। गाय के घृत, गोमूत्र, गाय के गोबर के रस, गोदुग्ध से बनी दही के सम्यक् सम्मिश्रण से बने धृत को 'पंचगव्य' कहा जाता है। तथा उसमें आवश्यकतानुसार अलग–अलग औषधीय जड़ी बूटियां मिलाकर उपचार करने से गम्भीर से गम्भीर रोगों को ठीक किया जा सकता है। कई ब्राह्मण तथा बौद्ध–ग्रन्थों में इस प्रकार के सटीक उपायों की चर्चा है। जातकों में अनेक ऐसे भैषज्य–उपायों का वर्णन है।

अढ़ाई सहस्र पूर्व तक्षशिला का एक नवस्नातक आचार्य जीवक अपने विश्वविद्यालय से आयुर्वेद की शिक्षा ग्रहण करके निकला। वह तक्षशिला से पदाति (पैदल) चलकर पाटलिपुत्र तक पहुँचा। इस बीच मार्ग में जो गांव और नगर आये उनमें वह रोगियों का उपचार करता हुआ गया। बौद्ध ग्रन्थों में उसका विस्तार से वर्णन है। जीवक ज्यों–ज्यों आगे बढ़ता गया उसकी ख्याति भी तेजी से आगे बढ़ती गई। जब वह पाटलिपुत्र पहुँचा तो मौर्य सम्राट् चन्द्रगुप्त ने उसका स्वागत किया, तथा उसको अपने राजदरबार के निकट भूमि दान दी। उसने उस जगह अपनी प्रयोगशाला बनाई। वैसा ही एक दूसरा औषधालय राजगृह (राजगिर) में भी बनाया। उन्होंने इन दोनों जगह पर गाय के दुग्धादि अवयवों से अनेक औषधियों का निर्माण कर–''परोपकारार्थं सतां विभूतयः'' को चरितार्थ किया। इन जगहों पर हुए पुरातत्त्वीय उत्खनन में ऐसे अनेक मृद्माण्ड मिले हैं। जिनमें बनाई गई भस्म, अरिष्ट और आसव आदि के नाम लिखे हैं।

यहां यह लिखना भी उचित रहेगा कि तथागत–भगवान् बुद्ध को ज्ञान–प्राप्ति भी गोदुग्ध से ही हुई थी। सिद्धार्थ महाभिनिष्क्रमण के पश्चात् जब कैवल्य मार्ग की खोज में इतस्ततः घूम रहे थे तब उनके साथ आनन्द आदि पांच अनुचर भी थे। परन्तु जब उन्होंने देखा कि तथागत को कोई ज्ञान प्राप्ति नहीं हो रही, वे केवल भटक रहे हैं। तब उनके वे पांचों शिष्य उन्हें छोड़कर चले गये। कालान्तर में सिद्धार्थ गया पहुंचे। वहां वे एक पेड़ के नीचे समाधिस्थ हो गये। इसी पेड़ को बाद में 'बोधि–वृक्ष' नाम दिया गया।

यहां उन्होंने घोर तपस्या की। उनका शरीर जर्जरित हो गया। हड्डी पंसली सब दिखने लगी। तभी सुजाता नामक कन्या प्रतिवर्ष की भांति अपने देवता को पयस–(खीर) अर्पित करने के लिए आई और यह समझकर कि इस बार तो मेरे भगवान् स्वयं प्रकट हो गये। उसने 'गो–पयस' का पात्र उनके सामने रख दिया। सिद्धार्थ की आंखे खुली और उन्होंने वह खीर खा ली। ऐसा करते हुये उनमें नई ऊर्जा का संचार हुआ और वे बोल उठे–''शुद्धोऽस्मि बुद्धोऽस्मि, निरंजनोऽस्मि''। उनको बोधि प्राप्त हो गई। वे अब सिद्धार्थ नहीं रहे, अपितु तथागत महात्मा बुद्ध हो गये। वहां से चलकर वे सारनाथ पहुंचे। वहां उनके वे पांचों अनुयायी भी आ गये जो उन्हें छोड़कर चले गये थे। वहां उन्होंने अब तथागत से शिष्यत्व की दीक्षा ली। सारनाथ में तथागत का पहला धर्मोपदेश–प्रवचन हुआ जिसको, 'धर्मचक्र प्रर्वतन' के नाम से जाना जाता है।

यहां यह सब लिखने का आशय केवल इतना है कि सुजाता की खीर ने सिद्धार्थ को महात्मा, तथा तथागत को बुद्ध बनाकर संसार के कल्याण मार्ग का पथिक बना दिया। बोधि और महापरिनिर्वाण की घटना में जो कारक हैं, उनकी यहां चर्चा करना अनावश्यक होगा। सुजाता की खीर कैसी थी इसका वर्णन जातक ग्रन्थों में विस्तार से है। उसकी चर्चा यहां आवश्यक नहीं। हां, यह कहना आवश्यक है कि सम्भवतः इसी कारण बौद्ध–धर्म में गाय और नन्दी को बराबर महत्त्व दिया जाता है। इस सन्दर्भ में अपनी लेखनी को विराम देने से पहले ''वैदिक राष्ट्रगान'' का उल्लेख करना चाहेगें–

ओं आ ब्रह्मन् ब्राह्मणो ब्रह्मवर्चसी जायताम्, आ राष्ट्रे–
राजन्यौः शूर इषव्यो अतिव्याधी महारथो जायताम्।
दोग्घ्रीर्धेनुः वोढानड्वानाशुः सप्तिः पुरन्धि
र्योषा जिष्णू रथेष्ठाः सभेयो युवास्य यजमानस्य
वीरो जायताम्। निकामे निकामे नः पर्जन्यो वर्षतु
फलवत्यो न ओषधयः पच्यन्ताम्। योगक्षेमो नः कल्पताम्।

(यजु०अ० 22, मन्त्र–22)

इस वैदिक राष्ट्रीय–प्रार्थना में दुधारू धेनु (गाय) के लिये प्रार्थना की गई है। ब्रह्मवर्चस्वी ब्राह्मण, हमारे राष्ट्र में लक्ष्य भेदक शूरवीर धनुर्धर हों, विशाल रथों के स्वामी हों, तीव्रगामी अश्वरथवान् हों। हमारी इच्छानुसार समय पर वृष्टि हो। फल–फूल से लदे वृक्ष, क्षुप और ओषधीय पादप हों, तथा हे प्रभो! सबके लिए कुशल–क्षेम की वर्षा आप करते रहें यही हम सबकी आप से विनम्र प्रार्थना है।

इस प्रकार वेदों में गाय तथा वृषभ आदि के लिए प्रार्थना एवं महिमा मन्त्र बहुतायत में हैं। हमने तो यहां बानगी के रूप में अत्यल्प मन्त्र उद्धृत किये हैं। सम्भवतः इसी कारण शिव (शंकर) महाराज ने वृषभ को अपना वाहन (ध्वज चिह्न) चुना होगा।

दुर्गा (रुद्राणी या पार्वती) का ऐतिहासिक परिचय

जैसाकि रुद्र देवता के ऐतिहासिक परिचय में प्रमाण देकर यह बताया गया है कि प्रथम रुद्र = शिव की पत्नी का नाम रुद्राणी आता है। उसी का पराक्रम–विशेष के आधार पर 'दुर्गा' नाम रखा गया। पराक्रमों के कारण ही उसको शक्ति का प्रतीक मानकर एक देवी के रूप में अवतार स्वीकार किया गया और उसकी उपासना की जाने लगी। पुराणों में दुर्गा अवतार का महिमा मंडन बढ़–चढ़कर किया गया है। यहां तक कि देवी के उपासकों ने उसको देवताओं से बढ़कर प्रदर्शित किया है। उसे जगत् जननी आद्याशक्ति के पद पर आसीन करके उसकी पूजा व्यापक स्तर पर की जाने लगी, और आज भी हो रही है। इसकी पूजा की व्यापकता का अनुमान इससे लगा सकते हैं कि देश–विदेश में देवी की पूजा के लिए एक–सौ आठ शक्तिपीठ (मन्दिर) स्थापित हैं, और उसकी भिन्न–भिन्न नामों से वहां पूजा की जाती है।[1] देवी की महिमा का वर्णन अनेक पुराणों में, महाभारत तथा काव्य ग्रन्थों में मिलता है। 'देवी भागवत पुराण' कालि का पुराण एक स्वतन्त्र ग्रन्थ हैं। अवतारों की परम्परा में इसके चौदह अवतार वर्णित किये हैं।

हिरण्यकशिपु के भाई हिरण्याक्ष के वंश में उत्पन्न रुद्र नामक दैत्य के पुत्र दुर्ग ने कई स्थानों पर देवताओं को पराजित किया। वह देवताओं से अवध्य हो गया था। देवी = रुद्राणी ने उससे युद्ध कर उसका वध किया। दुर्दमनीय दुर्ग असुर का वध करने के महान् पराक्रम के कारण इसको 'दुर्गा' नाम मिला।[2] परवर्ती काल में इसकी व्याख्या देवी के स्वाभाविक गुण के रूप में की जाने लगी कि जो कठिन कष्टों से रक्षा करती है। इस कारण उसका दुर्गा नाम है।[3] महिष नामक असुर का

1. कालिका पुराण अ० 64; मत्स्य पुराण अ० 13; देवीभागवत पु० 1.1.।
2. पद्म पुराण, स्व० 28; देवी भागवत पुराण 1.28
3. 'दुर्गात् तारयसे दुर्गेत्त्वं दुर्गा स्मृता जनैः (महा०विराट्० 6.20)

युद्ध में वध करने के कारण इसको 'महिषमद्रिनी' महिषमद्रिनी 'महिषासुरनाशिनी' महिषघ्ना आदि नाम प्राप्त हुए। शुभं, निशुंभ दानवों ने देवी दुर्गा का वध करने के लिए चण्ड और मुण्ड नामक दो असुरों को युद्ध के लिए भेजा। दुर्गा ने उन दोनों का वध किया और बाद में शुंभ और निशुंभ को भी मार गिराया। इस पराक्रम के कारण दुर्गा का 'चामुंडा' नाम प्रसिद्ध हुआ।[1] कैटभ नामक राक्षस का वध करने से इसको 'कैटभविनाशिनी' नाम मिला था।

साहित्य में, देवी माहात्म्य के प्रसंगों में रुद्राणी = दुर्गा का एक शूरवीर और युद्धनिपुण वीरांगना के रूप में वर्णन मिलता है। देवीपुराण में कहा है–रुद्र की पत्नी होने के कारण और रुद्र = भयंकर राक्षसों का वध करने तथा साहसिक कार्य करने के कारण इसका नाम 'रुद्राणी' है।[2] युद्ध में दुर्गम दानवों को यह पराजित करती है, अतः 'दुर्गा' कहा गया है।[3] स्वाभाविक है कि ऐसी रक्षक, पराक्रमी, शक्तिशाली, वीरांगना को देवी अवतार बनाया गया और सिंह को उसका वाहन कल्पित किया।[4] रुद्र = शिव के समान इसका भी मुख्य शस्त्र शूल = त्रिशूल था। इस शस्त्र को धारण करने के कारण इसका 'शूलधरा' नाम प्रसिद्ध हुआ। महाभारत में दीर्घ त्रिशूल के साथ तलवार और गदा भी इसके शस्त्र बताये हैं।[5] निश्चित है कि ऐसी योद्धादेवी अनेक शस्त्रों में प्रवीण होगी। तभी अनेक भुजाओं की आलंकारिक कल्पना करके धनुष, चक्र और पाश भी दुर्गा के हाथों में प्रदर्शित मिलते हैं।[6] दुर्गा के कहीं चतुर्भुजा, कहीं अष्टभुजा, तो कहीं अष्टादश भुजा के वर्णन मिलते हैं। स्पष्ट है कि इतने हाथ संभव नहीं हो सकते। यह देवी के प्रिय पदार्थ (शस्त्र) दिखाने की एक आलंकारिक शैली है। 'चतुर्वक्त्र' दिखाना भी इसी शैली का अंग है।[7] यही स्पष्टीकरण अन्य देवताओं के लिए भी समझना चाहिए।

दुर्गा के 'वेदश्रुति' 'वेदमाता' 'ब्रह्मविद्या', और धर्मप्रवाचिका वर्जनों से ज्ञात होता है कि वह योद्धा के साथ–साथ वेद–विदुषी भी थीं।[8] अन्यत्र उसको ब्रह्मचर्य स्वरूप, कौमार व्रतधारिणाी, ब्रह्मचारिणी भी कहा है। उसके सौन्दर्य का वर्णन करते हुए

---

1. स्कन्द पुराण 5.1.38।
2. ''रुद्रस्येयं तु रुद्राणी रौद्रं हन्ति करोति वा'' (देवी पुराण अ० 45)
3. ''युद्धे जयसि दानवान्'' (महा०भीष्म० 23.14)
4. मार्कण्डेय पुराण 4.2।
5. ''अट्टशूलप्रहरणे खड्गखेटक धारिणी'' (महा०भीष्म० 23.7)
6. अष्टभुजा दुर्गा के वर्णन में छठे हाथ में पाश, सातवें में धनुष और आठवें में चक्र आयुध वर्णित हैं विराट्० 6.11
7. महाभारत, विराट्० 6.7–8 (चतुर्भुजा, चतुर्वक्त्रा = चतुर्मुखवाली) अष्टादश भुजा (स्कन्द पु० 1.2.65, 3.30)
8. महाभारत, भीष्म० 23.10–13।

पूर्णचन्द्र के समान मुख वाली, पृष्ठ भाग और वक्षस्थल वाली कहा है। वह कानों में कुण्डल, हाथों में कंगना और भुजाओं पर मोरपंख के आभूषण धारण करती थी।[1]

इसके पार्वती अवतार के वर्णन में भी उसको नितम्ब और सतनों के पुष्ट उभार वाले शरीर वाली लिखा है।[2] वह सुभ्र = सुन्दर भौंहों वाली और सुकेशा = सुन्दर केशों वाली थी। वह धर्मज्ञा, धर्मचारिणी, अध्यात्म एवं लौकिक विद्याओं की ज्ञाता, साध्वी, व्यवहार में दक्ष और शम–दम के गुणों से युक्त तपोवासिनी थी।[3] सभी देवियों की यह विशेषता मिलती है कि वे राजसभा में, धर्मसभा में, यज्ञादि अनुष्ठान में, गृह में सर्वत्र सदा अपनी पतियों के संग रहती थी। इसी कारण सर्वत्र उनका पार्श्वस्थ बैठने का उल्लेख मिलता है।[4] ऐसी विदुषी और वीरांगना स्त्री देवताओं पर प्रत्येक व्यक्ति गर्व कर सकता है।

वैदिक वाङ्मय और संस्कृत साहित्य में दुर्गा

भारतीय दर्शन की आद्याशक्ति प्रकृति है। इसी कारण उसे शक्ति जगत् में प्रमुख स्थान दिया गया है। मातृदेवी के रूप में विश्व में इसी की पूजा करते थे। मिस्र, मेसोपोटामिया, ईरान तथा प्राग्ऐतिहासिक भारत में मातृदेवी (भूदेवी) की मूर्तियां उपलब्ध हुईं हैं, जो इस धारणा को पुष्ट करती हैं। संसार की उत्पत्ति का कारण मानकर शक्ति की पूजा पर्याप्त प्राचीनकाल से होती रही है, जिसे कालान्तर में शिव की देवी से सम्बन्धित कर दिया गया। इसी कारण शक्ति के सौम्य तथा उग्र भाव का प्रदर्शन भारतीय साहित्य और कला में दीख पड़ता है। वैदिक संस्कृति और समाज में देवी शक्ति की आराधना से उस भाव का बोध होता है, जिसका सम्बन्ध सृजन से मानते हैं। अतः पूजा में शिवलिंग के साथ योनि को स्थान दिया गया।

प्रजनन और सृष्टि उत्पति के साथ ही वैदिक वाङ्मय और परवर्ती साहित्य में भी शक्ति रूपा देवी (स्त्री) को बहुत आदर के साथ देखा गया है। आरण्यक ग्रन्थों में तो उसको आधा–अंग मानकर यहां तक कह दिया गया है, कि यह पुरुष उस समय तक आधा है, जब तक भार्या का वरण नहीं कर लेता–

''अर्धो हि एषः पुरुषो न तावत् पूर्णो भवति, यावद् भार्यां न विन्दते''।

कल्याण तथा विनाश दोनों दैवी गुणों का सम्मिलन शक्ति द्वारा ही प्रदर्शित होता है। ऋग्वेद के दशममण्डल के देवीसूक्त से स्पष्ट हो जाता है कि देवता, मनुष्य

---

1. महाभारत, विराट्, 6.7.8।
2. ''पीनश्रोणिपयोधरा'' (वहीं, 2.3.7), ''वरारोहा'' (वही, अनु० 146.3)
3. महाभारत, अनु०पर्व 156.1–3।
   वही विराट्पर्व 6.7.8। पीनश्रोणिपयोधराः (वही 2.3.6)
4. वही, अनु०पर्व 146.1–''महादेवः.......... अनुकूलां प्रियां भार्यां पार्श्वस्थां तमभाषत।''

तथा पशु के मूलतत्त्व में शक्ति–भावना प्रधान है। वैदिक वाङ्मय के अतिरिक्त पुराणों में भी इसी शक्ति का वर्णन नानारूपों में मिलता है। उसके तीन नाम महाकाली, महालक्ष्मी तथा महासरस्वती मिलते हैं। इन्हीं के पुजारी 'शाक्त' कहलाए। देवी भागवत (1.17) में उल्लेख मिलता है–

''कृष्णार्चायां नाधिकारो, यतो, राधार्चनं विना''

यद्यपि कृष्ण के साथ राधा का सम्बन्ध होना, कृष्ण परम्परा में रसिक सम्प्रदाय की मात्र कल्पना है, ऐतिहासिक तथ्य नहीं; तथापि यहां उस मान्यता से अवगत कराया गया है। पद्म पुराण (पातालखण्ड, अ०. 39) में राधा को आधारशक्ति माना गया है। वह शक्ति रूपा है, तथा देवत्रय की उत्पादिका है। ब्रह्मवैवर्त पुराण (प्रकृति खण्ड) के प्रथम अध्याय में बहुत देवताओं की पत्नियों के नाम मिलते हैं। कार्तिकेय की षष्ठी, वह्नि की स्वाहा, यज्ञ की दक्षिणा, गणेश की पुष्टि, यक्ष की रति, तथा पुण्य की प्रतिष्ठा के नाम उल्लिखित हैं। आज भी समाज में यज्ञ के पश्चात् दक्षिणा देना अपरिहार्य माना जाता है। उसके बिना यज्ञ पूरा नहीं होता। मार्कण्डेय पुराण के देवी महात्म्य में शक्ति–उपासना का वर्णन मिलता है। दर्शन साहित्य में सांख्यकार ने प्रकृति (शक्ति) को ही मुख्य स्थान दिया है और पुरुष को उसका सहायक माना है। बौद्धों में महायान तथा वज्रयान में तान्त्रिक पूजा का विशेष महत्त्व था और शक्ति के उपासक शाक्त–मत के अनुयायी माने गये।

उत्तर वैदिक काल में उमा, दुर्गा तथा अम्बिका आदि का नाम ब्राह्मण ग्रन्थों में मिलता है। केनोपनिषद् में उमा को ब्रह्मविद्या का मानुषी रूप कहा गया है। वेदान्त में महामाया का नामोल्लेख है। देवी की मातृत्व भावना को लेकर उसे जगन्माता भी कहा जाता है।

कालान्तर में धार्मिक भावना की अभिवृद्धि के कारण प्रधान देवताओं के साथ शक्ति का सम्बन्ध स्थापित किया गया। गुप्तकाल के उपरान्त दार्शनिक विचारधारा में एक नया मोड़ आया, जिसमें शक्ति को अधिक प्रमुखता दी गई। माना गया कि शक्ति के सहयोग से ही जगत्–उत्पत्ति में देवतागण समर्थ हो सकते हैं।

देवी के विभिन्न नाम

पुराणों में शिव की शक्ति के विभिन्न नाम उनके गुणों पर आधारित पाये जाते हैं, जो निम्न हैं–

पार्वती (पर्वत की पुत्री), गिरिजा (पर्वत से उत्पन्न), गौरी (गौर वर्ण वाली), उमाबुद्धि (रात्रि शान्ति), अम्बिका (माता), जगन्माता (विश्व की आदि माता), भवानी (भव की पत्नी), कन्याकुमारी (कन्या, बालिका), अन्नपूर्णा (अन्न प्रदाता), सर्वमंगला (सदा मंगलकर्त्री), दुर्गा (अगम्य), चण्डी (उग्र), भैरवी (भयंकर), महिषमर्दिनी (महिषासुर की विनाशक) तथा महेश्वरी (महान् देवी), आदि नामों से शक्ति का उल्लेख मिलता है।

पुरातत्त्वीय संदर्भ में दुर्गा

पुरातत्त्वीय उपलब्धियों के अनुशीलन से प्रकट होता है, कि कलाकार ने विभिन्न धार्मिक विचारधाराओं के कारण शक्ति प्रतिमा को मुख्यतया तीन स्वरूपों में तैयार किया है।

1. **एकाकी मूर्ति**–सर्वप्रथम मातृदेवी के सदृश आराध्य–देवियों की एकाकी मूर्तियां बनाईं। लक्ष्मी, पार्वती, सरस्वती आदि की मूतियाँ सम्बन्धित देवों से अलग तैयार की गईं थीं। कुषाणों के सोने के सिक्कों पर 'आरडोक्षो' तथा गुप्त काल की उदयगिरी गुहा (वेसनगर) में दुर्गा की आकृति खोदी मिली है। मध्यकाल के वज्रयान देवसमूह में तारा अपराजिता तथा मारीचि आदि देवियों की पृथक् (एकाकी) मूर्तियां मिलती हैं। नालन्दा से पार्वती की एकाकी कांस्य प्रतिमा भी मिली है। 11वीं सदी के काले पत्थर की पार्वती मूर्ति भी प्राप्त हुई है, जिसके शिरोभाग पर (सिरके इर्द–गिर्द) गणेश, ब्रह्मा, शिव एवं विष्णु दिख पड़ते हैं, इसके ललाट पर तीसरा नेत्र भी विद्यमान है। (देखें पार्वती दुर्गा की एकाकी मूर्ति अग्रिम पृष्ठ पर)

2. **युगल मूर्तियां**–कलाकारों ने धार्मिक क्षेत्र में प्रचलित विचारधारा का आदर करते हुए उस पर आधारित प्रतिमाओं का निर्माण किया। देवताओं की शक्ति को कला में स्थान देकर युगल–मूर्तियां बनाईं। यह देवी–प्रतिमा का दूसरा रूप था। विष्णु की भार्या लक्ष्मी, शिव की पार्वती, रुद्र की दुर्गा आदि की प्रतिमाएँ 'पुरुष–प्रकृति' अथवा ईश्वर–माया के सिद्धान्त का पोषण करती हैं।

3. तीसरे स्थान पर युगल प्रतिमा को हटाकर 'अर्द्धनारीश्वर' की मूर्ति का निर्माण किया गया। देवी–देवताओं की युग्म–मूर्तियों में बाहरी दृष्टि से पार्थक्य की भावना आ जाती है। इसे छोड़कर पुरुष–प्रकृति में एकरूपता (दोनों एक हैं) लाने के लिए 'अर्द्धनारीश्वर' की प्रतिमा का निर्माण आवश्यक था। वह दार्शनिक धरातल के उच्चतम भाव को दर्शाती है। अन्य मतों के समान शाक्त धर्मावलम्बी देवी के प्रतीक–चक्र या यन्त्र की पूजा करते थे। कला में इतस्ततः प्रस्तर या धातु–फलक पर यन्त्र खुदे हुए मिलते हैं। मध्ययुग में ऐसे यन्त्र अधिक संख्या में पाये गये हैं। शाक्त मतावलम्बी उस यन्त्र की पूजा किया करते थे।

4. **देवी दुर्गा**–दुर्गा का अंकन कुणिन्द सिक्कों पर तथा पांचाल सिक्कों पर मिलता हैं। दुर्गा की दो प्रकार की मूर्तियां मिलती है–(1) सौम्य तथा (2) उग्र। सौम्य प्रतिमाओं का विवरण पहले हो चुका है। उग्र देवियों की मूर्तियां–अष्ट, दश, बारह तथा अठारह–भुजी निर्मित की जाती रहीं। पूर्वी भारत में बहुभुजी उग्र स्वरूप में दुर्गा की मूर्तियां अधिक संख्या में मिली हैं। महिष राक्षस को मारने से उसे महिषासुरमर्दिनी कहा गया है। मार्कण्डेय पुराण में शक्ति के रूप में महादुर्गा (काली), महालक्ष्मी तथा महासरस्वती का वर्णन मिलता है। कदाचित् गुप्तकाल से देवी की प्रस्तर प्रतिमा

पार्वती (दुर्गा) की एकाकी–मूर्ति, गोद में कार्तिकेय

सौजन्य–राष्ट्रीय संग्रहालय नई दिल्ली

का निर्माण आरम्भ हुआ। इसी समय से ही 'महिषासुरमर्दिनी' (उग्र–देवी) की पूजा का प्रचार हो गया था। क्रमशः बहुभुजी प्रतिमा का निर्माण बढ़ता गया। भुजाओं की संख्या देवी के आयुध पर निर्भर करती थी। प्राचीन ग्रन्थों में भुजाओं में पाश, अंकुश, खड्ग शंख, भाला, बाण तथा धनुष आदि आयुधों का वर्णन मिलता है। कुछ हाथ वरद्मुद्रा तथा अभयमुद्रा में भी दीख पड़ते हैं। ई० सन् की चौथी सदी से वर्तमान समय तक समाज में महिषासुरमर्दिनी दुर्गा की पूजा होती आ रही है। उत्तर भारत के बंगाल तथा बिहार में महिषासुर को ध्वंस करती दुर्गा की सुन्दर प्रतिमाएँ उपलब्ध हुई हैं। दक्षिण भारत के अयहोल (आन्ध्र प्रदेश), महाबलिपुरम् (मद्रास) तथा उड़ीसा की प्रतिमाएँ कला की दृष्टि से अतीव सुन्दर हैं। सर्वत्र बहुभुजी दुर्गा–प्रतिमा तीन नेत्र

वाली, अशान्त वेश में अपने वाहन सिंह के साथ समस्त आयुधों के सहारे महिषासुर को मारते हुये बनाई गईं हैं। बिहार से पालयुग की चतुर्भुजी दुर्गा की प्रतिमा मिली हैं जो सिहं की पीठ पर बैठी है। ढाल, तलवार, त्रिशूल लिये है, चौथा हाथ वरद्–मुद्रा में हैं। नालन्दा की कांस्य–प्रतिमा दुर्गा–पूजा के विस्तृत प्रसार को प्रकट करती है। प्रतिमा की चौकी पर सिहं तथा महिष की आकृति बनी है। इसमें चार भुजाएँ तथा तीन नेत्र हैं। उत्तर भारत में अगरोहा और सतकुम्भा से भी महिषासुरमर्दिनी की मूर्तियाँ प्राप्त हुई हैं।

लेखों में नवदुर्गा (शैल पुत्री), ब्रह्मचारिणी, चन्द्रघण्टा, कुष्माण्डा, स्कन्दमाता, कात्यायिनी, कालरात्रि, महागौरी, सिद्धमाता) के मन्दिर–संस्कार तथा प्रजा निमित दान का वर्णन मिलता है (बंगाल का इतिहास भा०1 पृ०–12)। कला में इनका स्पष्ट उदाहरण नहीं मिलता। किन्तु आज भी महिलायें नवरात्रों में लगभग इन्हीं नामों के क्रम अनुसार ही व्रत रखती और पूजा करती हैं। पुराणों में काली, महाकाली, तथा भद्रकाली का विवरण मिलता है परन्तु तद्नुसार कलात्मक नमूने उपलब्ध नहीं हुये हैं। वराहपुराण में महिषासुर का एक कथानक मिलता है। वैष्णवी की तपस्या करते समय अनेक सुन्दर देवियां वहां उपस्थित थीं। महिषासुर उन देवियों को चुराने पहुंचा, जिसकी सूचना मिलते ही दुर्गा ने उसे नष्ट कर दिया। दार्शनिक धारणा (अर्थ) में महिष (काला = काल = अन्धकार = अज्ञान) तथा कुलष का मूर्तिमान रूप है। वह काल बनकर जीवों का विनाश करता है। देवी दुर्गा उपासकों तथा श्रेष्ठ जनों की रक्षा कर ज्ञान देती हैं।

श्री तथा लक्ष्मी–जैसा कि हम पहले लिख चुके हैं, सदा से भारतीय संस्कृति और समाज में शक्ति का प्रधानता मिलती आ रही है। पुराणों में शिव की शक्ति के विभिन्न नाम उनके गुणों के अनुसार पहले लिखे जा चुके हैं। शिव की अर्द्धांगिनी पार्वती के ही ये विभिन्न नाम हैं। देवी को मिली प्रधानता के कारण की महापुरुषों (देवों) के नाम देवियों सहित (प्रथम स्थान में) उच्चारित किये जाते हैं–राधा कृष्ण, सीताराम, गौरीशंकर आदि। मानव जीवन में भी नारी (लक्ष्मी) को वही स्थान दिया गया। इसी कारण लक्ष्मी–पूजा का आरम्भ अत्यन्त प्राचीन समय में ही हो गया था। वाजसनेयी–संहिता में श्री तथा लक्ष्मी आदित्य की पत्नियां कही गई हैं। यह परम्परा रामायण तथा महाभारतकाल तक चलती रही। इसी कारण श्री एवं लक्ष्मी की पूजा साथ–साथ की जाती है। कालान्तर में इनके घनिष्ठ सम्बन्ध का निर्वहन न हो सका। श्री को भूदेवी का नाम दिया गया। कला में भी इनको अलग–अलग दिखाया जाने लगा।

लक्ष्मी–भाग्य देवी या वैभव की अधिष्ठातृ देवी के रूप में भी वर्णित है। सरस्वती–विद्या की देवी प्रसिद्ध है। सम्पत्ति के इच्छुक जन लक्ष्मी पूजक बन गये। लक्ष्मी के वास से ही सुख, वैभव एवं सम्पत्ति लाभ होता है। अतः राजघरानों

में उसे राज–लक्ष्मी कहकर पूजा करते थे। भारतीय कला में गज–लक्ष्मी के रूप में भी इसका अंकन मिलता है। दो हाथी अपने सूडं में पकड़े घड़े से जल की धार लक्ष्मी पर छोड़ रहे हैं। हाथी से इस देवी का सम्बन्ध कब और कैसे हुआ, यह अज्ञात है। सम्भवतः हाथी राजदबार और सम्पत्ति का सूचक माना गया और इसे धन की देवी–लक्ष्मी से सम्बद्ध कर दिया गया, जिससे देवी शक्ति को भी मान्यता मिले और वह केवल धन की देवी मात्र न मानी जायें। ईसवी पूर्व सदियों में भारतीय कलाकारों ने भरहुत तथा अमरावती के स्तूपों की वेदिकाओं पर देवी को स्थान दिया। शुङ्गकालीन बोध गया वेदिका पर कमल पर खड़ी 'गजलक्ष्मी' की प्रतिमा खोदी गई है। सांची–स्तूप के उत्तरी तोरण पर कमलासन पर बैठी देवी की मूर्ति (आकृति) पर दो हाथी सूंड से पकड़े घड़े से जलाभिषेक कर रहे है।

शुङ्गकाल में श्री माँ अथवा गजलक्ष्मी की पूजा का प्रचार था। गजलक्ष्मी की भावना बौद्धकला में कहां से ली गई, यह विवादास्पद है। सम्भव है कि वैदिक परम्परा का अनुकरण कर बौद्ध कलाकारों ने कमलासन लक्ष्मी तथा 'गजलक्ष्मी' को शुङ्गकालीन कला में स्थान दिया हो। भारत के पूर्वी भाग में केन्द्रित विष्णु–प्रतिमा के साथ लक्ष्मी (श्री) तथा सरस्वती (पुष्टि) का अंकन मिलता है। दक्षिण भारत में पुष्टि का स्थान भूदेवी ने ले लिया। वैष्णव प्रतिमाओं में प्रायः सर्वत्र ही इन देवियों को स्थान दिया गया है। गुप्त काल में वैष्णव मत का प्रचुर प्रसार हुआ, इसी कारण गुप्त शासक 'परमभागवत' पदवी से विभूषित हुये। उन्होंने लक्ष्मी को अपनी मुद्राओं पर स्थान दिया। स्कन्दगुप्त के जूनागढ के शिलालेख में विष्णु की भार्या लक्ष्मी की वन्दना की गई है–

श्रीयमभिमतभोग्यां नैककालापतीनाम्,
त्रिदशपति–सुखार्थं यो बलेनाजहार।
कमल–निलयनायाः शाश्वतं धाम लक्ष्म्याः,
स जयति विजितार्तिः विष्णुरत्यन्त–जिष्णुः।।

भारतीय मूर्तिकला में युग्म प्रतिमाओं की बहुलता है। आसन रूप में एकाकी देवी–मूर्ति का अभाव–सा है। बंगाल से शक्ति देवी की प्रतिमाएं मिली हैं, जिनमें अप्रचलित मूर्तियां भी निर्मित हुई हैं। उदाहरण के लिए शिवलिङ्ग से निकलती हुई देवी प्रतिमा ढाका से प्राप्त हुई है। उसमें चतुर्भुजी देवी की मूर्ति दिखाई पड़ती है। दो हाथ ध्यान मुद्रा में तथा पिछले दो हाथों में माला तथा पोथी है।

सप्तमातृका–सप्तमातृकाओं की आराधना समस्त भारत में होती रही। परन्तु गुप्त काल से पूर्व की कोई मातृका अभी तक प्राप्त नहीं हुई हैं। यों तो देवियां अपने देव (पति) के साथ वर्णित हैं, तथा युगल मूर्तियां भी मिलती है, किन्तु एकाकी मूर्तियां समूह में प्रदर्शित होने से सात की संख्या के कारण ही 'सप्तमातृ का' नाम

से प्रसिद्ध हुई। इनमें सभी उग्ररूप में निर्मित नहीं हैं। केवल वाराही तथा चामुण्डा भिन्नस्वरूपा हैं। वाराही में शूकरमुखी देवी भैंसे पर बैठी हैं तथा चामुण्डा भयंकर चेहरे के साथ प्रेतासना हैं। मातृभावना को प्रदर्शित करने हेतु प्रत्येक देवी की गोद में एक शिशु है, जो माता के स्तन का दुग्धपान कर रहा है। एलोरा गुहा का प्रदर्शन अतीव सुन्दर है। दोनों पार्श्व में वीरभद्र तथा गणेश की मूर्तियां हैं, जो उनके संरक्षक कहे जाते हैं।

गुप्तसम्राट् प्रथम कुमारगुप्त (पांचवी सदी ई०) के गंगाधर अभिलेख में मातृका के मन्दिर का उल्लेख है। मध्ययुग की चालुक्य प्रशस्ति में निम्न वाक्य मिलता है, जिसमें मातृका की संख्या का वर्णन है–

'हारीति पुत्राणां सप्तमातृकाभिरभिवर्धितानाम्'' ।

अतएव सप्तमातृका की उपासना एवं पूजा का प्रचार पाँचवीं सदी से भारत में अवश्य हो गया था। वराहमिहिर ने (बृहत्संहिता, अ० 57) मातृकाओं के सम्बन्ध में केवल इतना उल्लेख किया है कि सभी अपने पति (देवता) के वाहन तथा आयुध से युक्त होती हैं।

'यस्य देवस्य यत्रूपं यथा भूषण वाहनम्'' ।

टीकाकार उत्पल ने उनका नामोल्लेख निम्न प्रकार तथा क्रम से किया है–

1. ऐन्द्री, 2. वैष्णवी, 3. रौद्री, 4. कौमारी, 5. ब्राह्मी, 6. यामी तथा 7. वारुणी।

मार्कण्डेय पुराण में (अध्याय 88) वर्णन मिलता है कि चण्डिका की सहायता के लिए सप्तमातृकाएँ या योगिनियाँ उत्पन्न हुईं थीं। एक मूलशक्ति के सात रूपों में प्रकट सप्तमातृकाएँ भारतीय कला में प्रदर्शित की गई हैं। इन्हें एक ही देवी की सात विभूतियाँ कह सकते हैं। इनका ध्यान के साथ सात नामों की गणना होती है। ब्रह्मणी माहेश्वरी, कौमारी, वैष्णवी, वाराही, नारसिंही तथा ऐन्द्री। पुराणों में कहा गया है कि इसी मातृगण से रक्तबीज असुर का वध हुआ। अन्धकासुर के विनाश के पश्चात् शिव ने सोचा कि उसका रक्त पृथ्वी पर न गिरे, इसलिए एक शक्ति को उत्पन्न किया।

पुराणों (देवी पुराण, वराह पुराण आदि) के वर्णन से पता चलता है कि मातृका के चार हाथ हैं। गोद में शिशु दिखलाई पड़ता हैं। प्रतिमा की पीठ (चौकी) पर सम्बन्धित वाहन खुदे हैं। एलिफेंटा की गुहा में देवियों के वाहन ध्वज पर खुदे हैं।[1] अत एव शिशु एवं वाहन के कारण मातृका को पहचानने में किसी को भी कठिनाई का अनुभव नहीं होता। मातृकाओं के सात नामों का उल्लेख हम कर चुके हैं। उनके शब्दार्थ और भावार्थ को सुविज्ञ विद्वान् भलीभांति समझते हैं, अतः उसका अधिक पिष्टपेषण उचित नहीं रहेगा।

1. देवियों के वाहनों का ध्वज पर अंकित होना एक सार्थक पहलु है। वाहन शब्द का ठीक अर्थ पहली बार यहीं परिलक्षित हुआ हैं।

महाभारत विराट पर्व के षष्ठ–अध्याय में अज्ञातवास के लिए राजा विराट के राज्य में जाते हुये युधिष्ठिर दुर्गा की स्तुति करते हैं। भीष्म पर्व (23/4–19) में श्रीकृष्ण के निर्देश पर अर्जुन भी युद्ध में विजय की कामना से दुर्गा–स्तोत्र का पाठ करते हैं। इस स्तोत्र में दुर्गा के जो नाम आये हैं, उनसे यह स्पष्ट हो जाता है कि इस समय तक दुर्गा ने भारत की अनेक जातियों की और अनेक स्वभाव वाली देवियों को आत्मासात् कर लिया था। उन देवियों के नाम (विशेषण) इस प्रकार हैं–

काली, कपाली, कृष्णपिंगला, भद्रकाली, महाकाली, चण्डी कात्यायनी, कराली, विजया, कौशिकी, उमा, शाकम्भरी, विरूपाक्षी, धूम्राक्षी, सरस्वती, सावित्री आदि। साथ ही उन्हें मयूरपुच्छ धारण करने वाली, आभरणभूषित, शूल तथा खड्ग एवं खेटक आदि शस्त्र ग्रहण करने वाली तथा महिषासुर के रक्त की इच्छुक भी कहा गया है।

सभी देवियों को एक ही मातृशक्ति पार्वती से सम्बन्धित करने का मार्कण्डेय पुराण का प्रयास श्लाध्य है। देवों की स्तुति पर, पार्वती के शरीर से चण्ड, मुण्ड, शुम्भ, निशुम्भ तथा महिषासुर आदि राक्षसों का विनाश करने के लिए 'अम्बिका' का जन्म होता है (85.87) अम्बिका के ललाट से भद्रकाली का जन्म होता है चण्ड–मुण्ड का वध करने से उसका नाम 'चामुण्डा' पड़ता है (87.27) आदि।

महिषासुरमर्दिनी, 12वीं सदी, क्लोराइट मानभूम आशुतोष म्यूजियम, कोलकाता, विश्वविद्यालय

अधिक विस्तार न करते हुऐ हम यहां पौराणिक कोश से पार्वती की व्याख्या को उद्धृत करते हैं–पार्वती (स्त्री) हिमालय पर्वत की पुत्री तथा शिव की अर्धांगिनी देवी, जिन्हें गौरी, दुर्गा, उमा, गिरिजा आदि भी कहते हैं। देवी के 108 नामों का जप करके शिव का आधा शरीर 'अर्धनारीश्वरत्त्व' प्राप्त किया था। (मत्स्य–13.51.60, 187.44, वायु० 54.20, 108.51, विष्णु० 5.32–11–15)। अम्बा के नाम से यह विदर्भों की कुलदेवी हैं। एक बार जब यह शरवण वाटिका में शिव के साथ क्रीडा कर रही थीं तभी कुछ ऋषिगण आ पहुंचे, जिससे यह अति लज्जित हुईं। इनकी प्रसन्नता के लिए शिव जी ने कहा–

आज से यहां आने वाले पुरुष स्त्री हो जायेंगे तभी से पुरुष उस स्थान का वर्जते हैं। (भाग० 9.1.29–32)। महाराज पृथु को इन्होंने शतचन्द्र नामक खड्ग दिया था। श्री कृष्ण से विवाह हेतु रुक्मिणी ने इनकी उपासना की थी। वृकासुर शिव को मारकर इन्हें एक बार हरकर बाहर ले जाना चाहता था, किन्तु विष्णु भगवान् के चातुर्य से सफलमनोरथ नहीं हुआ (भाग० 10.88.23)। क्रुद्ध शिव को इन्होंने ही भृगु की हत्या करने से रोका था। अर्जुन को 'पाशुपतास्त्र' देते समय शिव के साथ यह भी थीं (भाग–1.15.12,10.52.42)।

शक्तिरूपा पार्वती–दुर्गा विषयक इस आलेख के समापन से पूर्व उन 'दशमहाविद्याओं का नामोल्लेख आवश्यक है, जिनका वर्णन शास्त्रकारों ने सुन्दर रीति से किया है–

1. महाकाली या काली (काल शक्ति)
2. तारा (क्षुधा शक्ति)
3. षोडशी (पूर्ण शक्ति)
4. भुवनेश्वरी (ज्ञान शक्ति)
5. छिन्न मस्ता (त्याग शक्ति)
6. भैरवी (मरण शक्ति)
7. धूमावती (दरिद्रता शक्ति)
8. बगला (क्रूर शक्ति)
9. मातंगी (प्रभाव शक्ति)
10. कमला (ऐश्वर्य शक्ति)

पौराणिक कोश में दुर्गा से सम्बन्धित निर्वचन को यहां उद्धृत करना आवश्यक है। इसमें कई नई सूचनाएँ आपको मिलेंगी–

दुर्गा–स्त्री० (सं०) आदिशक्ति, देवी (ब्रह्मां० 3.32.24, 48.49, 4.19.81, 39.56, 44.76)। शुक्लयजुर्वेद, वाजसनेयि संहिता में अम्बिका को रुद्र की भगिनी लिखा है। देवीभागवत के अनुसार सब देवता रसातल निवासी (ब्रह्मां०. 2.20.69) महिषासुर से परास्त होकर ब्रह्मा के पास गये और ब्रह्मा सबको साथ लेकर विष्णु के पास पहुंचे। महिषासुर को वर था कि वह किसी पुरुष से नहीं मरेगा। इसलिए सब देवताओं ने विष्णु के आदेशानुसार अपना तेज निकाला, जिससे एक 'तेज पुंज' स्वरूपा देवी प्रकट हुई, जिसने महिषासुर का वध किया था। (ब्रह्मा०–4. 19.65.88)।

कालिकापुराणानुसार परब्रह्म के अंशस्वरूप ब्रह्मा, विष्णु और शिव हुए। ब्रह्मा और विष्णु ने तो सृष्टि और स्थिति के अपने–अपने कर्त्तव्य को ग्रहण कर लिया। पर शिव शक्ति से अलग रहे और वे योग में लीन हो गये। ब्रह्मा और दक्ष की स्तुति से प्रसन्न हो विष्णु की माया दक्ष प्रजापति की पुत्री सती हुई और उसने तप से शिव को प्रसन्न किया। दक्ष के यज्ञ में जब सती ने देह त्याग दिया, तब शिव ने शव को अपने कन्धे पर रख लिया। तदुपरान्त ब्रह्मा, विष्णु और शनि ने सती के मृत शरीर में प्रवेश करके उसे काट–काट के गिराना आरम्भ किया। जहाँ–जहाँ शरीर खण्ड गिरा वहाँ–वहाँ वेदी का शक्ति पीठ बना। महामाया ने हिमालय की भार्या मेनका के गर्भ से उत्पन्न होकर शिव से विवाह किया।[1]

मार्कण्डेयपुराण के अन्तर्गत दुर्गा–पाठ बड़ा प्रसिद्ध है। काशी–खण्ड के अनुसार रूरु के पुत्र दुर्ग नामक महादैत्य ने जब देवताओं को बहुत तंग किया तब शिव ने असुर को मारने के लिए देवी को भेजा जिसने 'दुर्ग' असुर का वध किया इसी से उनको 'दुर्गा' कहते हैं। (स्कन्द० काशी० उत्तरार्ध '2.'1) योगमाया का एक नाम दुर्गा भी है जाम्बवान् की खोह से श्रीकृष्ण के सकुशल लौटने हेतु देवकी ने इनकी स्तुति की थी–(भाग०–10.2.22; 56–35)

पर्याय–आद्याशक्ति, उमा, गौरी, काली, शिवा, भवानी, रुद्राणी, कल्याणी, अपर्णा, पार्वती, चण्डिका, अम्बिका, शारदा, चण्डी, गिरिजा, मंगला, नारायणी, महामाया, माधवी, जयन्ती, भार्गवी, सती, भ्रामरी, महिषमर्दिनी, हेरम्बजननी, सावित्री, कृष्णपिंगला, शूलधरा, भगवती, महाकाली, चामुण्डा, आनंदा, महापात्रा, भीमादेवी, कृष्णा, चार्वंगी, कालिका, कामेश्वरी, भैरवी, तारा, भुवनेश्वरी, महालक्ष्मी, वागीश्वरी, त्रिपुरा, सुभगा, ज्वालामुखी, मातृका, बगलामुखी, अन्नपूर्णा, अन्नदा, विशालाक्षी वेदमाता, शान्ता आदि।

---

1. इस पूरे प्रकरण से लेखक का सहमत होना आवश्यक नहीं है। किन्तु अध्येताओं के मनन के लिए इसका उल्लेख आवश्यक है, सो किया है।

दुर्गा का वाहन = ध्वजचिह्न मयूर पंख

दुर्गा (रुद्राणी पार्वती) का वाहन सिंह है, किन्तु उसके ऊपर बैठकर सवारी करना नितान्त असम्भव है। परन्तु हाँ, देवी दुर्गा को और अधिक शक्ति सम्पन्न दिखाने के लिए शेर को उसका वाहन बनाना अनिवार्य था तो तर्कसम्मत रूप देना चाहिए। तभी सम्यक् होगा जब हम सिंह को देवी पार्वती (दुर्गा) के ध्वज पर विराजमान करें। तभी यह तर्कपूर्ण तथा शास्त्र सम्मत रहेगा। वाहन के तथ्यात्मक अर्थ एवं विवेचन पर हम पहले विस्तार से लिख चुके है। इस पर बार–बार लिखने से पिष्टपेषण की अवधि में आ जायेगा।

सिंह शक्ति और पराक्रम का पुंज होता है। उनका प्रतीक दिखाने के लिए दुर्गा का वाहन कल्पित किया गया है। गत पृष्ठों में दुर्गा के परिचय में बताया गया है कि दुर्गा = रुद्राणी ने युद्ध में भाग लेकर महिषासुर आदि अनेक असुरों का वध किया था। इसी पराक्रम के कारण उसके 'महिषासुरमर्दिनी' आदि नाम प्रसिद्ध हुए हैं। रुद्र की पत्नी होने के कारण उसकी ध्वजा का चिह्न भी रुद्र का वृषभ ही होना चाहिए। किन्तु दुर्गा का भिन्न चिह्न मोर पंख था। एक दुर्लभ ऐतिहासिक वचन मिला है, जिसमें दुर्गा के ध्वज का चिह्न मयूरपुच्छ = मोरपंख बताया गया है। महाभारत में कहा है–

'ध्वजेन शिखिपिच्छानामुच्छ्रितेन विराजसे''

(महाभारत, विराट० 6.14)

अर्थात्–'मयूर पंखों के चिह्न से अंकित दुर्गा देवी का बहुत ऊँचा ध्वज लहरा रहा है।' शायद यह रुद्र से पृथक् स्वतन्त्र ध्वज चिह्न स्वतन्त्र रूप से युद्ध में भाग लेने के कारण रहा है। महाभारत में एक अन्य स्थल से भी इस ऐतिहासिक तथ्य की पुष्टि होती है। भीष्म पर्व में दुर्गा देवी की स्तुति करते हुए उसका ''शिखिपिच्छध्वजधरे'' = 'मोरपंख का चिह्न अपनी ध्वजा पर धारण करने वाली' (23.6) सम्बोधन किया है। यह शोधात्मक तथ्य पाठकों के समक्ष प्रथम बार प्रस्तुत किया जा रहा है।

दुर्गा के विषय में एक नया और अत्यन्त महत्त्वपूर्ण अन्य तथ्य पाठकों के सामने रखा जा रहा है। गत विवरण से हमें जानकारी मिली है कि दुर्गा अत्यन्त शक्तिशाली, योद्धा, वीरांगना रानी थी। उसने अनेक विपक्षी असुरों का वध किया, उसका अपना स्वतन्त्र ध्वज था। इसका अभिप्राय यह हुआ कि वह युद्धविद्या में प्रशिक्षित थी और उसके पास सेना भी थी। इसका प्रमाण भी मिल गया है। महाभारत के भीष्मपर्व में एक स्तुति के प्रसंग में पठित एक सम्बोधन से ज्ञात होता है कि दुर्गा के पास एक सेना थी और वह उसकी सेनापति थी। वहां उसको 'आर्या' भी कहा है जो पूर्वाग्रही

लेखक शिव को आर्येतर कहते हैं, उनके लिए यह प्रमाण आंखें खोल देने वाला है। वह प्रमाण है–

'नमस्ते सिद्धसेनानि आर्ये मन्दरवासिनी''

(भीष्म० 23.4)

'हे मन्दर पर्वत पर निवास करने वाली प्रशिक्षित आर्य सेनापति दुर्गे मैं आपको प्रणाम करता हूँ। यह पर्वत शिव के राज्य का अंग था। उक्त प्रमाणों से दुर्गा के व्यक्तित्व के वे सभी ऐतिहासिक पक्ष स्पष्ट हो जाते हैं जिनके कारण उसको वैदिक स्त्री देवता के रूप में सम्मानित किया जाता है। उक्त महिमा के कारण ही वह अनेक जनों के लिए उपास्य भी बन गई।

पंचम अध्याय

गणेश और उनका वाहन

वाहन युक्त गणेश, 8–9वीं शती ई., फोटो–इन्डियन म्यूजियम कोलकत्ता

गणेश का ऐतिहासिक परिचय

हिंदू धर्म में उपास्य पांच वैदिक देवताओं (ब्रह्मा, विष्णु, महेश, गणेश, कार्तिकेय) में गणेश या गणपति का प्रमुख सम्माननीय स्थान है। किन्तु यह स्थान उनको पुराण काल में आकर प्राप्त हुआ है। वैदिक साहित्य, रामायण, महाभारत आदि में अन्य वैदिक देवताओं के समान इनकी स्तुति अथवा महिमा का वर्णन नहीं है। पुराण–काल में आकर वह देवता अपने पिता महेश–शिव के समान प्रतिष्ठित हो गया और आज भी है। यह उल्लेख मिलता है कि भाद्रपद कृष्ण चतुर्थी को मध्याह्नकाल में गणेश का जन्म हुआ था। इस दिन गणेश पूजन, व्रत, उपवास किया जाता है। महाराष्ट्र में इस देवता का अत्यधिक माहात्म्य माना जाता है और चतुर्थी के दिन 'सिद्धिविनायक' के उपलक्ष्य में व्रत किया जाता है।

गणेश प्रसिद्ध वैदिक देवता शिव और पार्वती का बड़ा पुत्र माना जाता है।[1] इनका छोटा भाई देवताओं की सेना का सेनापति कार्तिकेय था। महाभारत में इनकी एक बहन का भी उल्लेख है। उसका नाम दैत्यसेना था।[2] गणेश का एक नाम 'द्वै मातुरः' है। जैसे छह माताओं द्वारा पालन–पोषण किए जाने के कारण कार्तिकेय का नाम 'षाण्मातुरः' है, उसी प्रकार दो माताओं द्वारा विशेष रूप से पालन करने के कारण गणेश का उक्त नाम है। कुछ लोग इसका अनर्थ करते हैं, यह स्वीकार्य नहीं है।

गणेश के 'गण' शब्द से आरंभ होने वाले पर्याय नाम अनेक हैं, जैसे– गणपति, गणाधिप, गणेश्वर, गणाधिपति, गणनायक, गणेश, गणप आदि। इनकी पृष्ठभूमि में इस देवता विषयक कुछ ऐतिहासिक तथ्य निहित हैं। ये सब नाम इनके पिता शिव के भी हैं। शिव ने योग्य अवस्था होने पर अपने गुणों का सारा प्रभार या आधिपत्य गणेश को सौंप दिया था। गणों की व्यवस्था तथा प्रशिक्षण का मुख्य दायित्व गणेश का था और युद्ध का मुख्य दायित्व कार्तिकेय का था। यही कारण है कि पराक्रम और शूरवीरता का देवता कार्तिकेय को माना जाता है और शिक्षा, लेखन और अध्यात्म विषयक संदर्भों का गणेश को। इसी आधार पर ग्रंथ–लेखन के आरंभ में गणेश को स्मरण करने की परंपरा है।

पुराणों में गणेश के द्वारा किए युद्धों का वर्णन भी आता है। एक युद्ध में तो उन्होंने सिंदूर नामक असुर का वध किया था।[3] एक अन्य युद्ध में भण्ड नामक समुदाय के सैनिकों का वध करने का उल्लेख आता है। कुछ अन्य असुरों के विनाश की चर्चा भी मिलती है।[4] इस प्रकार गणेश शिव के वीर पुत्र थे। इसी आधार पर

---

1. ब्रह्म वै० पुराण 8; पद्मपु० सृष्टि० 43।
2. महाभारत वनपर्व 225. 1–4
3. गणेश पुराण 2.137।
4. ब्रह्माण्ड पुराण 3.41. 37–41, 42. 2–33 आदि।
   गणेश० 1.81–106।

गणेश के 'चतुर्भुज' स्वरूप की कल्पना करके उनके एक हाथ में पर्शु नामक आयुध प्रदर्शित है, दूसरे में अकुंश, तीसरे में पाश और चौथे में पद्म 'है। गणेश का एक नाम 'हेरम्ब' है। इसका प्रसंग और तथ्य–परक अर्थ है – 'हे–शिव के साथ युद्ध में जो, रम्बति–जोरदार गर्जना करता है। शिव के गणों का विशिष्ट नायक होने के कारण गणेश का एक नाम 'विनायक' है। पुराणों में, बाद में इसका अर्थ विकास करके 'बाधाओं कष्टों को मिटाने वाला नायक' वर्णित कर दिया। इसका पर्याय 'विघ्नराज' भी प्रचलित है। इनके साथ प्रयुक्त 'काम पूरक' 'कामनाओं की पूर्ति करने वाला' नाम गणेश की महिमा को और बढ़ा देता है।

गणेश का निवास गणपर्वत पर बताया गया है। यह कैलाश पर्वत का ही अन्य नाम है। इसी पर्वत भाग पर शिव के गणों का निवास था।[1] गणेश पुराण के वर्णन के अनुसार, गणेश की बुद्धि और सिद्धि नामक दो पत्नियां थी। उनके दो पुत्र थे– क्षेम और लाभ।[2]

पांचों वैदिक देवताओं में शारीरिक स्वरूप को लेकर सर्वाधिक समस्या गणेश के गजानन, गजास्य, गजकर्ण, शूर्पकर्ण, लंबोदर और एकदंत नामों में निहित अर्थ को लेकर है। यह स्वरूप न तो संभव है, न ज्ञान–विज्ञान की दृष्टि से स्वीकार्य हो सकता है, और न व्यावहारिक है। इसकी प्रतीकात्मक व्याख्या जब तक प्रस्तुत नहीं होगी तब तक यह स्वरूप स्वयं गणेश को और तत्संबंधी साहित्य को काल्पनिक एवं हास्यास्पद बनाता रहेगा, तथा उसके अस्तित्व पर अनेक प्रश्न खड़े करता रहेगा। इसलिए सभी साहित्य अध्येताओं और भक्तों का यह कर्तव्य बनता है कि गणेश के प्रतीकात्मक स्वरूप को माना करें और जन सामान्य के समक्ष स्पष्ट किया करें। असंभव कथाओं से केवल अंधविश्वास ही बढ़ता है। इस प्रकार एक ऐतिहासिक महापुरुष की बुद्धिजीवियों में अस्वीकार्यता बढ़ती है। इस तरह हम अपने श्रद्धेय की हानि ही करते हैं लाभ नहीं। देवता–पुरुष को हाथी बनाना उसकी अप्रतिष्ठा है।

अब इस प्रश्न पर विचार करते हैं कि एक मानवाकृति महापुरुष देवता गजानन कैसे बन गया? समस्त वैदिक साहित्य में ओम् या ओंकार (ॐ) ब्रह्म का सर्व प्रमुख नाम है। ओम् के उच्चारण से प्रत्येक कार्य आरंभ करने और वेद मंत्र उच्चारित करने, किसी ग्रंथ या पाठ का प्रारंभ करने का विधान और परंपरा रही है। आज भी अनेक लोगों में यह परंपरा है। गणेश की महिमा वर्णित करने वाले पुराणों, पूर्ववर्ती उपनिषदों में गणेश–भक्तों ने गणेश का पहले ओंकार स्वरूप घोषित कर दिया और फिर ब्रह्म

1. पौराणिक कोश– राणाप्रसाद शर्मा, पृष्ठ 146।
2. गणेश पुराण 1.15।

को घोषित कर दिया।[1] फिर उपासक ऊँ के स्थान पर अथवा ब्रह्म के स्थान पर गणेश का स्मरण और पूजा करने लगे। गणेश का पहले ऊँ का स्वरूप बनाया। वही भ्रांतिवश विकसित होकर गजानन का रूप धारण कर गया।[2] दोनों के स्वरूप लगभग एक समान हैं। ऊँ का ऊपरी भाग गज के सिर के समान है, नीचे का लंबोदर के समान, पार्श्व में लगी मात्रा सूंड के समान है और चंद्रबिंदु गणेश के ललाट पर लगे अर्धचंद्र के समान है। ऊँ ब्राह्मी लिपि का अक्षर 'ओम्' है, जो अभी तक यथावत् चिह्न के रूप में अपरिवर्तित रूप से प्रचलित है। ब्राह्मी लिपि के स्थान पर देवनागरी लिपि चल पड़ी है, किन्तु कुछ लोगों ने उसी को अपनाया हुआ है। यदि इसको किसी भी अन्य लिपि में लिखेंगे तो यह 'ओम्' ही लिखा जाएगा। यदि ब्राह्मी लिपि के अक्षर को देवनागरी मानकर पढ़ेंगे तो वह अशुद्ध 'ऊम्' पढ़ा जाएगा।

देवनागरी ऊँ आभूषण

इतिहासकारों एवं पुरातत्त्वविदों का मत है कि पांचवी सदी से पूर्व गणेश की गजानन आकृति न तो साहित्य में मिलती है और न इतिहास में। यह कल्पना बाद

1. गणेश पुराण 1.13–14।
   'गणेशो वै ब्रह्म' (गणेशोपनिषद् 3.1)।
2. ज्ञानेश्वरी–सन्त ज्ञानेश्वर (प्राचीन चरित्र कोश–सिद्धेश्वर शास्त्री चित्राव पृष्ठ 181)

की है।[1] आठवीं सदी के प्रारंभिक काल के कवि भवभूति के काव्य में गणेश के गजमुख का वर्णन मिलता है। स्पष्ट है कि गजानन की कल्पना भ्रांति या अंधभक्ति का परिणाम है।

गणेश की महिमा, स्तुति, वंदना में लिखा गया पर्याप्त साहित्य है। गणेश पूर्णतापिनी उपनिषद्, गणेश उत्तरतापिनी उपनिषद्, गणपति अथर्व शीर्षोपनिषद्, गणेश पुराण, मुद्गल पुराण, ब्रह्मवैवर्त का गणेश खंड, भविष्य पुराण का ब्राह्मखण्ड आदि।

गणेश को लेकर एक अन्य अनर्गल कथा महाभारत में वर्णित है। महर्षि व्यास ने महाभारत लेखन के लिए लिपिकार के रूप में गणेश को स्मरण किया और वे उपस्थित हो गए। सारा महाभारत उन्होंने लिखा।[2] यह गणेश शिवपुत्र गणेश कदापि नहीं हो सकता। हो सकता है व्यास कालीन कोई अन्य गणेश नामक लेखक व्यक्ति रहा हो। यह बुद्धिगम्य नहीं है कि हजारों (अन्य मत से लाखों) वर्ष पूर्व उत्पन्न हुआ कोई व्यक्ति सशरीर उपस्थित हो जाए। दूसरा तर्क यह है कि पुराणों में ही वर्णित वंशावली के अनुसार, महर्षि व्यास शिव पुत्र गणेश से एक–सौ से अधिक पीढ़ियों के बाद उत्पन्न हुए हैं। इतनी पीढ़ियों पूर्व उत्पन्न व्यक्ति व्यास के काल में उपस्थित नहीं हो सकता। दोनों में बहुत बड़ा कालांतर है। इस प्रकार की चमत्कार प्रदर्शन की कथाओं ने महापुरुषों के ऐतिहासिक स्वरूप को विनष्ट कर मिथकीय बनाया है।

गणेश का वाहन मूषक–चूहा बताया गया है। इस आधार पर इसके मूषक वाहन, मूषकध्वज आदि नाम हैं। तथ्य यह है कि इन प्रसंगों में वाहन का अर्थ ध्वज चिह्न होता है, सवारी नहीं। इस विषय पर इस आलेख के अंत में विस्तृत सप्रमाण विश्लेषण किया जाएगा।

वैदिक वाङ्मय में गणेश देवता

परंपरागत वैदिक सिद्धांत यह है कि वेदों में ऐतिहासिक मनुष्यों का इतिहास नहीं है। किन्तु वेदार्थ परंपरा से अनभिज्ञ लोग किसी एक शब्द को पकड़ कर बिना ही प्रसंग के उसका इतिहास कल्पित कर लेते हैं। शायद ही कोई महापुरुष हो जिसका इतिहास वेदों में कपोल कल्पित न किया हो। ऐसे लोगों ने वेदों के साथ बड़ा अन्याय किया है। हास्यास्पद स्थिति यह है कि लोगों ने ब्रह्मा, विष्णु, महेश, इंद्र, कार्तिकेय, राम, कृष्ण, बुद्ध, महावीर यहां तक कि मुहम्मद तक का इतिहास बलात् निकालकर वेदों को अपमानित किया है। ऐसे लोगों की सोच अप्रामाणिक और तर्कहीन है। पाठक इस तर्क पर विचार करें कि वेद इन सब व्यक्तियों से पूर्व

1. वही, पृष्ठ 181।
2. महाभारत, आदिपर्व 1.75–79।

थे और इनके जीवन में स्पष्ट उल्लेख आता है कि इन लोगों ने वेद पढ़े। जब अपने से पूर्व विद्यमान वेदो को इन्होंने पढ़ा तो उनमें बाद के लोगों का इतिहास कैसे संभव हो सकता है?

यही कथा गणेश या गणपति की है। गणेश के पिता शिव, भाई कार्तिकेय और स्वयं गणेश वेदों के अध्येता थे, तो उनसे पूर्व में निर्मित वेदों में इनका इतिहास ढूंढना वेदों के साथ अन्याय है और पाठकों को भ्रमित करना है। ऋग्वेद और यजुर्वेद के कई मंत्रों में गणपति पद आया है। कहीं वह बहुवचन में है तो कहीं एकवचन में।[1] वहां 'गण' का गणना, वाणी, समूह अर्थ है, गणेश नामक पुरुष नहीं। निरुक्त में आचार्य यास्क ने 'गण' का अर्थ गणना, वाणी और समूह दिया है।[2] वेद का व्याख्या ग्रंथ होने के कारण यही अर्थ प्रामाणिक है। पाठक ध्यान करें कि उसी वैदिक शब्द में से 'गणित' पद बना है। इसका अर्थ है– वह विषय जिसमें गणना की जाती है। 'गणपत' देखकर जैसे कोई कल्पना करें कि वह गणपति का विषय है कि ऐसे ही कल्पना वेदों में गणेश का इतिहास ढूंढने वालों की है।

वेदों में गणेश अंतरिक्ष स्थानीय देवता है। यास्काचार्य ने अपने निरुक्त ग्रंथ में देव शब्द की व्याख्या करते हुए लिखा है–

''देवो दानाद्वा, दीपनाद् वा, द्योतनाद्वा द्युस्थानो भवतीति वा''

''महर्षि दयानन्द सरस्वती अपने ग्रंथ 'ऋग्वेदादिभाष्य भूमिका' में वेद विषय विचार'' प्रकरण में निम्न अर्थ करते हैं ।

(देवो दाना०) दान देने से देव नाम पड़ता है और दान कहते हैं अपनी चीज दूसरे के अर्थ दे देना। (दीपन) कहते हैं प्रकाश करने को (द्योतन) कहते हैं सत्य उपदेश को। इनमें से दान का दाता मुख्य एक ईश्वर ही है, कि जिसने जगत् को सब पदार्थ दे रखे हैं। तथा विद्वान् मनुष्य भी विद्यादि पदार्थों का देने वाला होने से देव कहते हैं। (दीपन) अर्थात् सब मूर्तिमान् द्रव्यों का प्रकाश करने से सूर्य आदि लोगों का नाम भी देव है। (द्योतन) तथा माता–पिता आचार्य और अतिथि भी पालन तथा विद्या और सत्य उपदेश आदि के करने से देव कहाते हैं। जैसे सूर्य आदि लोकों का भी जो प्रकाश करने वाला है, सो ही ईश्वर सब मनुष्यों की उपासना करने योग्य इष्टदेव है अन्य कोई नहीं। इसमें कठोपनिषद् का भी प्रमाण है–

---

1. ''नमो गणेभ्यः गणपतिभ्यः– सेवकों को नमस्कार है, उनके रक्षकों को नमस्कार है (यजुर्वेद भाष्य, स्वामी दयानन्द 16. 25)
   ''गणानां त्वा गणपतिं हवामहे कविं कवीनामुपश्रवस्तमम्'' (ऋग्वेद 2.23.1) यहां वाणी का स्वामी अर्थ है।
2. गणः वाङ्नाम (निघण्टु 1.11)
   गणः गणनात् गुणश्च (निरुक्त 6.36)

"न तत्र सूर्यो भाति न चन्द्रतारकम्, नेमा विद्युतो भान्ति कुतोऽयमग्निः। तमेव भान्तमनु भाति सर्वम्, तस्य भासा सर्वमिदं विभाति'।।"

सूर्य, चंद्रमा, तारे, बिजली और अग्नि ये सब परमेश्वर में प्रकाश नहीं कर सकते किन्तु इन सबका प्रकाश करने वाला एक वही है। क्योंकि उसी के प्रकाश से ही सूर्य आदि सब जगत् प्रकाशित हो रहा है। इसीलिए इससे एक परमेश्वर ही मुख्य देव है।"

ब्राह्मण ग्रंथों में वेद मंत्रों का आख्यान लिखते हुए स्वामी ओंमानंद सरस्वती जी द्वारा लिखित "वैदिक देवता" नामक अपनी पुस्तक में 33 देवताओं का उदाहरण दिया है । "ये त्रिंशति त्रयस्परो देवासो बर्हिरासदन् विदन्नह द्वितासनन्" (ऋ० अ. 61 अ० 21 म० 11) त्रयस्त्रिंशतास्तु भूतान्यशामन्। प्रजापतिः परमेष्ठ्यट अधिपतिरासीत्। (य० अ० 14 म० 31)

इस प्रकार व्यवहार के ये 33 देवता हैं। अर्थात् (8) आठ वसु (11) ग्यारह रुद्र, बारह आदित्य, एक इंद्र और एक प्रजापति। उनमें से आठ वसु ये हैं– अग्नि, पृथ्वी, वायु, अंतरिक्ष, आदित्य, द्यौः, चंद्रमा और नक्षत्र। इनका वसु नाम इस कारण से है कि सब पदार्थ इन्हीं में बसते हैं, और यही सब के निवास करने का स्थान है।

(11) ग्यारह रुद्र ये कहाते हैं– जो शरीर में दश प्राण हैं। अर्थात् प्राण, अपान, व्यान, उदान, समान, नाग, कूर्म, कृकल, देवदत्त, धनंजय और ग्यारहवां जीवात्मा है। क्योंकि जब वे इस शरीर से निकल जाते हैं तब मरण होने से उसके सगे संबंधी लोग रोते हैं वे निकलते हुए उनको रुलाते हैं, इससे इनका नाम रुद्र है। उसी प्रकार आदित्य बारह महीनों को कहते हैं। क्योंकि वे सब जगत् के पदार्थों का आदान अर्थात् सबकी आयु को ग्रहण करते चले जाते हैं इसी से इनका नाम आदित्य है।

प्राचीन ग्रंथों में यत्र–तत्र 'पंचदेव पूजा' या 'पंचायतन पूजा' का उल्लेख है। इसमें–शिव, विष्णु, अग्नि, गणेश और सूर्य की मूर्ति बनाकर पूजा की जाती है। यद्यपि मैं मूर्ति पूजा का पक्षधर नहीं हूं तथा महर्षि दयानंद के मत का अनुयायी हूं। परंतु लोक में प्रचलित देवता और उनके वाहनों का वास्तविक रूप प्रकट करने और उनका तद् तद् देवता से साम्य और संबंध जानने और उनके प्रतीकात्मक अर्थ का विशद विवेचन करने के लिए प्रयास करना अनिवार्य है। इस विषय में अनेक भ्रांतियां हैं जिनका विज्ञ लोगों और जन सामान्य के सामने लाना आवश्यक है।

प्राचीनतम ग्यारह उपनिषदों में श्वेताश्वेतर उपनिषद् जिसमें रुद्र संबंधी श्लोक बहुतायत में हैं, वहां गणेश का नाम कहीं नहीं है। गणपत्युपनिषद् के पन्द्रहवें श्लोक में गणपति, गणेश एकदंत वक्रतुंड, दन्ती, लंबोदर और शिव पुत्र के नाम से स्तुति है। इस उपनिषद् के 1/6 में गणेश को ब्रह्म का स्वरूप कहां गया हैः–

नमो व्रातपतये नमो गणपतये नमः प्रथमपतये नमस्तेऽस्तु।

लम्बोदरायैकदन्ताय विघ्नविनाशिने शिवपुत्राय वरदमूर्तये नमो नमः।।

श्रुति में तैंतीस देवों में इंद्र और प्रजापति के सिवाय आठ वसु, द्वादश (बारह) आदित्य और एकादश (ग्यारह) रुद्र हैं। किन्तु किसी भी वैदिक देव सूची में गणेश के किसी भी नाम का अंतर्भाव नहीं मिलता। विद्वानों का विचार है कि विनायक सामान्य रूप से उत्पाती जीव माने जाते थे, और मनुष्यों के कार्यों में उनके कारण व्यवधान आ पड़े इस कारण उनको संतुष्ट करने का प्रयत्न किया जाता था। कदाचित् इसी कारण उनको उस समय विघ्नेश, विघ्नकर्ता के रूप में जाना जाता था। अतः एवकालांतर में ही वे विनायक विघ्नकारी से विघ्नपति, विघ्नकर्ता हो गए और उनके संतुष्ट करने के लिए बौधायन गृह्यसूत्र, परवर्ती उपनिषदों में उनकी पूजा का विधान होने लगा।

इस संदर्भ में मैंने गणेश देवता को लिया है क्योंकि 'पञ्चायतन' में यही एक ऐसे देव हैं, जिनको सांगोपांग समझना अतीव कठिन है। गणेश दुनिया भर के अनेक देशों में पूज्य हैं। यह हम पहले उनका शाब्दिक अर्थ पुष्ट करने के उपरांत उनके देवत्व के विस्तार का वर्णन करेंगे।

संस्कृत साहित्य में गणेश

लगभग सभी कोशों में गण और गणेश शब्द की बहुत विशद व्याख्या की है। वामन शिवराम आप्टे ने गणेश को 'सैन्य दल का मुखिया' लिखा है।[1] गण–संख्या में धातु से गण शब्द संख्या अर्थ में निष्पादित होता है। इस शब्द के आगे ईश या पति शब्द लगाने से 'गणेश' और 'गणपति' शब्द सिद्ध होते हैं। स्वामी दयानंद ने इसका अर्थ किया है– ''यह प्रकृत्यादयो जड़ा जीवाश्च गण्यन्ते संख्यायन्ते तेषामीशः स्वामी, पतिः पालको वा''[2]। जो प्रकृत्यादि जड़ और सब जीव प्रख्यात पदार्थों का स्वामी वा पालने करने हारा है, इससे उस ईश्वर का नाम गणेश या गणपति है।

गण शब्द की व्याख्या में श्री आप्टे ने लिखा– ''अनुयायी या अनुचर वर्ग'' विशेषतः अर्ध देवों का गण, जो शिव के सेवक माने जाते हैं और गणेश के अधीक्षण में रहते हैं। इसी के साथ उन्होंने लिखा– बहुतों की एक साथ दीक्षा, सामूहिक दीक्षा। बहुत से व्यक्तियों का एक साथ दीक्षा संस्कार। नाथः– नायक, शिव की उपस्थिति गणेश का विशेषण। गणेश शिव और पार्वती के पुत्र हैं। यह बुद्धिमत्ता का देवता और बाधाओं को हटाने वाला हैं। इसलिए प्रत्येक महत्त्वपूर्ण कार्य के आरंभ में उनकी पूजा की जाती है। उनका आह्वान किया जाता है। उनका चित्रण प्रायः बैठी हुई अवस्था में किया जाता है। उसकी तोंद निकली हुई है। चार हाथ हैं, चूहे पर सवार हैं, तथा

1. शिवराम आप्टे– 'संस्कृत हिन्दी कोश' पृष्ठ– 330
2. सत्यार्थ प्रकाश, प्रथम समुल्लास, पृ०–6

सिर हाथी का है। इसके मुंह में दांत केवल एक है। इसलिए इनको एकदंत या एकदशन भी कहते हैं। इनके हस्ति मुख– गजानन से संबंधित कई कपोल कल्पित कथाएं आती हैं। अतः उनका वर्णन करना यहां अभीष्ट नहीं है।''

श्री तारानाथ तर्क वाचस्पति भट्टाचार्य द्वारा संकलित ''वाचस्पत्यम् शब्दकोशः'' में भी उपरि उद्धृत आप्टे कोश जैसा ही गण, गणेश का वर्णन किया गया हैः–गणेशः– गणः प्रथमादिः वश्यत्वेन सत्त्वादिगुण गणः, वश्यत्वेन वा गणः, गणदैत्यनाशत्वेन वाऽस्य अच्। गणेश– (महानि०) प्रमथाधिपत्वात् तस्य गणेशत्वम्।[1] यहाँ यह विशेष रूप से उल्लेखनीय है, कि श्री आप्टे कोश की तरह इसमें गणेश के लिए (गणदीक्षा–प्रवर्तकः) कहा गया है। इस विशेषण पर हम आगे चलकर गंभीर मंथन करेंगे।

यहां ''अमर मानक हिंदी कोश'' में भी हम गण और गणेश के विषय में वर्णित पाठ को वैसा का वैसा उद्धृत कर रहे हैं। गण– पुराण (स) समूह, गिरोह, वर्ग श्रेणीः, संघ, अनुचर या समर्थक वर्गः। छंदः शास्त्र में तीन वर्णों का समूह (भगण, यगन आदि)। तंत्र शासन की एक विधा जिसमें सत्ता जनसामान्य में निहित हो। दीक्षा (स्त्री) सामूहिक दीक्षा। दीक्षा। (क्षिन्) वि०पु० बहुतों को एक साथ दीक्षा देने वाला। देवता (पु०) समूह में विचरणे वाला देवता। किसी वर्ग या समूह का मुखिया। नाथ, नायक (पु०) गणाध्यक्ष, गणस्वामी, गणेश। नायिका स्त्री० दुर्गा। प०पु० गणेशपति पु० संघ का मुखिया–गणेश। पुंगवः, मुख्य(पु०) जाति का मुखिया। भोजन (पु०) सह भोज। यज्ञ (पु०) सामूहिक यज्ञ। राज्य पु० वह राज्य जिसमें शासन सामान्य जनता द्वारा चुने प्रतिनिधियों द्वारा होता है। गणाधिप, गणाधिपति, गणाध्यक्ष–पु० गणेश, गण का मुखिया सेनानायक। गणेश पु० (स०) शिव–पार्वती के पुत्र एक देवता गणनायकः।

'कल्पद्रुम' कोष में गणेश के 51– (इक्यावन नामों का उल्लेख किया हैं।)[2] गणाधिपः पु० (गणानां अधिपः अधीश्वरः गणेशः)। इत्यमरः। शिवः, इति हलायुघः। गणनायकः–पु० (गणानां नायकः) गणेशः। इति शब्दरत्नावली। (यथा– महाभारत) 1.1.77।।

''लेखको भारतस्यास्य भव त्वं गणनायकः''। गणनां देवसंघानां नायकः। इति गणेशः। गणितव्यम् गण्यम् इति व्याकरणम्। संख्येयम्। इति जटाधरः।। गणपतिः–पु०–गणानां गणसंज्ञकानां देवानां पतिः अधीश्वरः स्वामी वा गणेशः। इति हलायुधः। यथा पञ्चतन्त्रे–।1।170। अग्रपूजनीय प्रधान देवता विशेषः। यथा–यजुर्वेदीय वाजसनेय संहितायाम्–16।15। ''नमो गणेभ्यो गणपतिभ्यश्च वो नमो। नमः''। इति

अब हम यहां ''पौराणिक कोश'' से गणेश जी के बारे में संक्षेप में लिख रहे हैंः–

---

1. वाचस्पत्यम्, चतुर्थ भागः, पृष्ठ–2498
 चौखम्बा से प्रकाशित।
2. कल्पदुम० पृष्ठ–सं० 194, 2.95

गणेश– पु०। हिंदुओं के एक प्रधान देवता। जिनका सारा शरीर मनुष्य का है, पर सिर हाथी का–सा, इनके चार हाथ, एकदंत, बड़ी–सी दो–तीन या दो आंखें और ललाट पर अर्धचंद्र है। वे शंकर के पुत्र माने जाते हैं, और मूषक–चूहा उन का वाहन कहा जाता है। इनका दांत टूटने और सिर कटने के विषय में बड़ा मतभेद है अतः इस विषय को यहीं छोड़ते हैं।

''भंड के सैनिकों का इन्होंने नाश किया तथा शक्ति के अनुयायियों को शक्ति प्रदान की, ये बहुत बड़े लेखक हैं। कहते हैं व्यास जी का महाभारत इन्होंने लिखा था। इनके हाथों में अंकुश पद्म और परशु हैं; और हिंदुओं के पांच प्रधान देवताओं में ये एक हैं। शास्त्रों में गणेश को ओंकारात्मक माना है। इसी से इनकी पूजा सब देवताओं से पहले होती है।''[1]

गणपति पूजन भारतवर्ष के बाहर जावा, सुमात्रा, बाली, बोर्नियो, चंपा, वियतनाम श्याम; थाईलैंड, नेपाल, बर्मा, चीन, जापान, तिब्बत, इंडोनेशिया, आदि स्थानों में विभिन्न नामों से होती है।[2] मध्य अमेरीका तथा मेक्सिको में खुदाई से निकली तीन हजार (3000) से भी अधिक हिंदू देवी–देवताओं की मूर्तियों में गणेश की मूर्तियां भी मिली हैं। कोपन नामक स्थान में हैविट साहब के मतानुसार ये मूर्तियां मिली हैं। मैकेंजी ने भी मेक्सिको में गणेश–पूजन का उल्लेख किया है। इनका नाम वहां 'विरोकोचा' था और इनकी आकृति गणेश के समान ही मिलती है। इनके पर्याय हैं– विनायक, विघ्नराज, द्वैमातुर, गणाधिप एकदन्त, हेरम्ब, लंबोदर, गजानन, विध्नेश, परशुपाणि, गजास्य, आखुग और शूर्पकर्ण।[3]

प्राचीन भारतीय वाङ्मय में पार्वती नंदन के आठ नामों का निर्देश है।

गणेशमेकदन्तं च हेरम्बं विघ्ननायकम्।
लम्बोदरं शूर्पकर्णं गजवक्त्रं गृहाग्रजम्।।

(ब्रह्मवैवर्त पुराण 3/44/85)

वैसे तो श्री गणेश के आठ से बढ़ते–बढ़ते सहस्र नाम तक हैं, पर यहां उनके इन आठ नामों का ही विवेचन अभीष्ट हैं। चुरादिगणीय– ''गण–संख्याने'' धातु से 'अच्' प्रत्यय करने से 'गण' शब्द निष्पन्न होता है। इसी प्रकार अदादिगणीय– 'ईश ऐश्वर्ये' धातु में 'क' प्रत्यय के योग से 'ईश' शब्द व्युत्पन्न होता है। प्राचीन ग्रंथों में पाए जाने वाले दो नाम– विनायक और विघ्नराज गणेश जी के शौर्य–साहस तथा तज्जनित नेतृत्व के परिचायक हैं। उनकी युद्धप्रियता का मान उनके लिए प्राचीन

1. पौराणिक कोश, राणाप्रसाद शर्मा, प्रथम संस्करण, वाराणसी ज्ञानमण्डल लिमिटेड, पृष्ठ–146।
2. फलक सं.–20
3. वही–पौराणिक कोश पृ०–146

शास्त्रों में प्रयुक्त 'हेरंब' (योद्धाओं में नाद करने वाला) नाम से होता है। परंतु गणेश जी का मुख्य कार्य और लक्ष्य तो सैन्य प्रशिक्षण और देव और दानव युद्ध में दानवों (असुरों–देत्यों) को हराना था। अतः हेरंब नाम का अर्थ वही सम्यक् प्रतीत होता है जो हम कर रहे हैं या किया है।

गणेश जी की असाधारण वीरता और साहस के कारण उन्हें शिवगणों के नायकत्व का पद मिला। गणेश जी के युद्ध–प्रिय रूप के परिचायक उनके आयुध हैं, जो प्राचीन मूर्तियों में मिलते हैं। ये आयुध–परशु, त्रिशूल, असि, अंकुश, पाश तथा नाग हैं। नाग काल (मृत्यु या समय) का द्योतक है। आयुधों के कारण हम कह सकते हैं कि गणेश जी आध्यात्मिकता की अपेक्षा युद्ध तत्व के प्रतिनिधि अधिक हैं। उनके हाथों में आयुध होना उनकी आयुध जीविता को इंगित करता है यद्यपि पुराणों ने उनको बुद्धिमत्ता का देवता माना है और उनको अग्रपूज्य देव का भी दर्जा दिया है। वैदिक साहित्य में मंत्रों को भी उद्धृत किया जाता है– **''गणानां त्वा गणपतिं हवामहे। कविं कवीनाम्।''** तथापि कुछ विद्वान् यहां पर 'गणपति' शब्द वाग्देवता के लिए प्रयुक्त हुआ मानते हैं। परवर्ती साहित्य पुराण आदि में वेदव्यास जी के लेखन रूप में भी गणपति की परिचर्चा मिलती है इससे स्पष्ट है कि एक अच्छे श्रोता और लेखक के रूप में गणेश जी पौराणिक साहित्य में आदृत हुए जो विद्या और बुद्धि के देवता कहे जाते हैं। अब गण तथा ईश ये दोनों शब्द परस्पर संहित होकर 'गणेश' शब्द सिद्ध करते हैं। शब्द शास्त्रानुसार 'गणेश' का व्युत्पन्नार्थ हुआ गणों का नेता अथवा सेनाध्यक्ष। कुछ पौराणिक विद्वानों के अनुसार गणेश शब्दगत प्रथमाक्षर 'ग' ज्ञानार्थवाचक है और द्वितीय अक्षर 'ण' निर्वाणवाचक है। तथा अंतिम 'ईश' शब्द–स्वामी वाचक है। ऐसे संपूर्ण गणेश शब्द का अर्थ हुआ ज्ञान तथा निर्वाण का स्वामी ब्रह्म, परमात्मा, परमेश्वर या परमतत्त्व आदि।[1]

'हेरंब' शब्द का प्रथम अक्षर 'हे' दैन्य अभाववाचक तथा 'रंब' शब्द पालनार्थक है। अतः षष्ठी तत्पुरुषान्त 'हेरंब' का शब्दार्थ हुआ दीन या अभावग्रस्त भक्तों का पालनहार।[2]

''विघ्ननायक'' शब्द का अर्थ है। अशेष विपत्ति या विघ्न बाधाओं का संहारक।[3] इसी तरह 'लंबोदरः' अर्थात् यह शब्द बहुव्रीहि समास के द्वारा सिद्ध हुआ है– 'लंबम्–उदरं यस्य सः लंबोदरः', 'शूर्पकर्णः' सूप के समान बड़े–बड़े कान (कर्ण) हैं, जिसके वह गणेश।

---

1. ज्ञानार्थवाचको गश्च णश्च निर्वाणवाचकः।
   तयोरीशं परं ब्रह्म गणेशं प्रणमाम्यहम्।।
   बह्मवैर्वत पुराण 13।44।87
2. वही, श्लोक–89।
3. वही, श्लोक–90।

''गजवक्त्र'' गज (हस्ति–हाथी) के समान है जिसका मुख वह गणेश।

'गुहाग्रज' जो गृह–स्वामी कार्तिकेय से पूर्व जन्म ग्रहण कर शिव के भवन में आविर्भूत हुए। अमरकोश में (1।1।40–41) उपर्युक्त आठ नामों के अतिरिक्त 'विनायक' और 'द्वैमातुर' इन दो विशिष्ट नामों का विवरण मिलता है। इनमें विनायक शब्द वास्तव में विशेष है। विशिष्टः नायकः– विनायकः। ''विप्रकृष्टेन नायको'' वा विनायकः।'' इसमें ध्वनित होता है कि गणेश को यहां साधारण 'नायक' के नाम या उपाधि से अभिहित न करके अवश्यमेव किसी उच्च पद से उल्लिखित किया गया है। यह पद निश्चित रूप से किसी ऊंचे सैन्यपद का द्योतक हो सकता है। उनके गणेश, गणपति, गणनायक, और गणाधिप आदि प्रचलित नामों से यही प्रकट होता है कि हमारे देवता बहुधा दैत्यों– असुरों से युद्धरत रहते थे। इसलिए इनके लिए 'विनायक' शब्द न केवल सार्थक है, अपितु स्वाभाविक भी है, और सर्वथा उपर्युक्त भी है। इस संदर्भ में जब हम 'वाहन' शब्द की व्याख्या करेंगे तब विस्तार से लिखने का प्रयास करेंगे। इस देव के हाथ में शस्त्र अस्त्र होने से भी इनका विनायकत्व प्रकट होता है।

एक पाश्चात्य स्कॉलर (अनुसंधाता) ऐलिस गेट्टि (Alice getty) ने सन् 1936 ई० में ''गणेश–ए मोनोग्राफ ऑन दी–ऐलिफेन्ट फर्स्ड गॉड'' नामक पुस्तक में गणेश के विषय में विस्तार से लिखा है। यह पुस्तक पहले सलारेन्डोन प्रेस ऑक्सफोर्ड से छपी थी। अब इसका दूसरा संस्करण– 'मुन्शीराम मनोहरलाल रानी झांसी मार्ग नई दिल्ली से छपा है। इसमें ऋद्धि–सिद्धि के देव गणेश न केवल भारत में अपितु दक्षिण पूर्व एशिया के सभी देशों में विभिन्न रूपों में पूजे जाते हैं। इन सभी देशों में गणेश प्रतिमाएं भी सर्वत्र पाई जाती हैं। पुराणों में गणपति की अनेक कथाएं समाहित हैं। गणेश–पुराण तक भी विद्यमान है।

गणेश जी की महिमा सीमाओं की संकीर्णता से परे है, इसलिए पश्चिमी देशों की प्राचीन संस्कृति में भी गणेश की अवधारणा विद्यमान है। पश्चिम में रोमन देवता 'जेनस' को गणेश (गणपति) के समरूप माना जाता है। 18वीं शताब्दी के संस्कृत के प्रकाण्ड विद्वान् विलियम जोंस ने जेनस व गणपति की पारम्परिक तुलना करते हुए माना है कि गणेश में जो विशेषताएं पाई गई हैं वे सभी जेनस में भी हैं। यहां तक की रोमन व संस्कृत शब्दों के उच्चारण में भी इसकी समानता है कि इन दोनों देवों में अंतर नहीं किया जा सकता।

ऐसे अनेक प्रमाण मिलते हैं, जो इस बात को बतलाते हैं कि विश्व के अनेक देशों में गणेश प्रतिमाएं बहुत पहले ही पहुंच चुकी थीं। और विदेशियों में भी गणेश के प्रति श्रद्धा और आस्था का अटूट विश्वास रहता था 'सन् 804 में जब जापान का 'कोबो दाइशि' धर्म की खोज में चीन पहुंचा तो उसे वहां वज्रबोधि

और अमोघवज्र नामक भारतीय आचार्यों द्वारा चीनी ग्रंथों का अनुवाद करने का मौका मिला। चीन की मंत्र–विद्या प्रणाली में गणेश जी की महिमा का वर्णन मिला। सन् 720 में चीन की राजधानी लो यांग पहुंचा आमोदवज्र। यह भारतीय मूल का ब्राह्मण था, जिसे चीन के ''कु आंग–फूं मंदिर'' के पुजारी के रूप में नियुक्त किया गया। वहां उसने विभिन्न मठों से संस्कृत पांडुलिपियां एकत्रित की। जब वह 806 में जापान लौटा तो वज्र धातु के महत्वपूर्ण सूत्रों के साथ गणेश के चित्र भी साथ ले गया।

प्रख्यात भारत विद्याविद् (इन्डोलोजिस्ट) और बौद्ध धर्म, दर्शन और संस्कृति के सर्वप्रमुख उद्भट्ट विद्वान् डॉ. लोकेशचंद्र ने अपनी पुस्तक ''कल्चरल इन्टरफ्लो बिटविन इन्डिया एण्ड जापान'' में विस्तारपूर्वक लिखा है। उनके द्वारा प्रदत्त चित्रों को हम वैसा का वैसा दे रहे हैं।

Narayan (Naraenden)

Uma (Umahi) and Mahesvara (Daijizaiten)

Brahma (Bonten)

Adita (Nitten)

Ganapati (Kangiten) or Vinayaka (Binayaka)

Sarasvati (Benzaiten)

तिब्बत के प्रत्येक मठ में गणेश पूजन की परंपरा बहुत पुरानी है। नौवीं शताब्दी में यहां गणेश पूजा प्रारंभ हो गई थी। अमेरिका की खोज करने वाले कोलंबस से पूर्व ही यहां सूर्य, चंद्र तथा गणेश की मूर्तियां पहुंच चुकी थीं।

विद्वान् गवेषक ऐलिस ने गणेश के हर पहलू पर विस्तार से प्रकाश डाला है। साथ ही इन्होंने गणेश पूजा के विदेशों में हुए प्रचार प्रसार को भी बड़ी कुशाग्रता से लिखा है ।

चैप्टर 1 – इन्डिया ओरिजन ऑफ गणेश, गणेश इन इंडियन लिटरेचर

चैप्टर 2 – गणेश इन आईक्नोग्राफी फरोम हिंदू टेंक्टस एंड इमेजिज।

चैप्टर 3 – गणेश इन हिन्दु स्कलपचर्स एण्ड पेन्टिग्ंस।

चैप्टर 4 – नेपाल, चायनीस, तुर्कीस्तान, तिब्बत गणेश इन बुद्धिज्म।

चैप्टर 5 – गणेश इन बर्मा, श्याम, इंडो–चाइना।

चैप्टर 6 – गणेश इन जावा, बाली, बोर्नियो।

चैप्टर 7 – गणेश इन चायना।

चैप्टर 8 – गणेश इन जापान।

इसके साथ ही ऐलिस गेट्टी ने देशी–विदेशी गणेश प्रतिमाओं की प्लेटस में इस देवता की मूर्तियों के फोटो भी दिए हैं। हमने यह विस्तृत विवरण इसलिए दिया है, जिससे गंभीर अनुसंधाता– 'स्थालीपुलाक्' न्याय से इस पुस्तक के महत्त्व को समझ सकें। किन्तु इस पुस्तक में भी गणेश के वाहन पर कुछ नहीं लिखा।

जैसा कि हम पहले लिख चुके हैं– हिंदू धर्म के पंच देवों में गणेश (गणपति) की गणना होती है। गणेश पुराण, मुद्गल पुराण तथा गाणपत्य अथर्वशीर्षा आदि पुरातन ग्रंथों में इनका बहुशः अनेकविध वर्णन आता है। किन्तु वर्तमान भावना सहित विचार महाभारत युग से समाज में आया। पौराणिक कथानक में गणपति शिव के पुत्र कहे

गए हैं, अतएव शिव परिवार में उन्हें स्थान दिया गया। भारतीय कला में गणेश की एकाकी प्रतिभा निर्मित होती रही। ऋद्धि और सिद्धि उनकी दो पत्नियां हैं, जिनकी युगल प्रतिमा (गणेश तथा ऋद्धि व सिद्धि) बहुत थोड़ी संख्या में प्राप्त हुई हैं। अग्नि पुराण से पता चलता है कि तांत्रिक मत में गणेश को प्रमुख स्थान मिल चुका था। गणपति हिंदू धर्म की मूल धारणा के प्रतीक हैं, जिनकी पूजा प्रत्येक कार्य के आरंभ में की जाती है। घर के मुख्य द्वार पर भी इनकी आकृति बनाई जाती है। गणपति की हस्ती सदृश मुखाकृति के पीछे जो भी पौराणिक कथन हो, परंतु गजसिर वाले गणेश का रहस्य व दार्शनिक पक्ष विचारणीय है। गज शब्द का अर्थ लक्ष्य उद्देश्य से है और जय का प्रयोग उत्पत्ति के अर्थ में किया गया है। अतः इसके पूजन में लक्ष्य पूर्ति की कामना निहित है। इससे सूक्ष्म को विशालता से मिलने की भावना व्यक्त होती है। विश्व या मनुष्य का सूक्ष्म दर्शन तथा संपूर्ण संसार (त्रिभुवन) से मिलन में गज (हस्ति की मुखाकृति) प्रथम सीढ़ी का प्रतिनिधित्व करती है। इसलिए युगल प्रतिमा में सिद्धि गणपति के सूंड को अपनी गोद में लिए प्रदर्शित की गई है। गणपति की आकृति (सूक्ष्म तथा विशालता का मिलन द्वारा) को गूढ विचार से प्रत्येक मानव की आत्मा का परमात्मा से मिलना तथा आत्मा की अन्तर्वर्ती– अवस्था का परिज्ञान हो जाता है।

कला तथा पुरातत्त्वीय सन्दर्भों में गणेश

गणपत्य शास्त्र और पुराणों में वर्णित गणेश ध्यानों के आधार पर कला में मूर्तियां तैय्यार की गई। यहां एक अवतरण दिया जा रहा है–

चतुर्भुजस्त्रिनेत्रश्च कर्त्तव्योऽत्र गजाननः,
नागयज्ञोपवीतश्च शशाङ्ककृतःशेखरः।
दक्षे दन्तकरे दद्यात् द्वितीये चाक्षसूत्रकम्,
तृतीये परशुं दद्यात् चतुर्थे मोदकं तथा।।

इस तरह कला में गणेश का आरंभ हुआ। पंचदेवों में (शिव, विष्णु, सूर्य, दुर्गा तथा गणेश) का कला में गुप्त काल से पूर्व ब्राह्मण देवता गण में गणेश का कोई स्थान नहीं था।

गुप्तकालीन अभिलेखों में भी गणेश तथा अनेक अनुयायियों का उल्लेख नहीं मिलता। अतः यह निष्कर्ष निकलता है, कि पांचवीं तथा छठी शताब्दी के पश्चात् ही गणपति की पूजा भारतीय समाज में आरंभ हुई, और पुराणों में वर्णित ध्यान के आधार पर गणेश की प्रतिमायें खोदी व उत्कीर्ण की जाने लगीं। एतदनुसार भारतीय कला में गणेश की तीन प्रकार की प्रतिमायें मिलती हैं–

1. बैठी प्रतिमा– में प्रतिमा एकाकिन् या युगल मूर्ति में साधारणतया दो भुजाएं वर्तमान हैं। एक में परशु तथा दूसरे हाथ में मूलक (मूली)। गजानन, एकदंत एवं

लंबोदर उनकी विशेषता है। यदाकदा पुस्तक तथा लेखनी भी हाथ में दिखाई पड़ती है। विष्णु–धर्मोत्तर आदि आगम ग्रंथों चतुर्भुजी गणेश का विवरण मिलता है। उन हाथों में शंख, चक्र, कृपाण, तथा कमल विद्यमान रहता है। अधिकांश प्रतिमाओं में मूषक–चूहा अंकित रहता है। युग्म मूर्तियों में गणेश की पत्नियों में लक्ष्मी विघ्नेश्वरी तथा ऋद्धि, सिद्धि के कलात्मक उदाहरण मिलते हैं। युग्म मूर्ति को 'शक्ति–गणेश' भी कहा जाता है।

2. स्थानक प्रतिमा– गणेश की खड़ी–मूर्ति अभंग रूप में है, वह कभी त्रिभंग भी मिलती है। यह नमूना गणेश के ध्यान पर आधारित है। इसमें गजानन की प्रतिमा त्रिनेत्र वाली तथा चतुर्भुजी कही गई है। गले में सर्प का जनेऊ (यज्ञोपवीत), हाथों में रुद्राक्षमाला, परशु तथा मोदक हैं।

3. नृत्य गणपति[1]– उड़ीसा के मयूरभंज से प्राप्त मूर्ति में गणेश नाचते दिखलाए गए हैं। दोहरे कमल का आसन है। नृत्य करते हुए उनके आठ हाथ दिखलाई पड़ते हैं। खजुराहो से चार, आठ वा सोलह भुजा वाली गणेश की कई नृत्य मूर्तियां मिली हैं। मैसूर व बंगाल में भी 'नृत्य गणपति' की मूर्तियां मिली हैं, जिनमें गणेश आम वृक्ष के नीचे नाच रहे हैं। इसमें चूहे की आकृति पीठासन के नीचे बनी है।

गणेश की 'पंचमुखी मूर्ति का भी पता चला है। इसमें एक मस्तक से पांच सूंड संबंध दिखलाए हैं। बनारस के कला भवन में यह प्रतिमा सुरक्षित है। गणेश की सोलह भुजा वाली मूर्ति अधिक नहीं है किन्तु केरल से सोलह भुजी धातु–प्रतिमा मिली है। दक्षिण भारत में 'हेरंब गणपति' नामक मूर्ति भी उपलब्ध हुई है जिसमें गणेश सिंह की पीठ पर बैठे दिखलाए गए हैं। इस प्रकार गणेश प्रतिमा भारत तथा बाहर के देशों से प्राप्त हुई है जो गणेश–पूजा के प्रचार–प्रसार का द्योतक है। इस पर पहले लिख चुके हैं।

वेदों के आधुनिक विद्वानों का विचार है कि उत्तर वैदिक कालीन ग्रंथों में विनायक का इस प्रकार सहसा उल्लेख तथा अपर काल में शिव के साथ उनका घनिष्ठ संबंध हो जाना भारतीय धार्मिक इतिहास में एक आश्चर्यजनक घटना है। बौधायन गृह्यसूत्र 3/9 में जहां विनायक का उल्लेख अंकित है वहां विनायक को साधारण या रुद्र के लिए प्रयुक्त होने वाली उपाधियां–भूपति, भूतपति, भूतानां पतिः तथा भुवनपतिः उपाधियां दी गई हैं एवं शिव के अनेकानेक गुणों से गणेश को विभूपित किया गया है। विद्वानों के अनुसार आरंभ में मूषक रुद्र का वाहन था, किन्तु उत्तर वैदिक काल में मूषक अनिवार्य रूप से गणेश का वाहन माना जाने लगा, शिव का नहीं। पुराणों से भी इसकी पुष्टि होती है। अतः यह संभव हो सकता है कि प्रारंभ में

1. फलक सं.–21–23

दोनों देवता एक ही थे। प्रारंभ में विनायक रुद्र के ही रूप का नाम था, परंतु जैसे विनायक रूप का विकास होता गया, उस प्रारंभिक तादात्म्य की स्मृति मिटती चली गई और अंत में दोनों स्वतंत्र देवता बन गए। साथ ही गणेश को रुद्र (शिव) का पुत्र माना जाने लगा। शनैः–शनैः गणेश (विनायक) का वर्चस्व बढ़ता गया– और वे विघ्नविनाशक देवता के रूप में पूजे जाने लगे। आज वर्तमान में गणेश का देवताओं में अग्रगण्य स्थान हैं। पंचदेवों– (विष्णु, शिव, दुर्गा, सूर्य और गणेश) में केवल इनका नाम ही नहीं अपितु ये आदि पूज्य हो गए हैं। पद्म पुराण, लिंग पुराण, ब्रह्मवैवर्त पुराण, स्कन्द पुराण, शिव पुराण, वाराह पुराण आदि ग्रंथों में भगवान् गणेश के स्वरूप, जन्म, गणेशतत्व, महिमा, उनके अवतार एवं माधुरी लीला, व्रत, पूजा, उपासना, आराधना तथा गणेश मंत्र–माहात्म्य आदि का विस्तृत वर्णन अंकित है। पुराणों में शिव–पार्वती के आत्मज श्री गणेश को परब्रह्म परमेश्वर भगवान श्री गणेश कहा गया है। ऐसा देखने में बहुत सोच कर ही अपना वाहन बनाया, जिस पर अब मंथन आवश्यक है।

मूषक शब्द पर विचार करने से पहले संक्षेप में वाहन का शब्दार्थ जान लेना अधिक सार्थक रहेगा। वाहन शब्द ''वह प्रापणे'' अर्थ में धातु से– वाहयति, वह + णिच + ल्युट् प्रत्यय लगाने से सिद्ध होता है। आप्टे ने अपने शब्दकोश में इसका अर्थ किया है– 'धारण करना, ले जाना'। कई विद्वानों ने इसका अर्थ किया है– एक स्थान से दूसरे स्थान पर ले जाना, प्राप्त करना।

वाचस्पत्यं कोश (चतुर्थ भाग) पृष्ठ 2498, चौखंबा में यही अर्थ है। श्री पुरुषोत्तम देव चरित्र प्राचीन संस्कृति संजय प्रकाशन हिंदी में लिखा है– स्थानात् स्थानान्तरं नयति– इति वाहनः। पुरातन ग्रंथों के इस शब्द का आधुनिक विद्वानों ने रूढार्थ सवारी कर दिया। अर्थापत्ति से हम यदि इस शब्द का परंपरा से चला आ रहा शब्दार्थ 'सवारी' मान लें तो फिर इस पर बहुत गंभीर प्रश्न खड़े हो जाएंगे। क्योंकि अधिकांश ही क्यों, सभी वाहन ऐसे हैं जिन पर अनेक निर्धारित देव बैठ ही नहीं सकेंगे। उदाहरण के लिए चूहे जैसे छोटे से वाहन पर स्थूलकाय देव गणेश, मयूर पर कार्तिकेय, गरुड़ पर विष्णु, हंस पर ब्रह्मा व सरस्वती, मकर पर गंगा–वरुण और कामदेव, शेर पर दुर्गा, उल्लू पर लक्ष्मी कैसे सवारी कर सकते हैं।

कई विद्वान् वाहनों को प्रतीकात्मक कहते हैं। किन्तु जब उनसे प्रतीकों की वास्तविकता पूछी जाती है तो वे अन्य मनस्क हो जाते हैं। आश्चर्य की बात तो यह है कि जब देवों के वर्णन में उनके नामों के उल्लेख में एक नाम तो हमें समस्या का समाधान बतला देता हैं। यथा चूहे के लिए 'मूषकध्वज', विष्णु के लिए गरुड़ध्वज, स्कन्द के लिए 'मयूरध्वज' और शिव के लिए 'वृषध्वजः'। ध्वज ही वास्तव में उनके वाहन हैं जिनको अज्ञानवश सवारी मान लिया गया। जो एक बड़ी भूल है। इस पर आगे और देखिये। अस्तु।

गणेश का वाहन – ध्वजचिह्न मूषक

गणपति गणेश का वाहन मूषक है, यह जगत् प्रसिद्ध है। मूषक शब्द पाणिनीय धातु पाठ में मुष्–स्तेये–चोरी करने के अर्थ में क्र्या + दि गण में क प्रत्यय होकर सिद्ध हुआ है। श्री वामन शिवराम आप्टे ने अपने संस्कृत हिंदी शब्दकोश के 808 (आठ सौ आठवें) पृष्ठ पर मूषक शब्द की विस्तृत व्याख्या की है– मूष (क्र्या०) मुष्णाति, मुषित। चुराना, उठा लेना, लूटना, डाका डालना, अपहरण करना आदि अर्थ किए हैं। ''अमर मानक हिंदी कोश'' में मूषक (पु०) चूहा, चोर, गणेश वाहन अर्थ है।

मूषण (पु०) चुराना, मूसना। मूषिका (स्त्री) चुहिया, मूषीन बड़ा चूहा। मूषीक (पु०) बड़ा चूहा। लगभग सभी संस्कृत हिंदी कोशों में मूषक का यही अर्थ किया गया है। मूल धातु (चौर्यार्थ) से ''अल्पार्थे–कक्'' प्रत्यय होकर मूषक शब्द निष्पन्न होता है। मूष इव आचरति इति–मूषकः। अर्थात् जिसका आचरण चोर जैसा हो–वह मूषक कहलाएगा। हरयाणा की लोकभाषा में इसको आज भी मूसा ही कहते हैं। मुष– स्तेये चोरी करने– चुराना, उठा लेना लूटना, डाका डालना अपहरण करना आदि अर्थ चूहे के हैं। फिर यह सब करने वाले चोर मूषक को गणेश ने अपना वाहन क्यों बनाया, यह आश्चर्य है। परन्तु मूषक गणेश का वाहन बनना अपरिहार्य था, इसे आप आगे पढ़ेंगे।

अब हमारे सामने विकट समस्या यह है– कि हम गणेश और उसके वाहन (सवारी) चूहे का तादात्म्य संबंध कैसे स्थापित करें। यह तो हो नहीं सकता कि प्राचीन ग्रंथों और उनके आधार पर भारतीय कलाकारों ने अपनी छेनियों तथा तूलिका से प्रस्तर धातु और पेंटिंग में जो प्राण प्रतिष्ठा की उसको सिरे से नकार दें। उन्होंने तो कुछ लिखा या गढा वह सूत्र रूप में किया, उसकी हम ठीक अर्थो में व्याख्या नहीं कर पाए। इसी कारण हमने वाहन का अर्थ सवारी कर दिया। कहीं कहीं यथा प्रसंग सवारी अर्थ भी संभव है परन्तु यहां सर्वथा नहीं।

साम्ब पुराण में ध्वजारोपण नामक अध्याय में वाहनों का विस्तार से वर्णन किया गया है।[1] इस वर्णन में वाहन को ध्वज बतलाया गया है। साथ ही इसमें ध्वज फहराने की विधि आदि का भी उल्लेख किया गया है। इसको कई बार पढ़ने और चिंतन करने पर ही मुझे वाहनों पर यह सब लिखने की प्रेरणा मिली।

साम्ब–पुराण (उप पुराण) के 33वें अध्याय में 19 (उन्नीस) श्लोक हैं। उनमें से हम यहां तीन को उद्धृत कर रहे हैं।

ब्रह्मणः पंकजं कार्यं खेर्व्योम स्मृतं ध्वजे।
हंसो जलाधिपस्योक्तो धनदस्य नरो ध्वजे।। 8।।
मयूरः कार्तिकेयस्य हेरम्बस्य च मूषकः।
कुंजरो देवराजस्य यमस्य महिषो ध्वजे।। 9।।

---

1. साम्ब पुराण, अध्या० 33, पृष्ठ– 166, 'चौखम्बा सुरभारती प्रकाशन' वाराणसी।

सिंहो ध्वजे तु दुर्गाया इत्येषा ध्वजकल्पना।
यस्य यो वाहनः प्रोक्तो ध्वजस्तस्य स एव तु।। 10।।

यहां दशम श्लोक की अंतिम पंक्ति में वह सार तत्व आ गया है, जिसमें वाहनों के बारे में फैला भ्रम दूर हो जाना चाहिए। जो जिस देवता का वाहन कहा है उसका वही ध्वज मानना चाहिए। तभी वाहनों की सार्थकता बन पाएगी और उनके बारे में कोई भ्रम नहीं रहेगा।

गणेश हमारे लिए एक आराध्य देव हो सकते हैं परंतु अपने लिए तो वे उस काल (जब भी वे थे) के अधिष्ठाता देव या महापुरुष या सर्वोच्च नेता रहे होंगे, और उन्होंने बहुत चिंतन मनन के बाद ही मूषक–चूहे को अपना वाहन स्वीकार किया होगा। जिस देवता को संपूर्ण लोक गणाध्यक्ष, गणाधिपति, विनायक और सृष्टि कर्ता तक मानता और जानता हो वह कार्य में निपुण और अनेक गुण संपन्न तो रहा ही होगा। वह एक चोरी करने वाले प्राणी को अपना वाहन बनाता है तो, अवश्यमेव कोई बड़ा रहस्य होगा। इसी कारण इस रहस्य पर से हम उस परदे को उठाने का प्रयास कर रहे हैं, जिसके नीचे सत्य छिपा है। वेद में कहा है–

''हिरण्मयेन पात्रेण सत्यस्यापिहितम् मुखम्।''

श्री महागणपति सहस्रनाम स्तोत्र में गणेश की स्तुति करते हुए उनको आखु केतन[1] और आखुध्वज[2] नाम से स्मरण किया गया है। गणेश पुराण में भी इनको ''आंखुध्वजः''[3] कहा गया है। आखु शब्द मूषक का पर्याय है, जो अनेक ग्रंथों में आया है। केतु शब्द ध्वज का समानार्थक है। यहां गणपति के लिए आखुध्वज का भी प्रयोग कर दिया गया है। अब इससे स्पष्ट हो गया है, कि वाहन शब्द सवारी के अर्थ में नहीं अपितु वह ध्वज (झंडे) के अर्थ में प्रयोग– हुआ है जिसको विद्वान् सवारी समझते रहे। गणपति भला चूहे पर कैसे बैठ सकते हैं। पाणिनिकृत धातु–पाठ में परिगणित सभी धातुएं लगभग द्व्यर्थक या बहु अर्थक हैं। उदाहरण के लिए जैसे– अव रक्षणे धातु के उन्नीस अर्थ हैं, परंतु उसका मुख्य अर्थ रक्षा करना है। इसी धातु से 'ओ३म्' शब्द बना है। इसी तरह 'वह–प्रापणे' धातु से बना वाहन शब्द भी द्व्यर्थक होने से भ्रम वश सवारी समझा जाने लगा।

गणपति, गणाधिपति, गणाध्यक्ष, गणनायक, विनायक, विघ्नकर्ता और विघ्नहर्ता गणेश ने बहुत ही बुद्धिमत्ता पूर्वक सोचकर मूषक को अपना वाहन बनाया। शिव जी महाराज ने प्रमथ आदि गणों और दैत्यों को हराने का काम गणेश को सौंपा था,

---

1. गणेश स्तोत्र. श्लोक–4, पृष्ठ, 153, ''आखुध्वजः''।
2. वही– आखुकेतन– पृ०–236
3. द्वापरे तु गजाननो युगभुजो गौरीसुतः सिन्दुरम्।.........चाखुध्वजो लिप्तवान्।। 4।।

जो उन्होंने पूरा किया। तभी शिव जी ने उनको गणपति और गणाधिपति तथा 'गण अध्यक्ष' आदि विरुद प्रदान किए। गण अध्यक्ष की उपाधि से ध्वनित होता है– कि गण और सैन्य संगठन का काम भी उन्हीं के जिम्मे था। देवासुर संग्राम में उनका कार्य अद्भुत था। कई शब्द कोशों में और प्राचीन शास्त्रों में उनको 'गणदीक्षा प्रवर्त्तकः' कहा है। इसका सीधा सा अभिप्राय हुआ कि गणेश गणों को सैन्य शिक्षा में प्रशिक्षण भी देते थे, और प्रशिक्षण (ट्रेनिंग) समाप्त होने पर उन्हें दीक्षा देकर उनके निर्धारित कार्य पर लगा देते थे। महानिर्वाण तंत्र में भी इन्हें ''गण दीक्षा प्रवर्तक'' कहा गया है। संख्या विशेष वाली सेना का भी बोधक गण शब्द है। जिसमें 26 गज, 26 रथ, अश्व 81, पदाति 135 अर्थात् 268 का समुदाय होता था। पांच व्यक्ति यदि एक कतार में खड़े हो तो उसे पंक्ति कहा जाएगा (पंचपदा पंक्तिः)। लेकिन दश या उससे अधिक व्यक्ति एक कतार में खड़े हो जायें तो उसे गण कहेंगे। उनको प्रशिक्षण देने वाला और उनका शास्ता गणाध्यक्ष कहलाएगा। गणेश का वाहन मूषक होना इसलिए ही समीचीन सम्यक् और सार्थक है कि उसके गण मूषक से उसके स्वभाव व उसके कार्यों को सम्मुख रखकर उससे प्रेरणा लेते रहें।

मूषक अर्थात् चूहे का पहला कार्य होता है–वह अपने लिए खाद्य–सामग्री चुराकर अपने भूमिगत घर (बिल) में छुपा कर रख लेता है। थोड़ी नहीं बहुत भारी मात्रा में रखता है। सेना का भी यह पहला कर्तव्य होना चाहिये कि वह अपने लिए ढेर सारी सामग्री का संचयन कर उसको सुरक्षित रख ले, जो युद्ध के समय कम न पड़े या समाप्त न हो जाए। संसार के अनेक देशों के इतिहास में देखा गया है कि यदि शत्रु ने किसी भी सेना की रसद लाइन काट दी तो वह सेना निश्चित रूपेण हार जाती है। औरंगजेब का दक्षिण विजय का सपना इसी वजह से पूरा नहीं हो पाया। जब उसकी सेना दिल्ली से अपने पूरे लाव–लश्कर के साथ चलती थी तो उसको रास्ते में कई जगह लूट लिया जाता था। बार–बार ऐसा हुआ। तब बादशाह–औरंगजेब दक्षिण विजय एवं शिवाजी को हराने के अपने स्वप्न को साथ लेकर सन् 1707 ईस्वी में दुनिया से चला गया।

चूहे का दूसरा गुण है कि वह हर समय अपने बिल में या छिपने के गुह्य स्थान में छुपा रहता है और उसमें से बाहर आकर छापा (चोरी) मारता है, जब वहां कोई डर का कारण न हो। उसका यह काम 'गुरिला–युद्ध' का परिचायक है। संसार में सदा से ही गुरिल्ला युद्ध की अपनी महत्ता है। दुनिया में यह युद्ध प्रणाली बहुत सफल रही है। छद्म–युद्ध की सीख भी हम मूषक से ले सकते हैं। किसी से बचने के लिए यदि चूहे को लंबा दौड़ना है तो उसकी तेज गति देखने लायक होती है। अत्यधिक तेज दौड़ता हुआ बीच–बीच में अपने पिछले पैरों पर खड़ा होकर तथा कान उठाकर मारने के लिए अपने पीछे दौड़ने वाले की स्थिति को भांपता रहता है।

साथ ही मूषक बहुत पक्के संकल्प वाला प्राणी है। यदि वह किसी रस्सी कपड़े पुस्तक आदि को काटने की सोच लेता है तो वह अपने दो नुकीले दांतों से काटकर ही दम लेता है। इसकी एक खूबी यह भी है कि जब यह जूते या डंडों से पिटने लगे तो यह दम साधकर ऐसे पड़ा रहता है– जैसे यह मर ही गया है। किन्तु जब यह देखता है कि अब तेरे पास कोई नहीं है, तो एकदम ऐसे भागता है, मानो इसको कुछ हुआ ही नहीं था। इसकी यह प्रवृत्ति सेना के लिए अनुकरणीय है। इससे शत्रु को धोखा दिया जा सकता है। गणेश का यह वाहन मूषक और हस्ती दोनों में ही बुद्धि चातुर्थ लगभग एक जैसा है। इसलिए गणेश ने शारीरिक भिन्नता होते हुए भी दोनों को एक साथ रखा।

गणेश जो कि गजानन हैं और मूषक जिसका वाहन। इन दोनों का एक साथ होना क्या प्रकट करता है, यह समझना आवश्यक है। गणेश बहुत सारे लोगों का देवता है। उसे दूसरे अर्थ में 'संघ–देव' भी कह सकते हैं। संघ को एक तरह से गण का पर्याय भी कहा जा सकता है। संघ की शक्ति को बौद्ध धर्म में भी मान्यता मिली– बुद्धं शरणं गच्छामि, संघं शरणं गच्छामि, धम्मं शरणं गच्छामि।

प्राचीन भारतीय गणों ने भी आपस में मिलकर संघ का निर्माण किया था और अपनी शक्ति को बढ़ाकर विदेशी आक्रांता कुषाणों का भारत से समूलोच्छेद किया था। कदाचिद्–यौधेय, कुणिन्द, आर्जुनायन, मालव, त्रिगर्त, अम्बष्ठ आग्रेय गणों ने संघ बनाकर यह सहरानीय कार्य किया था। संभवतः गण शब्द तभी से भारतीय समाज धर्म और संस्कृति का अंग बना जो आज भी उसी रूप में विद्यमान है। गणराज्य की उत्पत्ति भी इसी से हुई है। बौद्ध धर्म के विस्तार का मुख्य कारण संघ ही था।

गणेश गजानन (हस्ती मुख) है। जो दुनिया के पशुओं में सर्वाधिक शक्तिशाली और काया में विशाल है। हाथी जितना विशाल, चूहा उतना ही छोटा और अपेक्षाकृत शक्तिहीन। परंतु दोनों ही गणेश के सामने एक जैसे हैं। हाथी के दो दांत (एकदंती–एकटूटा) हुआ है और चूहे के दो बहुत तेज दांत हैं, जिनसे वह किसी भी सुदृढ वस्तु को काट डालता है। हाथी का दिल एक मिनट में 28 (आठ्ठाईस) बार धड़कता है। इसी कारण वह बहुत शांत रहने वाला और कदाचित् सब पशुओं में सबसे समझदार और बुद्धिमान् माना जाता है। इसी कारण गणेश को बुद्धि का देवता भी माना जाता है। सन् 2004 ई० में जब श्रीलंका में भयंकर सुनामी आई तो हाथी पहले ही भांपकर समुद्री किनारों को छोड़कर ऊंचे सुरक्षित स्थानों में पहुंच गए थे।

हस्ती की अपेक्षा मूषक चूहा बहुत छोटा प्राणी है। किन्तु उसका दिल एक मिनट में 500 (पांच सौ) बार धड़कता है। इसी कारण वह हर समय आराम रहित (रेस्टलैस) रहता है। अपनी सुरक्षा के लिए वह हर क्षण चौकन्ना रहता है। उसके

इस गुण को सेना को समझाने के लिए भी गणेश ने अपना ध्वजवाहक बनाया था अपने ध्वज पर अंकित कर उसको सम्मान दिया।

जहां तक गणेश के हस्ती मुख गजानन का संबंध है– विद्वानों को उस पर भी विचार करना चाहिए। शल्य क्रिया विज्ञान के आधार पर कहा जा सकता है– ऐसा किया जाना असंभव है। बाल हस्ती का सिर काटना और उसको गणेश के कन्धों व ग्रीवा–गर्दन पर लगाना कैसे संभव हो सकता है। इस बारे में जो भी कहानियां प्रचलित हैं उन पर विश्वास नहीं किया जा सकता। उनकी जटिलताओं को देखते हुए ही शायद विद्वानों ने इस पर अपनी लेखनी नहीं उठाई। हाथी का सूंड जहां शक्ति का प्रतीक है वहां वह धरती को सूंघ–सूंघ कर सावधानी से कदम आगे बढ़ाने का भी द्योतक है। इसके मुंह पर हाथी की छोटी–छोटी आंखें स्थापित करना उसकी तेज दृष्टि और दूरदृष्टि का परिचायक हैं। आकृति के आधार पर गणेश का एक नाम 'शूर्पकर्ण' भी है। इससे वह बहुश्रुत माना जाता है। साथ ही वह इन कानों से दूर तक सब कुछ सुन सकता है। इसी आधार पर वह अपने गुणों के कारण सैन्य बल को दैत्य, दानव और असुरों पर सटीक प्रहार कर उनको हरा सकता है। हम नहीं समझते कि गणेश जी का यह प्रचलित रूप तर्कसंगत है। प्राचीन ग्रंथों विशेषकर पुराणों में न जाने कितनी सारी कपोल कल्पित बातों व कहानियों का उल्लेख है, जिनको स्वीकारा नहीं जा सकता।

''गणपति के वाहन मूषक की स्थिति भी इसी प्रकार दार्शनिक धारणा लेकर कला में प्रदर्शित की जाती है। मूषक लगभग प्रत्येक घर में निवास करता है सर्वत्र भ्रमण करता है। तथा वस्तुओं को चुरा ले जाता है। वह सदा बिल में रहता है, जिसकी बुद्धि से समता करते हैं। मूषक आत्मा का प्रतीक है जो सर्वव्यापी है, और प्रत्येक जीव (घर) में स्थित है। आत्मा किस समय जीव के धन (प्रसन्नता) का हरण कर लेता है, यह ज्ञात नहीं। अत एव गणपति ने मूषक को वाहन बनाया गया है।''[1]

हम डॉक्टर वासुदेव उपाध्याय जी की मूषक संबंधी इस व्याख्या से सहमत नहीं है। आगे चलकर गणेश और उसका वाहन' शीर्षक में विस्तार से इस मत का खंडन करेंगे और सप्रमाण इस मत से भिन्न अपने चिंतन को स्थापित करेंगे। हरयाणा के देहात (ग्रामों) में आज भी चूहे को मूसा या मुस्सा ही कहा जाता है।

प्राचीन साहित्य में यक्ष, नाग, गंधर्व, पिशाच, किन्नर, भूत, असुर, दैत्य, दानव आदि गणों के नाम मिलते हैं जिनको गणेश आदि प्रमुख देवों में विशेष प्रकार के अंतर वाले अप्राकृतिक आकारादि वाले माना जाता है। कुछ विद्वान् इन्हीं 'व्यन्तर देवताओं' की तरह विघ्नकर्ता के नाते इन्हें भी उसी श्रेणी में रखकर गणेश को एक

---

1 प्राचीन भारतीय मूर्ति विज्ञान, पृ०–116।
चौखम्बा विद्याभवन, वाराणसी लेखक– (डॉ० वासुदेव उपाध्याय)

'ग्राम देवता' के रूप में मानते हैं जो सर्वथा–अमान्य है। यदि प्राचीन आचार्यों को गणपति को ग्रामदेवता मानना होता, तो कहीं तो उसका संकेत होता। जिस तरह गणेश के भाई कार्तिकेय को महाभारतकार ने रोहितक का अधिष्ठाता–देव मानकर उल्लेख किया है।[1] महाभारत कालीन रोहितक नगर ही वर्तमान का रोहतक शहर है।[2] भंडारकर इन्स्टीट्यूट, पूना ने महाभारत के क्रिटीकल ऐडिशन में उपर्युक्त श्लोक में 'दयितम्' प्रिय शब्द की जगह 'भवनम्' शब्द दिया है (यद्यपि दोनों का भाव एक ही है। हो सकता है कार्तिकेय रोहितक में अधिक रहते हों।) इसी कारण 'भवनम्' शब्द लिखा।

डॉ० वासुदेव उपाध्याय ने अपनी उपर्युक्त पुस्तक में आगे लिखा है– ''शिव ने गणेश को अपने गणों का स्वामी बनाया तथा युद्ध के पश्चात् उनको 'गणपति' का पद मिला। आरंभ में वे गजवदन नहीं थे। न जाने कब बाद में हाथी का सूंड उनके कन्धे पर बैठाया गया। परंतु हमारे विचार से इस तरह से हाथी का मुख कन्धे पर बैठाना 'शल्य विज्ञान' की दृष्टि से तो असंभव ही लगता है। डॉ० उपाध्याय के अनुसार अज्ञानवश कहा जाता है, कि वैदिक मंत्रों में गणेश की स्थिति हैं। परंतु मंत्रों की व्याख्या से इस नाम के देवता की पुष्टि नहीं की जा सकती। यजुर्वेद के अश्वमेध अध्याय में उल्लिखित मंत्र ''गणानान्त्वा गणपति हवामहे'' (जो गणेश पूजन के समय पढ़ा जाता है) में गणपति शब्द का उल्लेख मात्र है। इसके अतिरिक्त गणेश के साथ इसका कोई संबंध जोड़ा नहीं जा सकता। डॉ० उपाध्याय के इस मत से हम शतप्रतिशत सहमत हैं। अभी–अभी सद्य. प्रकाशित अपनी ''आर्ट एंड आर्क्यालॉजी ऑफ ऐनशियेन्ट इण्डिया'' पुस्तक में जवाहरलाल नेहरू यूनिवर्सिटी (जे.एन.यू.) के प्रो० नमन पी आहूजा ने एक त्रुटित मृण्मूर्ति का फोटो दिया है, जिसमें एक हाथी की सूंड वाला व्यक्ति अपने दोनों पैरों के बीच ड्रम दबाये उसको बजा रहा है। व्यक्ति की मुखाकृति सर्वथा गणेश जैसी है। यह मृण्मूर्ति चंद्रकेतुगढ़ से मिली है। प्रो० आहूजा ने इस तरह की कई खंडित मूर्तियों का उल्लेख किया हैं।[3] इसको देखकर यह भ्रम होता है कि यह छोटी सी मूर्ति कहीं गणेश की तो नहीं है परंतु उन्होंने उसको स्पष्ट करते हुए यह निष्कर्ष निकाला कि ऐसी मूर्तियां शुंगकाल (पहली शती ई०पू०) में

---

1 ततो बहुधनं रम्यं गवाढ्यं धनधान्यवत्।
कार्तिकेयस्य दयितं रोहीतकमुपाद्रवत्।। महा०मा०–सभापर्व।

2 विस्तार के लिए–मेरे द्वारा लिखित–
''प्राचीन भारत में–यौधेय गणराज्य'' देखें।

3 उपर्युक्त पुस्तक पृष्ठ 262
अशमोलिय म्यूजियम, आक्सफोर्ड यूनिवर्सिटी द्वारा प्रकाशित– 2018।
लेखक–प्रो० नमन पी० आहूजा, जे.एन.यू. में प्रोफेसर।

होने वाले सामाजिक उत्सवों का अंकन करने के लिए बनाई जाती थीं। उन उत्सवों में बच्चे और युवा पशु व पक्षियों के मास्को (मुखौटे) पहनकर अपना तथा वहां उपस्थित लोगों का मनोरंजन करते थे। आजकल भी बच्चे स्कूलों या अन्यत्र कहीं भी नाटक आदि खेलते हैं तो इस तरह के मास्क पहनकर प्रस्तुति देते हैं और उपस्थित लोग उसे बहुत पसंद करते हैं। उत्तर भारत में विवाहों में 'घोड़ा–नाच' इसी शैली का मनोरंजन है।

इस उदाहरण के प्रकाश में क्या हम कह सकते हैं कि किसी विशेष अवसर पर गणेश जी ने भी हस्तीमुख वाला मुखौटा (मास्क) लगाया हो, और वह उनको इतना भागया हो कि उन्होंने इसे स्थायित्व दे दिया हो। आज भी स्कूली बच्चे समारोह में पशु–पक्षियों के मुखोटे लगाते हैं।

इस बात को न भी माना जाए तो मानना पड़ेगा कि युद्धों में कई बार शत्रु पर मनोवैज्ञानिक असर डालने और अपने को उससे अधिक शक्तिशाली सिद्ध करने के लिए इस तरह के मुखोटों का प्रयोग होता रहा था। यहां एक उदाहरण हमारे सामने हैं। कुछ दिन पहले हम हल्दीघाटी गए। वहां एक रिटायर्ड महाशय ने अपना पैसा लगाकर महाराणा प्रताप पर लाईट एंड साउंड का बहुत सुंदर और प्रभावोत्पादक कार्यक्रम तैयार करवाया है। साथ ही एक छोटे म्यूजियम के साथ बाहर खुले में उन्होंने मानसिंह पर प्रहार करते हुए महाराणा प्रताप को दिखलाया है। मानसिंह हाथी पर बैठकर युद्ध कर रहा है, जबकि महाराणा घोड़े पर हैं। घोड़े के अगले पैर हाथी की गर्दन पर जमे हैं और महाराणा अपने भाले से वार कर रहे हैं। विशेष दर्शनीय बात यह है कि महाराणा के घोड़े चेतक के मुंह पर हाथी मुख और सूंड का बड़ा मुखौटा (मास्क) लगाया हुआ है, जिससे हाथी यह समझे कि तेरे से मुकाबला करने वाला भी हाथी ही है और वह उसको निर्बल न समझे। शत्रु का पीलवान (महावत) उससे बहुत डरता हुआ अपने को बचाने का प्रयास करता था। इसे आप चित्र में देख सकते हैं।

मैं (लेखक) लगभग पचास वर्ष पूर्व भी यहीं हल्दीघाटी गया था। तब यहां सब वीरान था। देखकर और निराश होकर हम वहां से चले आए। परंतु इस बार चेतक की समाधि और ऊपर वर्णित चीजें देखकर सिर गर्व से ऊंचा हो गया, तथा डॉ० श्रीमाली और उनके पिता जी के प्रति श्रद्धावनत होकर बारंबार उनको नमन करने का स्वभाव बना। अब मन में आया है कि देशभर की शिक्षण संस्थाओं के छात्रों को वहां ले जाकर उनको हमारे गौरव पूर्ण, उज्ज्वल इतिहास की वह झलक दिखलाई जाए, जिससे वे आने वाली पीढ़ियों को भी उदाहरण के त्याग, तपस्या और बलिदान से अवगत करा सकें।

गणेश जी के विषय में बहुत सी बातें रह गई हैं। यथा कई जगह पुरातन ग्रंथों में रुद्र कहा गया है और कहीं कुछ और। कई जगह उनको द्वैमातुर, तो कई जगह उनको मूषकारूढ होकर रणांगन में जाने की बात कही है। इसी तरह कला में उनको चूहे पर बैठा दिखलाया गया है। किसी मूर्ति में चूहे पर नृत्य करते दिखलाया है।[1] अनेक जगह उनकी प्रतिमाएं चूहे रहित बनाई गई हैं। कई जगह उनके द्विभुज, कहीं चतुर्भुज, कहीं अष्टभुज और अन्यत्र धातु प्रतिमाओं में षोडश भुजी अंकित किया गया है। चूहे के बिल से शिक्षा लेकर दुर्ग का निर्माण भी ऐसा ही होना चाहिये। द्वार एक

1 देखिए फलक सं.–23

भीतर अनेक गुप्त कक्ष बनाना। ये और ऐसे अनेक विषय हैं जिनको विस्तारभय तथा अनावश्यक समझकर छोड़ दिया है। हम अपने को अल्पज्ञ मानकर सदा विद्यार्थी मानते हैं, इसी कारण भी अपनी लेखनी को मर्यादित कर दिया है।

अंत में हम एक प्रकाशन पर अपनी प्रसन्नता प्रकट कर रहे हैं। गीता प्रेस गोरखपुर से कई दशाब्दियों से निरंतर प्रकाशित की जा रही 'कल्याण' पत्रिका का श्रीगणेश अंक हमारे सामने हैं। यह कल्याण के 48 वें (अठ्ठतालीस) वर्ष का विशेषांक है। यह परिशिष्ट अंक सहित है। इसमें देशभर के लब्ध प्रतिष्ठित विद्वानों के लेख तो है ही, साथ ही पहली बार अभयदाता 'मूषकध्वज' का अर्थ सार्थक करते हुए आसंदी (सिंहासन) पर अष्टभुजी गणेश जी शक्ति सहित विराजमान है और आसंदी के ऊपर लहराते हुए गैरिक–ध्वज पर मूषक प्रसन्न मुद्रा में बैठे हुए हैं। छः सौ बहत्तर (672) पृष्ठ के इस विशालकाय अंक में दो सौ से अधिक विद्वानों आचार्यों तथा श्रद्धेय संन्यासियों के विद्वत्तापूर्ण लेखों में भले ही 'मूषकध्वज' की सटीक व्याख्या न की हो। किन्तु अकेले इस चित्र ने दिग–दिगन्तरों में फैली 'वाहन' शब्द की भ्रान्त धारण को ध्वस्त करते हुए सिद्ध कर दिया है कि इस शब्द का अर्थ सवारी नहीं अपितु ध्वजचिह्न है, इसीलिए चित्र में मूषक–चिह्न वाला ध्वज फहराया है।

एतदर्थ गीता प्रेस गोरखपुर और इस अंक के प्रकाशक हमारे अंतर्मन की समस्त गहराइयों से साधुवाद के पात्र हैं। इस विशेषांक के यशस्वी संपादक श्री चिमन लाल गोस्वामी जी तथा सह–संपादक–पांडेय रामायणदत्त शास्त्री जी भी भूरि–भूरि प्रशंसा के पात्र हैं। पाठकों के लाभार्थ और इनकी यशः कीर्ति सर्वत्र गुंजायमान हो, एतदर्थ हम इस चित्र को यहां दे रहे हैं। (देखें गणेश लक्ष्मी चित्र अग्रिम पृष्ठ)

गणेश–लक्ष्मी के ऊपर लहराता–मूषकध्वज

षष्ठ अध्याय

कार्तिकेय और उनका वाहन

मयूरारुढ दशभुजी–षण्मुखी कार्तिकेय, चोल, केरल

मयूर के मुख में सर्प, सौजन्य–राष्ट्रीय–संग्रहालय जनपथ, नई दिल्ली

कार्तिकेय का ऐतिहासिक परिचय

प्रमुख वैदिक देवताओं (ब्रह्मा, विष्णु, महेश, इंद्र) की अगली पीढ़ी में जो देववंशी हुए, उनमें वीर, पराक्रमी, प्रभावशाली के रूप में सर्वाधिक प्रसिद्ध और ओजस्वी देवता कार्तिकेय हुआ है। इस देवता का इतिहास रामायण, महाभारत, पुराण तथा संस्कृत काव्य ग्रंथों में पर्याप्त मिलता है। पौराणिक साहित्य की जैसी शैलीगत प्रवृत्ति रही है उसके अनुसार कार्तिकेय के विषय में भी अनेक कल्पनारम्य एवं अतिशयोक्ति पूर्ण कथाएं बनी हुई हैं। यहां उनमें निहित ऐतिहासिक तथ्यों का अन्वेषण करके कार्तिकेय का ऐतिहासिक परिचय प्रस्तुत किया जा रहा है।

कार्तिकेय शिव और पार्वती के पुत्र थे। इनके बड़े भाई का नाम गणेश था। महाभारत के अनुसार इनकी एक बहन भी थी, जिसका नाम दैत्यसेना लिखा है।[1] कार्तिकेय के विवरणों के अतिरिक्त उनको पार्वती नंदन, शिवपुत्र रेवतीसुत नाम दिए हैं। कार्तिकेय की पत्नी का नाम देवसेना था। इस आधार पर कार्तिकेय को देवसेनापति और देवसेना प्रिय नाम मिले हैं। देवताओं के गुरु बृहस्पति ने इनका यज्ञ अनुष्ठानपूर्वक विवाह–संस्कार कराया था।[2] कार्तिकेय के जन्म के साथ दो अन्य चमत्कार पूर्ण कथाएं वर्णित मिलती है, जो वस्तुतः आलंकारिक हैं। कार्तिकेय को 'षाण्मातुर' कहा गया है, जिसका अर्थ किया गया है कि वह छह माताओं से उत्पन्न हुआ था। फिर इसी पर आधारित कथाएं बन गईं।[3] व्याख्याकारों को यह भी सामान्य बुद्धि नहीं रही, कि यह असंभव कथन है और इसको कोई स्वीकार नहीं कर सकता। इस नाम और कथा का सही अर्थ यह है कि छह माताओं ने इसको पाला था। उनका सामूहिक नाम कृतिका था और संख्या में छह तथा कहीं सात थीं। इन्होंने दूध पिलाने के साथ बालक की सेवा संभाल पालन–पोषण किया। अतः कार्तिकेय को 'छह माताओं का पुत्र' कहा गया है। कृत्तिकाओं का पुत्र होने के कारण ही इसका नाम 'कार्तिकेय' प्रसिद्ध हुआ।[4] वैसे उसका मूल नाम कुमार था। धाय माताओं की

---

1 विष्णु पु० 1.15.116; वायु पु० 41.38, 72.43; महा० वन० 224. 1–4।
ब्रह्मा पु० 4.30.105; मत्स्य पु०159.8।

2 बृहस्पतिर्मन्त्रविद् हि जजाप च जुहाव च।
एवं स्कन्दस्य महिषीं देवसेनां विदुर्जनाः।। (महा० वन० 229.49)
महा०वन० 229. 50; आदि० 66.24।

3 कृतिकाभ्युपपत्तेश्च कार्तिकेय इति स्मृतः। (महा० आदि० 66.24)
वायु पु० 42.38,73.43।

4 वायु पु० 41.38; विष्णु पु०1.15.116; महाभारत वन० 229.31।
महा० अनु० 5.81–82; रामा० बाल० अ० 37, 2.25।
"मातृणां षड्भिर्वदनैः अपिबत् तदा" (महा० शल्य० 44.12)

सेवा–संभाल से प्रसन्न होकर ही नक्षत्रों का नाम कृतिका किया गया। पहले नक्षत्रों के नाम से अम्बा, दुला, नितत्नी, आश्रयन्ती, मेघयन्ती, वर्षयन्ती, चतुणीका आदि थे।[1] कुमार ने पुराने नाम बदलकर अपनी धाय माताओं के ये नाम रखें– काकी, हलिमा, मालिनी, बृंहता आर्या, पलाला, वैमित्रा। नक्षत्रों का नामकरण करने से वे इतिहास में अमर हो गईं।[2] यह पालक धाय माताओं के प्रति कृतज्ञता का एक अनुकरणीय उदाहरण है।

दूसरी कथा है कि यह अग्नि से उत्पन्न हुआ। इसी आधार पर इसके अनेक नाम रखे गए अग्निपुत्र, अग्निभ, आग्नेय, अलात्मज, हुताशन–आत्मज, ज्वलनात्मज आदि। इन नामों के आधार पर चमत्कारमय असंभव कथाएं भी गढ़ ली गईं। जबकि इसका बहुत सीधा–सा निहितार्थ यह है कि कार्तिकेय के पिता रुद्र या शिव का एक नाम 'अग्नि' था। उसका पुत्र होने के कारण इसके उक्त नाम रखे गए। व्याख्याकारों ने उसको यज्ञाग्नि या जलने वाली अग्नि मान लिया।[3] यह भी नहीं सोचा कि तुम्हारी कल्पना संभव नहीं है। इसी चमत्कारपूर्ण शैली ने प्राचीन इतिहास को अविश्वसनीय बनाकर अपने इतिहास की हानि की है।

कार्तिकेय का जन्म चैत्र शुक्ल पूर्णिमा को हुआ था। वीर और पराक्रमी होने के कारण छोटी अवस्था में ही देवों ने सर्वसम्मति करके इसको देवताओं की सेना का सेनापति बना दिया। देवताओं के गुरु बृहस्पति ने अग्निहोत्र करके सेनापति पद पर इसका अभिषेक किया था।[4] सेनापति, सेनानी, महासेन नाम संकेत देते हैं कि कार्तिकेय बहुत बड़ी सेना का सेनापति था। वह संपूर्ण देवलोक की सम्मिलित सेना थी। महाभारत में प्राप्त विवरण से ज्ञात होता है कि उस विशाल सेना में उस समय के सभी समुदायों के दल थे। देव, राक्षस, यक्ष, भूत, पिशाच, नाग, गंधर्व आदि सबके दल थे। उनके अपने–अपने देश और चिह्न थे।[5] शिव को भी भूतेश, भूतों (जो आज भूटानी हैं) का राजा कहा गया है। शिव ने वह सारी सेना कार्तिकेय के

---

1 महा० वन० 230. 16, 17।

2 महा० वन० 229. 50।
'कृत्तिकानाम् अपत्यम्' कार्तिकेयः'

3 रुद्रेणग्निं समाविश्य स्वाहामाविश्य चोभया।
हितार्थं सर्वलोकानां जातस्त्वपराजितः।। (महा० वन० 231.9)
"रुद्रमग्निं द्विजाः प्राहुः रुद्रसूनुस्ततस्तु सः।" (महा०वन० 229)

4 महा० शल्य० 44. 49–50।
बृहस्पतिः समिद्धेऽग्नौ जुहावाग्निं यथाविधिः। (महा० शल्य० 44. 1)

5 महा० शल्य० अ० 44–46।
महा० वन० अ० 229।

आधीन कर दी। उस सेना का विशेष नाम 'धनंजय' था।[1] कार्तिकेय की सेना के प्रमुख पार्षदों, सैनिक प्रमुखों की नाम सूची महाभारत में वर्णित है। उनकी संख्या 200 के लगभग थी।[2]

इससे भी बढ़कर रोमांचक और विस्मयप्रद जानकारी जो महाभारत में दी गई है वह यह है, कि कार्तिकेय के आधीन एक स्त्री–सेना भी थी। वह इतनी बड़ी थी कि उसकी लगभग 250 सैनिक प्रमुखों की नाम सूची उपलब्ध है।[3] उसके पास विभिन्न अस्त्र–शस्त्र थे और शत्रुगण उसको देख कर ही भयभीत हो जाते थे।[4]

विशाल सेना के सेनापति होने के कारण ही उनकी शक्ति का विशाल रूप था। उसी विशालता की अभिव्यक्ति करने के लिए उनके सहस्रबाहु, सहस्रपात्, सहस्रशीर्षा, सहस्रभुक् नाम रखे गए हैं, जो क्रमशः अत्यधिक शक्ति संपन्नता, अत्यधिक गतिशीलता, अत्यधिक बुद्धिमत्ता और अत्यधिक पराक्रम के द्योतक हैं। उनका बहुत ही प्रसिद्ध नाम 'स्कन्द' भी शूरवीरता का द्योतक है। कोशकारों ने इसका अर्थ किया है– ''स्कन्दते उत्प्लुत्य गच्छति युद्धे, अथवा स्कन्दति शोषयति दैत्यान्'' अर्थात् जो युद्ध में उछल–उछलकर शत्रुओं पर वार करता है, अथवा जो भय से दैत्यों को बलहीन कर देता है, इस कारण कार्तिकेय का 'स्कन्द' नाम है। दैत्यों के साथ हुए युद्धों में चौदह दैत्य–प्रमुखों के बध में कार्तिकेय भागीदार रहे हैं। उनके नाम हैं– तारकासुर, महिषासुर, त्रिपाद, ह्रदोदर, बली– पुत्र बाण और महिषासुर के आठ रक्षक।[5]

पिता रुद्र– शिव ने अपने सभी शस्त्रों की शिक्षा स्कन्द को दी थी। अन्य देवों के पास भी जो शस्त्रास्त्र थे, उन्होंने वे अस्त्र भी दिए, अर्थात् उनकी शिक्षा दी। कार्तिकेय की सेना के आयुधों के नाम इस प्रकार मिलते हैं। शक्ति, शतघ्नी, धनुषचक्र, तलवार, भुशुण्डि, पाश, मुद्गर, मुसल, गदा, तोमर–भाला, त्रिशूल, डंडा, आदि।[6] एक अन्य स्थान पर उन्हें धनुर्वेद का प्रत्यक्ष ज्ञाता कहा है।[7] अनेक शस्त्रास्त्रों से सुसज्जित सेना मयूरध्वज को आगे रखकर घंटाध्वनि करती हुई शत्रु की ओर

---

1 महा० शल्य० 46, 47; वन० 229. 40, 231. 21।
महा० शान्ति० 122. 32

2 महा० शल्य० अ० 45।

3 महा० शल्य० अ० 46.1–30।

4 शत्रूणां विग्रहे नित्यं भयदास्तु भवन्त्युत। (महा० शल्य० 46. 40)

5 स्कन्द नाम का कारण। (महा० वन० 225. 16–18)

6 महा० शल्य० 45. 109–111; वन० 231. 38–46।
महा० शल्य० 44. 34।

7 महा० शल्य० 44. 21–23।

प्रयाण करती थी।[1] कार्तिकेय के मयूरध्वज का रंग लाल था। ध्वज का प्रमाण वर्णन इस आलेख के अंत में किया जाएगा। युद्ध में उनकी वेशभूषा भी लाल रंग की होती थी और उनका अश्व भी लाल रंग का था। आभूषण भी लाल रंग के पहनते थे।[22] लाल रंग वीरता का प्रतीक होता है।

कार्तिकेय को उच्च शिक्षा सम्पन्न वर्णित किया है। उनके जात– कर्म आदि सभी संस्कार वैदिक रीति से हुए थे। देवताओं के गुरु बृहस्पति ने वे संस्कार कराये थे।[3] उनके ब्रह्मचारी, ब्रह्मज्ञ, वेदज्ञ, ब्रह्मवेत्ता, नैगमेय आदि नाम उनकी ब्रह्मचर्यपूर्वक ग्रहण की गयी वेदों की शिक्षा का संकेत देते हैं, तथा धर्मात्मा, सत्यवाक् नाम उनके धर्माचरण का बोध कराते हैं। महाभारत में उनके गुणों की सूची इस प्रकार वर्णित की हैं– धर्म, शक्ति, बल, तेज, सत्य, कांति, उन्नति, ब्राह्मण्य असम्मोह (विवेक), भक्तरक्षा, शत्रुसंहार, प्रजा का पालन। ये संबंधित रूप से विद्यमान थे।[4]

एक बिंदु अंत में स्पष्ट करना आवश्यक है। कार्तिकेय के षडानन, षट्शिरा, द्वादशभुज, द्वादशलोचन नाम भी मिलते हैं। ये किन्हीं तथ्यों के तार्किक प्रतीक नहीं हैं। ये उस अन्धव्याख्या पर आधारित है जिसमें छह धाय माताओं से उत्पन्न कहा गया है। इस प्रकार एक माता से एक सिर उत्पन्न बता दिया। अब छह सिर कल्पित कर लिए तो आंखें, भुजाएं भी दुगुनी करनी पड़ेंगी, तो वे भी कर डाली। इस प्रकार ऐतिहासिक पात्रों की ऐतिहासिकता नष्ट करके उनको मिथक बना दिया।

वैदिक वाङ्मय में कार्तिकेय देवता

भारतीय धर्म और संस्कृति में वैदिक साहित्य का अद्वितीय स्थान है। किसी न किसी रूप में स्कन्द कार्तिकेय का उल्लेख वैदिक एवं सूत्र साहित्य में अनेक बार हुआ है। ऋग्वेद में इंद्र[5] और अग्नि[6] सबसे प्रतिष्ठित देवता हैं। यद्यपि ऋक् संहिता में कार्तिकेय का उल्लेख नहीं मिलता। परंतु ऋग्वेद में कुमार शब्द का उल्लेख सतरह बार हुआ है। जब इस शब्द का प्रयोग 'अग्नि' के साथ किया गया है तो यह कुछ लोगों का कहना है कि वह महत्वपूर्ण हो गया है। इस प्रसंग में ऋग्वैदिक

---

1 सा सेना नैर्ऋती भामा सघण्टोच्छ्रितकेतना (महा० शल्य० 46. 55)।

2 पताका कार्तिकेयस्य विशाखस्य च लोहिता (महा० वन० 231. 19)।
महा० शल्य० 46. 46; वन० 231. 93; ''लोहिताम्बरसंवीतम्'' वन 229.2।

3 जातकर्मादिस्तत्र क्रियाश्चक्रे बृहस्पतिः (महा० शल्य० 44.21)।

4 महा० वन० 229. 36, 37।

5 ऋग्वेद की 150 ऋचायें 'इन्द्र' देवता को समर्पित हैं।

6 महत्ता की दृष्टि से इन्द्र के बाद दूसरे स्थान पर हैं। इनसे सम्बद्ध ऋचायें लगभग 200, ऋक् संहिता में हैं। (मैक्डानेल– ए.ए. वैदिक मेंथॉलाजी, पृष्ठ 88)।

ऋचाओं का विशेष संदर्भ लिया जा सकता है, जिनमें 'कुमार' शब्द दो बार आया है।[1] जिस प्रसंग में यह शब्द प्रयोग किया गया है, ऐसा लगता है यह यहां 'अग्नि' के लिए है। ऋचा 'कुमार' के वर्णन से प्रारंभ होती है, जिनकी प्रार्थना अग्नि के नाम से सातवें मंत्र में की गई है। ऋग्वेद के भाष्यकार सायण इस मंत्र की व्याख्या करते हुए बहुत ही असंगत बात करते हैं, जो सर्वथा ग्राह्य नहीं है। वस्तुतः वेदों में कार्तिकेय का किसी भी रूप में वर्णन नहीं है। उसने पहले से विद्यमान वेदों को पढ़ा था, ऐसा बहुत्र उल्लेख है।

महाकाव्य और परवर्ती साहित्य में कार्तिकेय युद्ध के देवता (स्वामी) माने गए हैं। युद्ध के देवता का यह विचार केवल भारत के लिए ही विशिष्ट नहीं है। अपितु ग्रीक की एक पौराणिक कथा में 'एरीस' भी युद्ध के देवता माने गए हैं। रोमन पौराणिक कथा में भी युद्ध के स्वामी 'मार्स' माने गए हैं। पूर्व वैदिक कालीन साहित्य में इंद्र और अग्नि सेना के नेता की भूमिका अदा करते हुए पाए जाते हैं। ऋग्वेद में इंद्र को कई बार 'पुरंदर' (पुरों को नष्ट करने वाला) कहा गया है। वे वज्र[2] का उपयोग करने वाले बतलाए गए हैं। इसी हथियार से उन्हें 'वृत्र' (सूखे का राक्षस जो बादलों में जल को रख लेता है, जिससे सूखा पड़ जाता है)[3] को मारते हुए बताया गया है। इसलिए इंद्र को 'वृत्रहन्' (वृत्र को मारने वाला) की उपाधि दी गई है।

इसी प्रकार अग्नि भी ऋग्वेद और उत्तर वैदिक कालीन साहित्य में सेना के सेनापति के रूप में दिखलाई पड़ती हैं। उन्हें सूखी झाड़ियों की तरह अपने शत्रुओं को नष्ट करते हुये वर्णित किया गया है।[4]

यहां यह बात बहुत विचारणीय है कि जिस तरह इंद्र 'वृत्र' जो सूखे का राक्षस है, उसी तरह स्कन्द भी तो कहीं इनका प्रतिनिधि तो नहीं है। क्योंकि– स्कन्दिर् धातु से 'गतिशोषणयोः' अर्थ में स्कन्द शब्द स्थित होता है। हो सकता है कालान्तर में इन्द्र और स्कन्द का कोई तादात्म्य सम्बन्ध बने। कदाचित् महाकाव्यों और अन्य आर्ष ग्रन्थों में कार्तिकेय को अग्नि के पुत्र के रूप में (अग्निभूः) वर्णित किया गया है, अतः उन्हें युद्ध–देवता के रूप में मान्यता मिलना स्वाभाविक है।

वैदिक परंपरा में उल्लेख मिलता है– कि रुद्र के सहायक मरुद्गण थे। इन्हीं मरुद्गणों के नेता गणपति और स्कन्द आदि देवताओं को बतलाया गया है। कालांतर में जैसे–जैसे धार्मिक, सामाजिक मान्यताओं में परिवर्तन व परिवर्धन हुए–

1. ऋग्वेद– 5.2
2. ऋग्वेद– 4.22.2
3. मजूमदार, आर.सी, वैदिक ऐज, पृष्ठ–37
4. ऋग्वेद– 4.4.4

वैसे–वैसे देवताओं के व्यक्तित्व का विकास होता गया। कार्तिकेय भी इसका अपवाद नहीं हैं।

आर०जी० भंडारकर, पी०के० अग्रवाल, डॉ० एस०एस० राणा, और डॉ० कपिल देव, पृथ्वीकुमार अग्रवाल प्रभृति आधुनिक विद्वानों ने भी स्कन्द या कार्तिकेय पर प्रशंसनीय कार्य किया है और नवरत्नम् ने साहित्यिक साक्ष्यों के आधार पर 'कार्तिकेय डिवाइन चाईल्ड' नामक ग्रंथ लिखा है। ए०के० चटर्जी ने 'द कल्ट ऑफ स्कन्द कार्तिकेय इन एन्शियेन्ट इंडिया' नामक ग्रंथ में इस संदर्भ में उपलब्ध साक्ष्यों का संक्षिप्त ब्यौरा दिया है।

गणेश की तरह कार्तिकेय से संबंधित सामग्री दो भागों में बांटी जा सकती है। साहित्यिक तथा पुरातात्त्विक। वैदिक साहित्य– विशेषकर उत्तर वैदिक संहिताओं, आरण्यक, ब्राह्मण ग्रंथ तथा सूत्र साहित्य और दोनों महाकाव्यों का उपयोग इस प्रकार के अध्ययन में किया जाता है। पौराणिक साहित्य इसमें अधिक उपयोगी है। लौकिक साहित्य से संबंधित महाकाव्य, नाटक व गद्य काव्य में भी इस देवता से संबंधित अनेक संदर्भ मिलते हैं, जो अत्यंत उपयोगी हैं। दक्षिण भारत में भी मुरुगन एवं 'सुब्रह्मण्यम' के रूप में अनेक मंदिरों तथा स्थानों पर कार्तिकेय की उपासना होती है, और यह अति प्राचीन काल से दक्षिण में चली आ रही हैं। पुरातत्त्वीय साक्ष्यों में अभिलेख, प्राचीन सिक्कों, मोहरों और मूर्तियों के रूप में अनेक प्रमाण प्राप्त होते हैं।

वैदिक वाङ्मय में स्कन्द का सर्वप्रथम उल्लेख मैत्रायणी संहिता तथा तै०आर० के परवर्ती भागों में पाया जाता है।[1] मैत्रायणी संहिता में उन्हें कुमार कार्तिकेय तथा स्कन्द कहा गया है। तथा तैतिरीय आरण्यक में महासेन तथा षण्मुख। दोनों गायत्रियां निम्नलिखित हैं–

1. **तत् कुमाराय विद्महे कार्तिकेयाय धीमहि। तन्नः स्कन्दः प्रचोदयात्।**

मै०सं० 1.9.1.5

2. **तत्पुरुषाय विद्महे महासेनाय धीमहि। तन्नः षण्मुखः प्रचोदयात्।**

तै०आ०–10 |1 |9

इन गायत्रियों पर सूक्ष्म विचार करने पर प्रतीत होता है कि 'कुमार' नाम तथा साथ ही कृतिका का पुत्र होने, देव सेनापति होने तथा षडानन होने की धारणायें प्रारंभ से ही स्कन्द से संबंधित हैं। परवर्ती ग्रंथों में कार्तिकेय को कृतिकाओं के अतिरिक्त अग्नि एवं शिव का भी पुत्र सिद्ध करने का प्रयत्न किया गया है। तथा

---

1 मैत्रा० सं० (1/9)।।
तै०आ० (10/1)।।

ऐसी ही कुछ कथाओं का निर्माण हुआ जिसमें उन्हें विभिन्न प्रकार की कल्पनाओं द्वारा इन सभी का सम्मिलित पुत्र बताने की असंभव तथा अनर्गल चेष्टा की गई है।

स्कन्द का सर्व प्राचीन अनुष्ठान विषयक उल्लेख बौधायन धर्मसूत्र 1.5.8 में हुआ है। विनायक की भांति इन्हें भी विविध प्रकार की बलियों से संतुष्ट रखने का विधान किया गया है। यहां इनके पांच नाम प्राप्त होते हैं– 'सुब्रह्मण्य, षण्मुख, विशाख, जयंत तथा महासेन'। इनमें से प्रथम नाम तमिल भाषा में कार्तिकेय का सर्व प्रचलित नाम रहा है और आज भी है।[1]

इस प्रकार स्कन्द कार्तिकेय का उल्लेख धर्मसूत्रों, गृह्यसूत्रों, बौधायन गृह्यसूत्र (महातर्पण अनुष्ठान), भारद्वाज गृह्यसूत्र, हिरण्यकेशी गृह्यसूत्र (उपाकरण और उत्सर्जन अनुष्ठान) तथा मानव गृह्यसूत्र (षष्ठी देवी के सम्मान में अनुष्ठान)[2]। पारस्कर गृह्यसूत्र में यजमान अपने बच्चों के दीर्घायुष्य और स्वस्थ रहने की कामना के साथ 'स्कन्द' की पूजा अर्चना करते हैं। इस तरह सूत्र काल में कार्तिकेय समाज के हर वर्ग और समुदाय में पूज्य होकर लोक विश्वास के आधारभूत देवता बन गए।

संस्कृत साहित्य में कार्तिकेय

हमारे जिन देवी–देवताओं के प्रति श्रद्धा आस्था और पूज्य भावना में समाज आसक्त है उसकी पृष्ठभूमि में कितनी ही प्राचीन तथा महान् परंपरा रही हैं। कार्तिकेय भी उसी गौरवपूर्ण महती परंपरा के संवाहक थे। उनका वैदिक बाङ्मय, महाकाव्यों एवं पौराणिक साहित्य और लौकिक संस्कृत साहित्य तथा दक्षिण भारतीय साहित्य में भरपूर उल्लेख मिलता है। पुरातत्त्वीय स्रोतों में भी कार्तिकेय के संबंध में प्राचीन सामग्री उपलब्ध होती है। पहले हम यहां विभिन्न शब्दकोशों में मिलने वाले अनेक नामादि का उल्लेख करेंगे–

कार्तिकेय– इति।। कृत्तिकानामपत्यम्।

स्त्रीभ्यो ढक् (4।1।120)।। महती सेना यस्य।

महासेनो महासैन्ये स्कन्देऽपि' इति हेमः 4।191।

शरेषु जन्मास्य। (3) षड् आननान्यस्य।। 4।।

पार्वत्यानन्दनः।। 5।। स्कन्दति। पचाद्यच् (3।1।134)।

सेनां नयति। सत्सूद्विषः (3।1।62) इति क्विप्।

सेनानी स्यात्पुमान्कार्तिकेये सेनापतौ 'पुमान्' (इति मेदिनी– 94।56)।। अग्नेर्भवति। 'भुवः' (3।1।179) इति क्विप्।। गूहति रक्षति सेनाम्। गुहू– संवरणे (भ्वादि उ०से०) इगुपध– (3।1।134) इति– कः। गुहः– षाण्मातुरे गुहा। सिंह पुच्छ्यां

1 करमाकर– रिलीजन्स ऑफ इण्डिया, प्रथम भाग पृश्ठ – 112।

2 मानव गृह्यसूत्र– 11.19.6

च गर्ते च पर्वतादेश्च– कन्देर (इति मेदिनी (175 |4)। बहुलानां– कृत्तिकानामपत्यम्। स्त्रीभ्यो ढक् (4 |1 |120)।

तारकं जयति इति– तारकजित्। विशाखति–शाख श्लाख– व्याप्तौ (भ्वादि०प०से) पचाद्यच् (3 |1 |134)। विशाखसयां जात इति वा 'संधिवेलादि' (4 |1 |16) इत्यणः–श्रविष्ठा फाल्गुनी (4 |3 |34)।। इत्यादिना लुकि लुक्तद्धितलुकि (1 |2 |–49)। "(विशाखा याचेक स्कन्दे विशाखा में कठिल्लके इति हैमः। (3 |113 |)"।। शिखी मयूरो वाहनमस्य।। शक्तेर्धरः। शक्तिधरः। कुमारयति क्रीडति। कुमार– क्रीडायाम्। कुत्सितो भारोऽस्येति वा। 'कुः' पापेषदर्थयोः। कौ मारयति दुष्टान्। पचाद्यच्। 3 |1 |134। यत्तु– ब्रह्मचारित्वात्कुमारः। इति स्वामिनो–क्तम्। तन्न। शतो क्रतो रूपवती देवसेनेति या सुता। सा महेन्द्रेण रत्यर्थं भार्यात्वेनोपपादिता।। उदीर्णसेनापतये– महासेनाय सुव्रत। इति वायुपुराणात्।

कुमारः स्यात्छुके स्कन्दे युवराजेऽश्वचारके। बालके वरुणंद्रौ न द्वयोर्जात्यकाञ्चने। इति मेदिनी (132 |238) क्रौध्ञ्चे (भ्वा०प०से०) क्विन् (3 |2 |49)। प्रज्ञाद्यण्। क्रौञ्चस्य पर्वतस्य दारणः। 'दृ–विदारणे' (भ्वा०प०से०) ण्यन्तात्। (3 |1 |26)।। 'कैलासे धनदावासे क्रौञ्चः–क्रौञ्चोऽभिधीयते' इति बृहद्धारावली। अतः कौञ्चदारणः।'

इस तरह अमर कोषादि में कार्तिकेय के इन सप्तदश नामों का उल्लेख है।[1] स्कन्द शब्द से भी "स्कन्दिर गति–शोषणयोः" धातु से स्कन्द शब्द सिद्ध होता है। इसका अर्थ होगा। वह गतिशील योद्धा जो शत्रुओं का शोषण करता है, या पूरी तरह पराजित करता है– वह स्कन्द कहलाएगा।

संस्कृत साहित्य में स्कन्द के जन्म से संबंधित कथाएं परस्पर विरोधी हैं। तथापि स्थूल दृष्टि से दो भागों में बांटी जा सकती हैं। प्रथम वर्ग की कथाओं में स्कन्द को अग्नि (पिता) व स्वाहा (माता) का पुत्र बताया गया है। किन्तु अग्नि तथा शिव के तादात्म्य से वे शिव के भी पुत्र कहे जाते हैं। दूसरे वर्ग की कथाओं के अनुसार अग्नि में निक्रित शिव के वीर्य से स्वाभाविक रूप से उत्पन्न हुए हैं। महाभारत में दोनों प्रकार की कथाएं आती हैं।[2] रामायण के बालकांड के 36 में स्वर्ग में स्कन्द जन्म की कथा का घुला मिला रूप प्राप्त होता है।[3] इसके अनुसार जब विवाह उपरांत शिव पार्वती विहार कर रहे थे, तो देवों के मन में चिंता हुई कि यदि 'शिव' के तेज से

1 कार्तिकेयो महासेनः शरजन्मा षडाननः। पार्वतीनन्दनः स्कन्दः सेनानीरग्निभूर्गुहः।। 39।।
बाहुलेयास्तारकजिद् विशाखः शिखिवाहनः। षाण्मातुरः शक्तिधरः कुमारः क्रौञ्चदारणः।। 40।।
अमर कोषः, प्रथम काण्ड, स्वर्गवर्गः, पृष्ठ –22।।

2 वनपर्व, अध्या०– 225।।
अनुशासन पर्व– अ० 86।।

3 रामा० बाल० – 36 |9 |12।।

पार्वती में कोई पुत्र उत्पन्न हुआ तो वह असह्य तेज और पराक्रम से युक्त होगा और सभी प्राणियों को श्री हीन करके अभिभूत कर लेगा। वे प्रजापति के साथ शिव के पास गए और उनसे प्रार्थना की कि वे कोई पुत्र उत्पन्न न करें।[1] यहां से रामायण और महाभारत में स्कन्द के जन्म के विषय में अनेक प्रकार की कथाएं शुरू हो जाती हैं जिनका उल्लेख अभीष्ट नहीं है। वे तथ्यात्मक कम और कल्पना जन्य अधिक हैं।

कृत्तिकाओं द्वारा पालित होने के कारण उसे कार्तिकेय कहा गया। हम सझते हैं– इनके जन्म से सम्बन्धित जितनी भी कथायें हैं, उनका कोई और रूपान्तर रहा होगा।

यहां यह उल्लेखनीय है– कार्तिकेय के जन्म की कथा बहुत प्रतीकात्मक है, और इसमें अनेक खगोलीय एवं याज्ञिक तत्त्वों का सम्मिश्रण हुआ है। कृतिका नक्षत्र में छः तारे हैं, जो दो–दो के युग्म में एक चटाई के रूप में (कृति–खाल चर्म की चटाई) नीचे की ओर फैले हुये हैं। सबसे ऊपर दाहिनी ओर एक बहुत छोटा सा तारा है, जो सातवां तारा है, जो कृतिकाओं का बालक 'कुमार' है। छः तारे ही छः कृत्तिका देवियां हैं। छ–संख्या का सम्बन्ध षष्ठी देवी से भी है। जो लौकिक हिन्दु धर्म में शिशु–जन्म की देवी है। ज्योतिषशास्त्र में कृत्तिका नक्षत्र के देवता अग्नि हैं। वैदिक वर्ष का आरम्भ (22 मार्च) से होता है। आज से लगभग तीन सहस्र वर्ष पूर्व तक ब्राह्मण ग्रन्थों के रचना काल में उस दिन सूर्य चार कृतिका नक्षत्रों में होता था। इस दिवस पर दिन और रात्रि का मान बराबर होता था। अतः सूर्य देवता ठीक पूर्व में उदित होते हैं। ब्राह्मण ग्रन्थों में स्पष्ट निर्देश हैं कि इसी दिन, सूर्य के अग्नि देवतात्मक कृत्तिकानक्षत्र में होने के कारण यज्ञार्थ अग्निचयन की वेदी का निर्माण प्रारम्भ किया जाता है–''कृत्तिकासु आदधीत। एता ह वै प्राच्यै दिशो न च्यवन्ते'' श०ब्रा०। इन अग्नि दैवत्य कृतिकाओं के पुत्र होने से कुमार–कार्त्तिकेय अग्नि के पुत्र हैं, और परोक्षतः शिव के भी पुत्र हैं।[2] डॉ० गयाचरण त्रिपाठी जी के इस विश्लेषण से हम भी सहमत हैं। कृतिका नामक मूल नक्षत्र जब अपनी किसी विशेष अवस्था में होगा तब इनका जन्म हुआ होगा। छः धाय मांओ ने स्कन्द का पालन पोषण किया, उनको कृतिका नाम दिया जिससे कुमार कार्तिकेय कहलाए।

इसी कारण इनका कार्त्तिकेय नाम हुआ। तात्कालिक ज्योतिषीय परिस्थितियों के अध्ययन और शोध से कार्त्तिकेय के जन्म पर सटीक पता चल सकता है। महाकाव्यों और पुराणों में वर्णित जन्म विषयक कथाओं में तो इतना अधिक विरोधाभास है कि अन्तिम परिणाम तक नहीं पहुंचा जा सकता है। अस्तु।

---

1 रामा० बाल० – 36 |9 |12 | |

2 डॉ० गया चरण त्रिपाठी– 'वैदिक देवता– उद्भव और विकास' पृ० 505, राष्ट्रीय संस्कृत संस्थान दिल्ली।

महाभारत वनपर्व– (118/1–10) में एक और विचित्र कथा आती है। उसमें कहा गया है, कि स्कन्द के तेज से सब देवों के व्याकुल होने पर इन्द्र ने उन पर अपनी सेना सहित चढ़ाई कर दी और वज्र से उस बालक पर प्रहार करने के लिए उद्यत हुये तो स्कन्द ने अपने मुख से अग्नि–ज्वालाओं के प्रलयंकारी रूप की सृष्टि की जिससे इन्द्र की सेना जलने लगी। साथ ही उन्होंने अपने दक्षिण अंग से एक अन्य पराक्रमी बालक 'विशाख' भी उत्पन्न कर दिया। इस पर इन्द्र ने हार मानकर स्कन्द की महत्ता स्वीकार की और उन्हें देवसेना का सेनापति बना दिया।

कर्तिकेय की पत्नी का एक नाम 'षष्ठी' बताया गया है। ऐसा लोकविश्वास है कि यह देवी छोटे बालकों को हानि पहुंचाती है, तथा उनका भक्षण कर जाती हैं। इसीलिये बालक के जन्म के छठे दिन इसकी विधिवत् पूजा होती है। उत्तर भारत के लगभग सभी गांव में बच्चे की मां और परिवार जन्म की छठी के दिन पूरी रात जागरण कर बच्चे के पास बैठे रहते हैं। एक मान्यता यह भी है कि छठी की रात्रि में आने वाली देवी माता आकर बच्चे का भाग्य लिखती हैं, तथा उसी के अनुरूप बालक का जीवन रहता है। श्वेता, शकुनिका, वामनिका, सन्तानिका, सुप्रतिष्ठा, सुकुसुमा, समेडी, शोभना तथा अन्यान्य विचित्र नाम वाली उनकी असंख्य परिचारिकाएँ महाभारत में वर्णित हैं।[1]– इनको मातृकायें कहा गया है और स्कन्द द्वारा इनको यह अनुमति मिली हुई कि वे 16 वर्ष की अवस्था तक वाले बालकों को रोगादि से पीड़ित करें। सुवक्त्र– संचारक, सुचक्र, सित तथा सहस्रबाहु आदि नाम वाले उनके गण भी हैं। जिनका स्वरूप रुद्र के प्राचीन विनाशकारी गणों से मिलता है। इन दोनों को मिलाकर 'स्कन्दग्रह' कहा जाता है। विधान है कि अपनी सन्तान के आयुष्य की कामना करने वाले माता–पिताओं को इनका पूजन अवश्य करना चाहिए। (230/43/44)[2]।।

उपर्युक्त कृत्तिकाओं से इनका सम्बन्ध, छः मुख तथा इनके जन्म के सम्बन्ध में परस्पर असंगत कथायें आदि तथ्य इन्हें मूलतः लोक विश्वास का ही देवता सूचित करते हैं। संस्कृत के प्राचीन नाटक 'मृच्छकटिक' के चतुर्थ अंक में प्राप्त एक प्रसंग से भी ज्ञात होता है– शर्विलक जब चारुदत्त के घर में सेंध लगाता है, तो कार्त्तिकेय को प्रणाम करता है, और उन्हें 'चौर्यकला का आदिगुरु' कहकर स्मरण करता है। (नमो वरदाय कुमारकार्तिकेयाय, नमः कनकशक्तये ब्रह्मण्यदेवाय–देवव्रताय....) चोरों को स्कन्दपुत्र बतलाता है। इनके लौकिक उद्भव का इससे अच्छा और क्या प्रमाण हो सकता है। कार्तिकेय, सुब्रह्मण्य–स्वामी या कुमार–स्वामी की पूजा–उपासना आज भी मुख्यतया

---

1 महा० वनपर्व– 227–20–30।।

2 वैदिक देवता (उद्भव और विकास) डॉ० गयाचरण त्रिपाठी दिल्ली– राष्ट्रीय संस्कृत संस्थान पृष्ठ–401

तमिलनाडु और केरल में व्यापक रूप से प्रचलित है, उत्तर में नहीं। इन दो प्रान्तों में कार्तिकेय का षोडशवर्षीय तेजस्वी और मोहक कुमार रूप– 'कुमारप्पन या अय्यपन' नाम से बहुत लोक प्रिय और व्यापक रूप से पूजित है। केरल के शबरीमलै मन्दिर में मकरसंक्राति के दिन इनके भव्य दर्शन की व्यवस्था होती है। इनके भक्तगण चालीस दिनों तक एकाशी रहकर ब्रह्मचर्यपूर्वक कठोरव्रत रखते हुये काले कपड़े पहनकर उक्त मन्दिर में इनके दर्शन करने जाते हैं। इस मन्दिर में बालिकाओं और वृद्धाओं को छोड़कर शेष स्त्रियों का प्रवेश वर्जित है, क्योंकि अय्यपन कठोर बालब्रह्मचारी हैं।

स्कन्द के अग्नि–पुत्रत्व के बारे में एक हल्का सा संकेत शतपथ ब्राह्मण में भी मिलता है। (1.3.18) यहां भव, उग्र शर्व आदि रुद्र के आठ नामों का परिगणन करने के उपरान्त (पृ० 443) कहा गया कि ये अग्नि के आठ रूप हैं और उसका नवमरूप 'कुमार' है–

कुमार–स्कन्द 500–600 ई० सन् स्वात्, स्टेटाईट प्रतिमा पर कश्मीर तथा गान्धार दोनों कलाओं का प्रभाव

सौजन्य–प्रो० नमन प्रकाश आहुजा

''....तान्येतानि अष्टौ अग्निरूपाणि कुमारो नवमः।''

महाभारत के अनुशासन पर्व, ब्रह्म पुराण, वराह एवं पद्म पुराण आदि में स्कन्द–कार्त्तिकेय के सम्बन्ध में जो भी लिखा है वह सब भ्रमित करने के सिवाय कुछ नहीं है।

स्कन्द का शस्त्र शक्ति या बरछी है।[1] उनका वाहन मयूर बताया गया है– 'नमो मयूरोज्ज्वलवाहनाय'।[2] महाभारत में उन्हें महिषासुर का वध करते हुये भी उल्लिखित किया गया है।[3] जिसका श्रेय बाद में उनकी माता दुर्गा को दिया गया।

पुरातत्त्वीय सन्दर्भ में कार्त्तिकेय

हड़प्पन संस्कृति काल में स्कन्द जैसा कि पूर्व आलेखों में बताया जा चुका है कि वैदिक इतिहासकार पं० भगवद्दत्त इन देवताओं की कालावधि 17000 वर्ष से भी पूर्व लिखते हैं। किन्तु आधुनिक काल के कुछ पुरातत्त्वक्विद् विद्वानों ने स्कन्द–कार्त्तिकेय की अवस्थिति हड़प्पन– सैन्धव काल में भी दर्शाने का प्रयास किया है। कुछ विद्वानों ने यदा–कदा सिन्धु लिपि को पढ़ने का भी दावा किया है। फादर हेरस ने दावा किया है कि सैन्धव लिपि तमिल का ही पुराना रूप है। उनके अनुसार 'वेलन' शब्द स्कन्द का तमिल नाम है जो कई मोहरों पर मिलता है।[4] उनके अनुसार कुछ मोहरों पर तमिल का प्रसिद्ध–मुरुगुन भी पाया जाता है।[5] टी.जी. अर्वमुन्थन तो हड़प्पन संस्कृति को विशुद्ध हिन्दु संस्कृति मानकर उसे वैदिक कल्चर का ही एक फेज मानते हैं। उनके अनुसार इस काल में कार्त्तिकेय प्रमुखता से उदय हो रहे थे, जबकि इन्द्र अपने भूत की ओर बढ़ रहे थे।[6] अधिकांश विद्वान् इस बात से सहमत हैं कि हड़प्पन सभ्यता वैदिक सम्यता से अलग नहीं थी। परन्तु अभी इस बात से सहमत होना कठिन है कि– कार्त्तिकेय इस काल में विद्यमान थे। हड़प्पन काल को लेकर भी विद्वानों में अत्यधिक मतभेद हैं। ब्रह्मा ने स्कन्द के लिए बहुत महत्त्वपूर्ण कार्य किया। ब्रह्मा के निर्देश पर ही अग्नि को स्कन्द कार्त्तिकेय जन्म का कार्य सौंपा गया।[7] कालान्तर में ब्रह्मा ने ही स्कन्द को देवसेना का सेनापति नियुक्त

---

1 महा० शान्ति० (327.9.)।।

2 मत्स्य० पु० 158. 16।।

3 शल्य पर्व– 46. 90।।

4 न्यू इण्डियन ऐन्टीक्यूटी, प्रथम भाग (Vol-1. P. 52)
दवेल्लाज ऑफ मोहन जोदाड़ो, एच० हेरास।

5 वही,

6 जे बी आर एस– वोलङ्मूम– 24 (1948) पी.पी. 31।

7 बाल्मिकी रामायण, अध्या० 36–37।।

किया। इसीलिए एक जगह कार्तिकेय को ब्रह्मा का पुत्र कहा गया है।[1] सुधांशु रे, जो सैन्धव– लिपि पर काम कर रहे हैं, उन्होंने उस हड़प्पन मोहर पर जिस पर सींगो वाले पशुपति समाधिस्थ है, उस पर स्कन्द– कार्तिकेय को पहचानने का दावा किया है।[2] किन्तु इस सुझाव को नहीं माना जा सकता। क्योंकि अनेक विद्वानों ने इस मोहर पर अंकित पुरुषाकृति को पशुपति–शिव माना है। पद्मासन में बैठे शिव–पशुपति के चारों ओर कई सारे पशु अंकित हैं। इनमें कई हिंसक पशु भी हैं, जो इस बात का द्योतक हैं कि पशुपति–शिव ने अहिंसा को सिद्ध कर लिया था, इसी कारण हिसंक पशु भी उनके अंग–संग रहते थे। पतञ्जलि मुनि ने अपने योग दर्शन के एक सूत्र में इसको प्रकट किया है– ''अहिंसाप्रतिष्ठायां तत्सन्निधौ वैरत्यागः।'' (यो० द०)

हड़प्पा, मोहन–जो–दाड़ो, लोथल, राखीगढी, बन्नावली, धौलावीरा और काली–बंगा आदि से मिले चित्रित मिट्टी के बर्तनों पर कई जगह 'मयूर' का अंकन मिला है, जिसके आधार पर के एन शास्त्री प्रभृति विद्वान् इसे स्कन्द कार्तिकेय से जोड़ते हैं। लेकिन केवल इस आधार पर हम हड़प्पन संस्कृति और सम्यता में उनकी अवस्थिति नहीं मान सकते।

अथर्व परिशिष्ट में स्कन्द के लिये 'धूर्तकल्प' का उल्लेख है। इसमें धूर्त के रूप में उसको प्रसन्न करने के लिये एक विशेष धर्मिक अनुष्ठान करने का विधान किया गया है। यहां स्कन्द के जो नाम–दिये गये है, वे हैं – षडानन, एकदंत, कार्तिकेय, ब्रह्ममन्य, स्वामी और धूर्त। विशाख को स्कन्द का भाई बतलाया गया है। यहां कार्तिकेय के वाहन मयूर के अतिरिक्त श्वेत–अश्व, हस्ति, शेर और बाघ भी वाहन बतलाये गये हैं। शस्त्र के रूप में सब जगह की भांति यहां भी शक्ति को ही माना है। इस अनुष्ठान से स्कन्द की पूजा करके यजमान (यज्ञादि करने वाला) वह सब कुछ प्राप्त कर लेता है, जिनकी चाहना के लिये यह अनुष्ठान कराया गया है। इस अनुष्ठान (धूर्तकल्प) को सम्पन्न करते हुये स्कन्द की मूर्ति स्थापित की जाती है। यहां यह बताना आवश्यक है कि इस पूजा में किये यज्ञ में जो आहुतियां दी जाती हैं वे वेद–मन्त्रों से नहीं, बल्कि स्कन्द परंपरा के लिए निर्मित श्लोकों से दी जाती हैं।

पुरातन काल में गणतन्त्रों या राजाओं की ओर से धर्म प्रचार के अनेक उपाय किये जाते थे। हमें सुनेत (सुनेत्र) लुधियाना से प्राप्त मिट्टी की मोहरों पर ब्राह्मी लिपि में लेख हैं[3]:–

---

1 महा०भा०– 9.46.22।।

2 मेक्की, इ, फरदर ऐस्केबेशन्स एट मोहन जोदाड़ो वोल्यूम II, प्लेट, 14, 420.

3 ये मोहरें गुरुकुल–झज्झर (हरियाणा) स्थित– स्वामी ओमानन्द पुरातत्व संग्रहालय में सुरक्षित हैं। द्रष्टव्य–मेरे द्वारा लिखित– 'यौधेय गणराज्य' पुस्तक में प्लेट नं०– 17।

1. धर्मंकर्तव्यम्
2. सत्यं वक्तव्यम्।
3. दातव्यं भोक्तव्यम्।

मृण्मयी ये मोहरें बड़ी संख्या में बनाकर शासन की ओर से जनता में बांटी जाती थीं। प्रियदर्शी सम्राट् अशोक ने भी अपने धम्मादेशों में इस तरह के राज्यादेश खुदवाये थे। साथ ही उन्होंने अपने राज्य में 'धर्म महामात्र' नाम के अधिकारी नियुक्त किये थे। इनका काम धर्म को बढ़ावा देना और हर धर्म को उसकी स्थिति के अनुसार संरक्षण और अनुदान देना था। हमें अकीक पत्थर का एक नग मिला है, जिस पर गुप्तकालीन ब्राह्मी लिपि में–

"धर्मो रक्षति रक्षितः" लेख खुदा है। यह अंगूठी में पहना जाने वाला नग रहा होगा।[1]

पाणिनि काल में:–प्राचीन काल के प्रसिद्ध वैय्याकरण पाणिनि के गणपाठ और उनके द्वारा रचित अष्टाध्यायी में अनेक जगह स्कन्द का उल्लेख मिलता है। उन में देव– स्कन्द– कार्त्तिकेय का स्पष्ट नाम आया है।[2] पाणिनि ने 'दधिपयादि' गण में स्कन्द और विशाख का एक साथ उल्लेख किया है।[3] जो स्कन्द और विशाख की निकटता व सहभगिता दिखलाता है। साथ ही वह अष्टाध्यायी में भी इस गण से एक सम्बद्ध 'दधिपय आदि' गण का उल्लेख करते हैं।[4] स्कन्द और विशाख की निकटता पतञ्जलि ने भी अपने महाभाष्य में प्रकट कर दी है।[5] इससे प्रतीत होता है कि पाणिनि स्कन्द के शरकण्डों में जन्म से अवगत रहे होंगे।[6]

पतञ्जलि स्कन्द–कार्त्तिकेय के विषय में एक बहुत ही दिलचस्प सूचना देते हैं। वे अष्टाध्यायी के एक सूत्र की व्याख्या करते हुये कहते हैं कि– मौर्यों ने शिव, स्कन्द और विशाख की मूर्तियां पैसा–धन कमाने के लिए बनाई हैं– मौर्यैः हिरण्यार्थभिरर्चाः प्रकल्पिताः। (महा०– अष्टा० 5. 3. 99)

अष्टाध्यायी पर व्याख्या करते हुए पतञ्जलि ने जो लिखा है, उस पर डॉ० बुद्ध प्रकाश का कहना था कि मौर्यों ने उस समय के मन्दिरों को भी अपने अधिकार में ले लिया था, और पूजा से आने वाला पैसा सरकार के कोष में जाता था। बिना

---

1 वही संग्रहालय

2 गणपाठ; II 4.12, चतुर्थ–2–98।।

3 स्कन्द–विशाखौ– 22–पृ० –171
पाणिनिपंचकम्, दिल्ली संस्कृत अकादमी।

4 .न दधिपयआदीनि, अष्टा०– 2.4.14।

5 महाभाष्य– व्याख्या– अष्टाध्यायी– 8.1.15।

6 अष्टाध्यायी– 6.3.16।

किसी ठोस प्रमाण के इस बात से सहमत नहीं हुआ जा सकता। क्योंकि मौर्य सम्राट् अशोक ने तो इसके विपरीत धर्म प्रचार के लिये राजकीय कोष से वित्तीय अनुदान देना प्रारम्भ कर दिया था। इतना ही नहीं उन्होंने तो एक प्रज्ञापन–धर्मादेश के द्वारा 'धर्ममहामात्र' नाम के अधिकारी नियुक्त किये थे, और उनको स्पष्ट आदेश था कि वे प्रत्येक धर्म को उसके प्रसार के अनुपात के अनुसार राजकीय कोष से अनुदान देवें। जब उनकी ओर से यह सब किया जा रहा था तो वे मन्दिरों का अधिग्रहण कैसे कर सकते थे। हां, यह स्वीकार किया जा सकता हैं कि चन्द्रगुप्त मौर्य या बिन्दुसार के काल में बीच में कोई ऐसा अवसर अवश्य आया होगा जब मौर्यों ने विक्रय के लिये देव प्रतिमायें बनाई हों।

मौर्यों के बाद शुंगकाल में भी देव प्रतिमाओं के विक्रय का कोई आभास और प्रमाण नहीं मिलता। शुंग काल में मृण् मूर्तियां बनाने के कुछ मुख्य केन्द्र थे, जिनमें बहुत ही उत्कृष्ट कलाकारों ने वे मूर्तियां बनाई जिनके कारण विश्वभर में हमारी प्राचीन भारतीय कला का बहुत आदर है। इन केन्द्रों में चन्द्रकेतुगढ़, ताम्रलिप्ति (तामलुक) (दोनों पश्चिम बंगाल) सुघ (प्राचीन स्रुघ्न) हरियाणा, कौशाम्बी (कोसम), अहिच्छात्रा (बरेली) और मथुरा प्रमुख हैं।[1] यहां पाणिनि और पतञ्जलि द्वारा स्कन्द के उल्लेख से यह तो प्रमाणित हो गया है कि कार्त्तिकेय मौर्य–काल तक एक प्रमुख देवता हो गये थे और मन्दिरों में सर्वत्र उनकी पूजा होने लगी थी।

प्राचीन सिक्कों पर स्कन्द

प्राचीन वाङ्मय, संस्कृत साहित्य और भारतीय कला की ही तरह मुद्राओं–सिक्कों पर भी कार्त्तिकेय को बहुत आदर मिला है। यद्यपि कार्त्तिकेय को पांच मुख्य देवताओं (शिव, विष्णु, सूर्य, शक्ति और गणेश) में स्थान नहीं मिला है। तथापि सिक्कों पर जो स्थान उनको मिला है, वह प्रमाण है इस बात का कि वे निःसन्देह भारतीय जनमानस, राजा और विदेशी आक्रान्ताओं के हृदय में गहरा स्थान बना चुके थे। मुद्रा– विज्ञान के विद्वान् और शोधकर्ता जानते हैं कि ब्राह्मण देवता स्कन्द उत्तर और दक्षिण में समान रूप से पूजे जाते हैं।

ऐलन के अनुसार कुछ आहत–मुद्राओं (पंच मार्क्ड–क्वायन्स) पर दिखने वाले मानवाकृति वाले चिह्न कार्त्तिकेय ही हैं।[2] क्योंकि उसके दायें हाथ में जो हथियार दिख रहा है.– वह शक्ति–भाले जैसा है। प्रचीन समय में मुद्रा राज्य संचालन के लिए अपने देव और देवियों को समर्पित कर दी जाती थीं। औदुम्बर, कुणिन्द और

1 द्रष्टव्य– प्रो० नमन आहूजा द्वारा लिखित, आक्सफोर्ड यूनिवर्सिटी से– 'इन्डियन आर्ट' प्रकाशित ग्रन्थ।

2 जे. ऐलन, कैटेलॉग ऑफ द क्वायन्स इन द ब्रिटिश म्यूजियम पृ० 36....35

यौधेयों ने पुष्पकलावती (पेशावर) की सिटी स्टेट में यही प्रयोग किया था। वहां इन्होने अपने अधिष्ठातृ देव– महादेव (शिव) छत्रेश्वर (शिव) और कार्त्तिकेय के नाम से अपने सिक्के प्रचलित किये थे। यह परम्परा मध्ययुग और आज भी जारी रही है।

यौधेयों ने अपने गणराज्य में समय–समय पर कई प्रकार के सिक्के जारी किये, जिनका अध्ययन अपने आप में बहुत दिलचस्प है। उन्होंने मौर्य काल से लेकर दूसरी–तीसरी शताब्दी ई० तक विभिन्न प्रकार के सिक्के दिये, जिनकी सूची निम्न हैं–

1. यौधेयानां बहुधाञके (अग्रभाग में नन्दी, पृष्ठ में हस्ति)
2. यौधेयानां भूमधाञके (अग्र–नन्दी, पृष्ठ– हस्ति)
3. बहुधन यौधेय
4. भागवतस्वामिनो ब्रह्मण्यदेवस्य कुमारस्य (ताम्र)
5. 'भागवतस्वामिनो ब्रह्मण्यदेवस्य' (रजत मुद्रा)
6. 'भागवत स्वामिनो ब्रह्मण्यदेवस्य हिरण्यबलवृद्धाकृति' (स्वर्ण मुद्रा)
7. भागवत स्वामिनो ब्रह्मण्यदेवस्य (षण्मुख–प्रकार) (ताम्र–मुद्रा)
8. राज्ञो भानुवस्य (ताम्र–लघुमुद्रा)
9. राज्ञो भानुवस्य (षण्मुख प्रकार) दीर्घाकार
10. 'राज्ञो वरुणमित्रस्य' (ताम्र)
11. राज्ञो रावणस्य– ताम्र
12. 'राज्ञो भानुघोषस्य' (कार्त्तिकेय षण्मुख प्रकार)
13. यौधेयगणस्य जय (कार्त्तिकेय भाला लिये)

यहां सूची बद्ध इन यौधेय सिक्कों में पहले तीन श्रेणी के सिक्के ईसा पूर्व की चौथी–पांचवीं पूर्व शताब्दी के हैं, इनका सीधा सम्बन्ध कार्तिकेय से नहीं है। परन्तु कार्त्तिकेय महाभारत काल से पहले से ही यौधेय गण का अधिष्ठातृदेव था। यौधेयों द्वारा अध्युषित क्षेत्र में पूरे शिव परिवार का न केवल आदर था, अपितु उसकी पूजा होती थी। इनके सम्पूर्ण भू–भाग में आज भी मुख्य रूप से केवल शिवालय ही हैं। जो मन्दिरों के रूप में विद्यमान हैं। इनसे इतर अन्य देवताओं की पूजा यहां नाम मात्र ही रही है।

यौधेय सिक्कों की इस सूची में चौथे क्रमांक से तेरहवें क्रमांक तक की मुद्रायें (सिक्के) कार्त्तिकेय से सम्बन्धित हैं, और इन सब पर कार्त्तिकेय का सुन्दर चित्रण है। इनका कलात्मक एवं अभिलेखात्मक और प्राप्ति स्थान आदि जानने के लिए मेरे द्वारा लिखित पुस्तक **"प्राचीन भारत में यौधेय गणराज्य"** देखी जा सकती है।[1]

1 सूर्य भारती प्रकाशन, नई सड़क दिल्ली, 12, फलक सं.–33

इन सिक्कों में– अन्तिम प्रकार (13 वें क्रम पर) के सिक्के सर्वाधिक प्राप्त होने वाले हैं। उनके ये सिक्के उन्होंने कुषाणों को हराने के उपलक्ष्य में चलाये थे। इनको 'विजय स्मारक' मुद्राओं के रूप में भी जाना जाता है। ये बड़ी संख्या में पाये जाते हैं। इन पर मुख भाग पर कुमार कार्त्तिकेय वीरोचित मुद्रा में खड़े है। इन पर ब्राह्मी लेख है– ''यौधेयगणस्य जय''........ इसके दायें हाथ में शक्ति (भाला) है। वाहन मयूर पैरों के पास खड़ा है। सिक्के के पृष्ठ में एक देवी का अंकन है, जो सम्भवतः षष्ठी हैं। कुछ विद्वान् इसको पार्वती मानते हैं। कुछ लक्ष्मी भी कहते हैं।[1]

यौधेयों ने अपने समकालीन गणों में सबसे अधिक सिक्के जारी किये थे। क्योंकि इनका गणराज्य सबसे बड़ा और विस्तृत था। पाणिनि ने इनको 'आयुधजीवी' कहा है –

न प्राच्यभर्गादि यौधेयादिभ्यः

अष्टा० 4.1.178

पर्श्वादियौधेयादिभ्यामणञौ।

अष्ठा० 5–3.117

आयुधजीविभ्यश्छः पर्वते।

अष्ठा० 4.3.91

आयुधजीविसंधाञ्‌ञ्यड् वाहीकेष्वब्रह्मण राजन्यात्।।

अष्टा० 4.3.114

यहां यौधेयादि गणों को आयुधजीवी संघ माना गया है। इनमें निम्नलिखित गणों का पाठ है–योधेय, क्रोशेय, कौशेय, शौक्रेय, शौभ्रेय, धार्तेय, वार्तेय, जाबालेय, त्रिगर्त, भरत, और उशीनर।

लगभग 96 वर्ष विक्रम पूर्व से 17 विक्रमी संवत, तक होने वाले आचार्य वाराहमिहिर ने अपने प्रसिद्ध ग्रन्थ बृहत्संहिता (वाराही संहिता) में यौधेयों तथा यौधेयदेश का अनेक बार उल्लेख किया है। यथा–

यौधेयान् सचिवान् सकौरवान् प्रागीशानथ–चार्जुनायनान्।।

4.115

कुर्यादायुधजीविकानाम्........।।

4.1.26

अलिन्यथोदुम्बरभद्रचोलान् द्रुमान् स यौधेय विषायुधीयान्।।

5.40।

---

1 फलक सं.–32

यहां पर बृहत्संहिता में दश बार यौधेयों का उल्लेख किया गया है। साथ ही ऊपर लिखे सन्दर्भ में आचार्य वाराह मिहिर ने यौधेयों को विषायुधीय लिखा है। अर्थात् उनके शस्त्रास्त्र विष में बुझे (विषयुक्त) होते थे, जिनके लगने पर प्राणी जीवित नहीं रह सकता था। यहां यह सब लिखने का हमारा प्रयोजन यह है कि– शक्तिधर कार्त्तिकेय का शस्त्र– भाला भी कदाचित् विष–बुझा रहा होगा, जो अनिवार्य रूप से संहारक रहा होगा।

महाभारत के अनुसार यौधेयों का कर्ण, युधिष्ठिर और अर्जुन से भी युद्ध हुआ था[1] नकुल ने तो अपनी पश्चिम दिग्विजय यात्रा के समय रोहितक पर चढ़ाई की ही थी।[2]

यहां आक्रमण व युद्ध का वर्णन करते हुये महाभारतकार ने 'मत्तमयूरकैः' शब्द का प्रयोग किया है। जिसको कई विद्वानों ने मतमयूरक प्रदेश मान लिया है, जो सर्वथा गलत है। यहां मत्त शब्द मयूरक के विशेषण के रूप में आया है और मयूरक शब्द स्कन्द के भक्त–अनुयायियों के लिए है। रोहतक में निवास करने वाला समुदाय 'मत्तमयूरक' कहलाता था जिसका अर्थ है– युद्ध के लिए सदा उद्यत रहने वाले मयूरक जन। मयूरक लोग सर्वथा उन्मत्त होकर लड़ते थे इसी कारण उन्हें मत्तमयूरक कहा गया। आज भी वहां के लोग युद्धप्रिय हैं और भारतीय सेना में बहुसंख्या में हैं।

महाभारत के समय कर्ण ने भी रोहीतक पर आक्रमण कर इसको जीत लिया था–

भद्रान् रोहितकांश्चैव आग्रेयान् मालवानपि।
गणान् सर्वान् विनिर्जित्य नीतिकृत् प्रहसन्निव।।

महा० वनपर्व 255/20

महभारत के इस उल्लेख से स्पष्ट है कि– कार्त्तिकेय के द्वारा अध्युषित रोहितक इस देव का अत्यधिक प्रिय नगर था, जो अतीव रमणीक तथा अपरम्पार धन धान्य की ही तरह गायों से भी परिपूर्ण रहता था। स्कन्द–कार्त्तिकेय यौधेयों के अधिष्ठातृ देव थे, इसलिए उनकी यहां पर विशेष पूजा होती होगी। इसी कारण उनका यहां ''दयितम्''– प्रिय स्थान होने का उल्लेख महाभारतकार ने किया है। यौधेय आयुधजीवी लोग थे। कदाचित् इसी कारण इन्होंने देवसेना के सेनापति कार्त्तिकेय को अपना ''आराध्यदेव''

---

1 महा० 157.30।। तथा– द्रोणपर्व– 19/161

2 ततो बहुधनं रम्यं, गवाढ्यं धनधान्यवत्।
कार्त्तिकेयस्य दयितं रोहितकमुपाद्रवत्।।
तत्र युद्धं महच्चासीच्छूरैर्मत्तमयूरकैः।
मरूभूमिं च कात्स्र्यनेन तथैव बहुधान्यकम्।।
शैरीषकं महेत्थं च वशे चक्रे महाद्युतिः।
आक्रोशं चैव राजर्षि तेन युद्धमभून्महत्।। महा० समापर्व

माना। यौधेय–मुद्राओं (सिक्कों) पर सर्वत्र स्कन्द–कार्त्तिकेय का अंकन इसी तथ्य की पुष्टि करता है।

यहां यह लिखना आवश्यक है कि रोहितक नाम 'रुहिड़े' नामक पेड़ के कारण पड़ा। रुहिड़े का संस्कृत नाम रोहितक है। इस प्राचीन नगर के पास रुहीड़े का बहुत विस्तृत वन (जंगल) था। पाणिनीय व्याकरण ग्रन्थ अष्टाध्यायी के सूत्र–"अदूरभवश्च" (4.2.70) के अनुसार जिस नगर के पास जिस वृक्ष का वन होता था, नगर का नाम उसी वृक्ष के नाम पर रख दिया जाता था। शैरीषक (सिरसा) तथा पाटलिपुत्र (पटना) आदि अनेक नगर नाम इसके उदाहरण हैं। यहां यह स्पष्ट कर देना आवश्यक है कि रोहितक के लिए महाभारतकार ने 'रम्य' शब्द का प्रयोग किया है। इसकी यह

रुहीड़ा (रोहीतक) का पुष्पित वृक्ष। इसी वृक्ष के कारण नगर का नाम रोहीतक पड़ा

रमणीयता रुहीड़े (संस्कृत नाम रोहितक) के कारण थी। इस पेड़ पर जब पुष्प आते हैं तो यह इतनी सुन्दर छटा बिखेरता है कि घंटों तक इसको निहारते रहने का मन होता है। इस पर तीन रंग–लाल, गैरिक (ऑरेन्ज) और पीले फूल आते हैं। यह इतना अधिक पुष्पित और पल्लवित होता है कि इसका एक पत्ता भी नजर नहीं आता है। किन्तु खेद है कि अब यह वृक्ष इस क्षेत्र से सर्वथा विलुप्त हो गया है। कारण कि यहां पानी की सरसाई के कारण अब यह यहां नहीं होता है। राजस्थान में अनेक स्थानों पर यह अब भी होता है। भिवानी से लोहारु जाने वाली सड़क पर कहीं–कहीं अवश्य दिख जाता है।

इस पेड़ में औषधीय गुण भी हैं। इसकी छाल से रोहितारिष्ट एवं अन्य कई औषधियां बनती हैं। सुदृढ (मजबूत) होने से इससे फर्नीचर भी बनाया जाता है। हम यहां इसका चित्र दे रहे हैं, जिससे पाठकवृन्द इसको देख सकें। न जाने कब यह पर्यावरण या प्राकृतिक आपदा एवं जलवायु परिवर्तन का शिकार हो जाये और हम इसे देख भी न सकें। यह शुष्क धरती पर समशीतोष्ण जलवायु मे होने वाला पेड़ है। रोहितक नगर के आसपास जल बहुलता के कारण इस क्षेत्र से विलुप्त हो गया है।

ईसा की प्रथम–दूसरी शती के बौद्ध–ग्रन्थ महामायूरी में भी लोक प्रसिद्ध कार्तिकेय को रोहितक में अधिष्ठित–निवसित बतलाया है–

रोहितके कार्तिकेयः कुमारो लोकविश्रुतः।

श्लोक– 22

कुमार कार्तिकेय का रोहितक नगर (वर्तमान रोहतक) महाभारत काल से बहुत पहले से बहुत प्रसिद्ध रहा है। मौर्यों के समय यहां यौधेयों के ''यौधेयानां बहुधान्यके'' लेख वाले सिक्कों की टकसाल रही है। डॉ० बीरबल साहनी ने यहां सन् 1936–37 ई० में पुरातत्त्वीय उत्खनन कराया, तब यहां टकसाल मिली थीं। और बहुत सारी पुरातत्त्वीय सामग्री के अतिरिक्त यहां कुषाण कालीन बौद्ध स्तूप की विद्यमानता के भी प्रमाण मिले हैं। कुछ दिन पूर्व यहां से दो अभिलिखित प्रस्तर कुण्ड मिले। ये महार्षि दयानन्द विश्वविद्यालय रोहतक में प्राचीन भारतीय इतिहास और पुरातत्त्व विभाग में प्रोफेसर डॉ० अमरसिंह और डॉ० मनमोहन शर्मा ने संग्रहीत करके विभागीय संग्रहालय में रखवा दिये हैं। इनके ऊपरी भाग पर ब्राह्मीलिपि व प्राकृत भाषा में लेख है–[1]

''कथयेकं कबियेकस यद् धर्मबलस्य–कनिकस्य..... या कस दानं चेतुदिशे स मातापित्रोः धर्मराजो.....।''

---

1 सूर्य भारती प्रकाशन, नई सड़क दिल्ली द्वारा प्रकाशित 'यौधेय गणराज्य'

लेख से ऐसा प्रतीत होता है कि कुषाण राजा कनिष्क स्वयं यहां आया और उसने महात्मा बुद्ध को श्रद्धाञ्जलि देते हुये अपने माता–पिता की स्मृति में ये कुण्ड दान किये। इस प्रकार रोहितक की महान् ऐतिहासिक परम्परा अविच्छिन्न रूप से प्रचलित रही। कार्त्तिकेय का यह प्रिय नगर आज भी हरियाणा के एक बड़े नगर–रोहतक के रूप में विद्यमान है। यहां इण्डोग्रीक, कुषाण, गुप्त तथा गुर्जर प्रतिहार राजाओं की भी टकसालें मिली हैं।

यहां न केवल रोहितक अपितु उनका सम्पूर्ण बहुधान्यक–मरुभूमि (यौधेय देश) स्कन्द–कार्त्तिकेय का देवता के रूप में समर्पित रहा, और यौंधेयों ने इसी देवता के नाम पर शासन किया। उन्होंने कार्त्तिकेय को अंकित करते हुये कई प्रकार के सिक्के चलाये। पीछे मैंने उनके प्रकार और लेखों को उद्धृत किया है। उन्होंने षण्मुखी स्कन्द और पृष्ठ भाग पर षष्ठी का भी अंकन किया है। एक मुखी स्कन्द वाले सिक्के तो आज भी लाखों की संख्या में मिलते है। मैंने सिक्कों के साथ यौधेय इतिहास का सम्पूर्ण विवरण अपनी पुस्तक ''प्राचीन भारत में यौधेय गण राज्य'' में विस्तार से दिया है।[1] विस्तृत जानकारी के लिए पाठक उसका अध्ययन कर सकते हैं।

यौधेय तथा कुछ और ट्राईबल गणों की तरह कई विदेशी शासक भी कार्त्तिकेय का आदर किया करते थे।

दो शताब्दियों के अन्तराल के बाद इस युद्ध–देवता को हम कुमारगुप्त प्रथम (ई० 417–454) के सिक्कों पर पाते हैं। इनमें एक षडानन– ब्रह्मण्यदेव का अंकन है। इसके दूसरी प्रकार के स्वर्ण–सिक्के ऐसे भी है, जिनके पृष्ठ भाग में मयूर पर कुमारगुप्त आसीन हैं। कार्त्तिकेय अपने वाहन पर प्रसन्नमुद्रा में आसीन हैं। उनके दायें हाथ में शक्ति और बायें हाथ वरद–मुद्रा में है। मयूरारूढ कार्त्तिकेय सम्भवतः इस समय गुप्तों के गृह–देवता बन गये थे जिन्होंने अपने बाहुबल से एक बहुत विशाल साम्राज्य स्थापित कर लिया था। गुप्तवंशी राजा वैसे तो वैष्णव मत के मानने वाले थे (परमभागवत)। परन्तु स्कन्दगुप्त और कुमारगुप्त प्रथम इतने पुराने गरुड़ को छोड़कर और मयूर को अपना कर कार्त्तिकेय के प्रति श्रद्धावनत हो गये। यह इतिहास की एक बड़ी घटना मानी जायेगी। इसके दो कारण हो सकते है। एक तो कार्त्तिकेय को युद्ध–देवता के रूप में मान्यता और दूसरा उस समय पुष्यभूति और हूणों द्वारा निरन्तर भयंकर आक्रमण।[2]

---

1 वही– सम्पूर्ण पुस्तक।

2 विस्तार के लिये देखें– उपेन्द्र ठाकुर– दी हूणाज् इन इन्डिया। पृ० 282

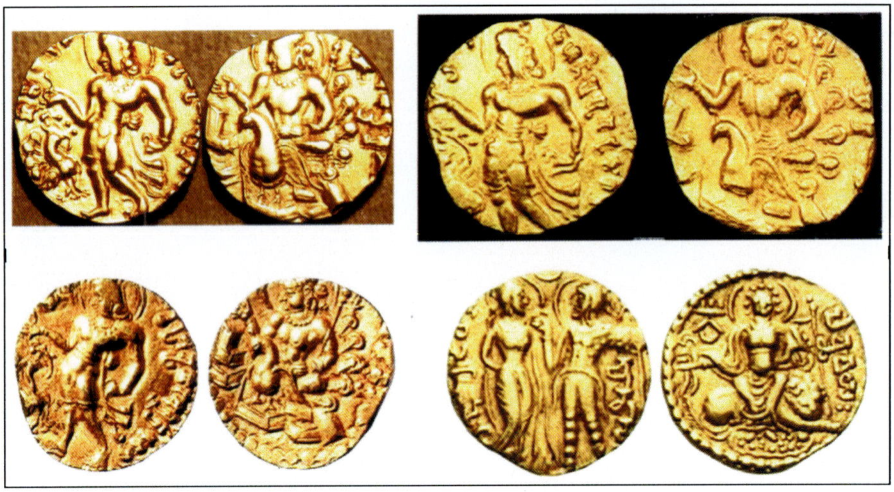

यहां कुमार गुप्त प्रथम के सिक्कों पर लेख है–

विजितावनिरवनिपतिः कुमारगुप्तो दिवं जयति।

इसी तरह स्कन्दगुप्त की स्वर्ण मुद्राओं पर लेख है–

विजितावनिपतिरजयति दिवं स्कन्दगुप्तोऽयम्।

इन सब उद्धरणों से यह बिल्कुल स्पष्ट हो गया है कि कार्त्तिकेय यौधेयों के अतिरिक्त भी कुषाणों तथा विदेशी आक्रान्ताओं और वैष्णवी सम्राटों में सदा पूज्य रहे, और वे जन सामान्य में भी सदा आदृत रहे, तथा पूजनीय बने रहे। स्कन्द ने वैदिक देवता–इन्द्र द्वारा प्रदत्त ''युद्ध के देवता'' और ''देवसेना के सेनापति'' के विरुदों का सम्मान समाज में बढाया।

हूणों के प्रमुख सेनापति और शासक तोरमाण ने चांदी के सिक्के जारी किये जिनके ऊपर गुप्त राजाओं की मुद्रओं का प्रभाव है। इन पर पंख फैलाये मोर का अंकन है तथा पृष्ठभाग पर कार्त्तिकेय हैं। ब्रिटिश म्यूजियम में इस प्रकार के दो नमूने हैं।[1] इससे यह ध्वनित होता है कि तोरमाण ने भी युद्ध में विजय के लिए स्वामी कार्त्तिकेय के प्रति आभार व्यक्त किया था।

मौखरि और पुष्यभूति शासकों ने भी गुप्त कालीन चांदी के सिक्कों का अनुकरण किया। उनके सिक्कों के पृष्ठ भाग पर पंख फैलाये मोर की आकृति मिलती है। इससे ज्ञात है कि मौखरि और पुष्यभूति शासक भी कार्त्तिकेय के प्रति अनुरक्त थे।[2]

1 उपेन्द्र ठाकुर द हूणाज इन इन्डिया, पृ० 82.83 वाराणसी 1968।

2 कनिघंम ए. एस. आर. जिल्द–5, प्लेट 5–16
अल्तेकार ए.य. यी.वी.टी सं. 29।।

इस प्रकार विभिन्न गणों तथा शासकों के सिक्कों के विवेचन से स्पष्ट है, कि एक 'युद्ध देवता' (वार–गॉड) के रूप में लोकप्रियता एक लम्बे समय तक निरन्तर बनी रही। न केवल स्वदेशी शासकों ने ही बल्कि विदेशी शासकों ने भी समान रूप से उनके सम्मान में सिक्के जारी किये। इन साक्ष्यों के माध्यम से देश की तत्कालीन सामाजिक एवं आर्थिक स्थिति के साथ धर्मिक दशा पर भी महत्त्वपूर्ण प्रकाश पड़ता है।

अभिलेख तथा प्रतिमाओं में कार्तिकेय

प्राचीन भारतीय इतिहास, संस्कृति और पुरातत्त्व को जानने व समझने के लिए अभिलेखों का महत्त्वपूर्ण स्थान है। इनमें कार्तिकेय के सन्दर्भ में भी प्रचुर सामग्री मिलती है। इन अभिलेखों के अध्ययन से पता चलता है कि प्राचीन भारत में इस देवता की उपासना के लिए मुख्य स्थानों पर मन्दिरों का निर्माण किया जाता था। इस पर हम यहां संक्षेप में उल्लेख करने का प्रयास करेंगे।

कदाचित् सबसे प्राचीन अभिलेख जिसमें कार्तिकेय के मन्दिर निर्माण का उल्लेख है, हजारा जिले (जो पाकिस्तान में है) के अब्बोत्तबाद नामक स्थान से प्राप्त हुआ था।[1] अभिलेख के अनुसार कार्तिकेय के मन्दिर का निर्माण (कारितो अयं कुमारस्थानम्) शगूर वंश के सदस्य मक के पुत्र शगूर शाफर ने कराया था। यह एक विदेशी था। डी.सी. सरकार के अनुसार शाफर नाम सुप्रसिद्ध पहल्लव नाम शाहपुर (शापुर) नाम ससैनियम शासक का स्मरण दिलाता हैं। उल्लेखनीय है कि ससैनियन वंश से इस नाम के तीन शासक हुए जिन्होंने क्रमश 141–71, 320–70 तथा 383–88 ई० के बीच शासन किया[2]।

मध्यप्रदेश के रायसेन जिले में स्थित सांची के समीप कनखेरा से प्राप्त एक प्रस्तर– अभिलेख स्वामी कार्तिकेय के विदेशियों के साथ सम्बधों की जानकारी देता है।[3] इस अभिलेख की पंक्तियां कार्तिकेय की प्रशंसा से प्रारम्भ होती हैं–

सिद्धं भगवतस्त्रिदशगणसेनापतेरजितसेनस्य–
स्वामिमहासेन महा (कुमाररूप दिव्य)–
वीर्याज्जित विज (य)।

श्री आर.डी. बैनर्जी ने इस अभिलेख को सर्वप्रथम प्रकाशित किया। उनका मानना है कि यह अभिलेख शक क्षत्रप स्वामी जीवदामन् से सम्बन्धित है। इससे

1 ई० आई०– 30 पृ० 59–62, डी.सी. सरकार 'स्टडीज इन– द रिलिजियस लाईफ ऑफ एन्शियन्ट एण्ड मेडिवल इन्डिया' पृ० 15–20, वाराणसी एवं पटना– 1940।

2 वही, पृ० – 108।।

3 ई० आई०, पृ०– 220–230।

स्पष्ट होता है, कि तीसरी शताब्दी ईस्वी में इस देवता कार्त्तिकेय को शक शासकों में उच्च स्थान प्राप्त था और वे इस देवता का बहुत आदर करते थे।

कुषाण कालीन कला की कार्त्तिकेय की प्रतिमा मथुरा के कन्काली टीले से मिली है, जिसके शिलालेख की तीन पंक्तियों में लिखा है– ग्यारहवें वर्ष में जाड़े के चौथे मास के पहले दिन विश्बिल के पुत्रों– विश्वदेव, विश्वसोम. विश्वभव तथा विश्ववसु ने अपने घर में कार्त्तिकेय की प्रतिमा स्थापित करायी।

गुप्तकाल में कार्त्तिकेय की पूजा के लिए समर्पित एक दूसरा मन्दिर बघेल खण्ड क्षेत्र में सोहावाल पर पाये गये राजा उच्छकल्प शर्वनाथ के ताम्रपत्र लेख से जाना जाता है। सम्प्रति यह ताम्रपत्र अजमेर के 'राजपूताना संग्रहालय' में सुरक्षित है। लेख के अनुसार उच्छकल्प शासक महाराजा शर्वनाथ ने अपने द्वारा निर्मित स्वामी कार्त्तिकेय के मन्दिर की सुरक्षा हेतु विशाखदत्त तथा शक्ति नामक दो व्यक्तियों को वैश्यवत नामक गांव दान में दिया।

परवर्ती गुप्त नरेश कुमारगुप्त और महासेनगुप्त का नाम युद्ध देवता के नाम के आधार पर रखा। यह उस समय में कार्त्तिकेय की लोकप्रियता का चरमोत्कर्ष था। आदित्य सेन अफसढ प्रस्तर शिलालेख में इस देवता को शिव–पुत्र के रूप में, तथा मोर को उसके वाहन के रूप में उल्लिखित किया गया है। पाल नरेशों के अभिलेखों में कार्त्तिकेय को ससम्मान याद किया गया है। मध्य प्रदेश के रीवा जनपद से प्राप्त अभिलेख कलचुरि नरेशों की कार्त्तिकेय के प्रति सम्मान भावना इस देवता की लोकप्रियता की द्योतक है।

शक वर्ष 1172 (1250 ई०) का कन्हारा का मामदपुर अभिलेख छः गुणों से युक्त षण्मुख कार्त्तिकेय का उल्लेख करता है। ये छः गुण सैन्य विज्ञान की छः शाखायें है– संधि, विग्रह, यान, आसन, द्वैधीभाव तथा संश्रय। जलड़ी (राजस्थान) उदयपुर के उत्तर में आठ किलोमीटर की दूरी पर स्थित जयसिंह द्वितीय (22वीं शती ई०) के मिस्ज पत्र में भी कुमारेश्वर (कार्त्तिकेय) के मन्दिर का उल्लेख मिलता है। विक्रम सम्वत् 1226 (1169 ई०) की तिथि का चाहमान सोमेश्वर के विझोली शिलालेख में कुमारेश्वर (कार्त्तिकेय) के दूसरे मन्दिर का उल्लेख मिलता है। बिझोली उदयपुर से 180 कि०मी० उत्तर–पूर्व में है।

कार्तिकेय सातवाहन नरेशों के भी लोक प्रिय देवता थे। यह भी महत्त्वपूर्ण है कि स्वामी कुमार (कार्तिकेय) दूसरे देवताओं के साथ नागनिका का नानाघाट अभिलेख (प्रथमशती ईसा पूर्व) में अंकित किये गये हैं। इस देवता कार्त्तिकेय का यह अभिलेख भारत में पाये गये अभिलेखों में सबसे प्राचीन है।

नागार्जुन कोण्डा के इक्ष्वाकु वंशीय नरेश भी कर्तिकेय के उपासक थे। उन्होंने इस देवता की पूजा (उपासना) को विशेष संरक्षण प्रदान किया। निःसन्देह

इस वंश का चाम्तमूल महासेन देवता के प्रति सबसे अधिक समर्पित था (विरूपाद्यपति महासेन परिगहतस) यहां विरूपाद्यपति शब्द कार्त्तिकेय के उपनाम के रूप में स्पष्ट है, जिसका प्रसंग महाकाव्यों और पुराणों में नहीं है।

दक्षिण भारतीय शासकों में कदम्ब भी एक थे, जो कार्त्तिकेय की उपासना करते थे। वे यह कहने में गर्व करते थे हमारे प्राचीनतम पूर्वजों के समय से ही महासेन एव माताओं का समर्थन दिया जाता था। चालुक्य शासक भी कार्त्तिकेय के महान् भक्त थे। कुछ प्रारम्भिक अभिलेखों में चालुक्य शासकों द्वारा स्वामी महासेन (कार्त्तिकेय) के पैरों के प्रति सम्मान प्रकट किया गया है। पूर्वी चालुक्य नरेश युद्धमल्ल (10वीं शताब्दी ईस्वी) के बेजवद स्तम्भलेख में उल्लिखित है कि उसने कार्त्तिकेय का एक मन्दिर तथा एक मठ बनवाया। साथ ही राजा युद्धमल्ल ने पर ब्रह्मण्य (कार्त्तिकेय या ब्रह्मण्य का महान् भक्त) की उपाधि धारण की।[1]

कार्त्तिकेय पल्लव नरेशों के भी लोकप्रिय देवता थे। पल्लव नरेश नन्दिवर्धन के अभिलेखों में कार्त्तिकेय के सुब्रह्मण्य नाम का उल्लेख मिलता है।[2] यह अभिलेख तमिलनाडु के नेल्लोर जिले के मल्लम् (गुडूर) के सुब्रह्मण्य मन्दिर के भूतल से प्राप्त हुआ है।

पाण्ड्य शासक भी कार्त्तिकेय के उपासक थे। इनका एक प्रामाणिक लेख तमिलनाडु राज्य के तिश्वचिरप्पल्लि जिले के तिरूच्चेन्दुर गांव से मिला है। यह अभिलेख सुब्रह्मण्य– भटट्रक मन्दिर की आवश्कताओं की पूर्ति के लिए लिखा गया था। एतद्र्थ 1400 र्स्वणकाशु तीन अधिकारियों के संरक्षण में जमा किया गया।

इसी तरह दक्षिण भारतीय संस्कृति में चोल शासकों का बड़ा योगदान रहा है। चोल नरेश राजाराम और उसके पुत्र राजेन्द्र चोल (1022–1044 ई०) के समय चोल शक्ति अपने चरमोत्कर्ष पर थी। इन्होने द्रविड़ शैली में अनेक मन्दिर बनवाये। इनमें से अनेक मन्दिर स्वामी सुब्रह्मण्य को समर्पित हैं। कन्नूर में भी बाल–सुब्रह्मण्य का मन्दिर विद्यमान है। इस तरह तमिलनाडु, केरल, कार्नाटक तथा आन्ध्र आदि सभी दक्खनी राज्यों में प्राचीन काल से कार्त्तिकेय (सुब्रह्मण्य–मुरुगन) के मन्दिर पाये जाते हैं, जो पूरे दक्षिण भारत में इस देवता की उपासना के ठोस प्रमाण हैं। दक्षिण में प्राप्त अभिलेख हमें भी बतलाते हैं कि सामाजिक तथा धार्मिक प्रतिष्ठा में कार्त्तिकेय की वहां सर्वत्र दिन–प्रतिदिन वृद्धि होती गई।

---

1 ई० आई०, 4, पृ० 152।।

2 नेल्लौर इन्सक्रिप्शंस गुडूर (स० बटरवर्थ और चेट्टी) सं० 54, पृ०– 429–30।।

प्रतिमाओं में कार्त्तिकेय

भारतीय मूर्तिकला में सभी देवी–देवताओं का अंकन हुआ है। कार्त्तिकेय भी इस विधा (मूर्तिकला) में देश और विदेशों में अत्यधिक लोकप्रिय रहे हैं। हमारे प्राचीन साहित्य में भी मूर्ति–निर्माण का विधान किया गया हैं। कुषाण काल में तो मूर्ति निर्माण के दो कला केन्द्र (गान्धार स्कूल ऑफ आर्ट तथा मथुरा स्कूल ऑफ आर्ट) बहुत अधिक विकसित रहे। इन दोनों केन्द्रों की अपनी–अपनी विशेषतायें रहीं। इस पर यहां समुद्रमंथन जैसा महान् और सारगर्भित कार्य होगा, और थोड़ा विषयान्तर भी हो जायेगा इसलिए इसको यहीं छोड़कर अपने प्रतिपाद्य विषय कार्त्तिकेय पर आते हैं।

वराहमिहिर कृत बृहत्संहिता के अनुसार कार्त्तिकेय की प्रतिमा एक हाथ में भाला लिये हुऐ मोर के साथ युवक के रूप में अंकन का विधान है। यद्यपि मूलपाठ में यह नहीं दिया गया है, कि इस देवता की कितनी भुजायें होनी चाहियें, तथापि प्रारम्भिक मूर्तियों में प्रायः दो ही भुजायें मिलती हैं।

ब्रह्मशास्ता स्कन्द, प्रतिहार (म०प्र०)

समरांगण सूत्रधार में कार्त्तिकेय को लाल वस्त्रों में विभूषित एवं अग्नि जैसे प्रजज्वलित लाल रंग के प्रातः कालीन सूर्य के समान बतलाया गया है। उनके गले में मुक्तामणि की माला शोभायमान रहे। वे षण्मुख या एक मुखी रूप वाले हों। वे वीरता का प्रतीक भाला (शक्ति) धारण किये रहते हैं। इस ग्रन्थ में उनकी पत्नी देवसेना का उल्लेख नहीं मिलता। मत्स्य पुराण में कार्त्तिकेय को किशोरावस्था में दिखाया गया है।[1]

यहां मत्स्य पुराण में बारह बाहुधारी कार्त्तिकेय दाहिने पांच हाथों में शक्ति, पाश, तलवार, बाण और त्रिशूल लिये हुये हैं, शेष छठवां दाहिना हाथ वर–मुद्रा में माना हैं। शिव पुराण में कार्त्तिकेय के चतुर्भुज स्वरूप का विस्तृत विवरण दिया है। इसमें भगवान की मूर्ति को गहनों (मुक्तादिभूषणम्) सजाने संवारने का विधान है।

आगम और तान्त्रिक ग्रन्थों में कार्त्तिकेय की मूर्ति के विभिन्न रूपों का विवेचन किया है। अभी तक ईसवी सन् के पूर्व की कार्त्तिकेय की मूर्ति नहीं मिली है। कुषाण कालीन कार्त्तिकेय की प्रथम कलाकृति–मूर्ति मथुरा संग्रहालय में है।[2] इसकी पीठिका पर विवरण दिया है। इसकी स्थापना कनिष्क शासन काल के ग्यारहवें वर्ष (89 ई०) में की गई थी।[3] इसी कुषाणकाल की कुछ अन्य मूर्तियां जो मथुरा से प्राप्त हुई हैं, जो मथुरा के पुरातत्त्व–संग्रहालय में प्रदर्शित हैं। कार्त्तिकेय की इसी तरह की साम्यता वाली समकालीन मूर्ति दिल्ली के राष्ट्रीय संग्रहालय में सुरक्षित है।[4] इस एक मुखी मूर्ति में कार्तिकेय को धोती पहने हुये बायें हाथ में भाला लिए हुए तथा दाहिना हाथ अभय मुद्रा में है। इसमें स्कन्द– कार्तिकेय गले और सिर में आभूषण धारण किये है। कानपुर जिले के लाल भगत नामक स्थान से दूसरी शती ई० की, लाल बलुए पत्थर की कार्त्तिकेय की एक खण्डित मूर्ति मिली है।

कार्त्तिकेय की गान्धार कला में मूर्ति तक्षशिला से मिली है। इस मूर्ति को प्रकाश में श्री खान साहब सिद्दीकी लाये। उन्होंने इसको कुबेर की मूर्ति बतलाया है। परन्तु डॉ०वी.एस. अग्रवाल का कहना है कि ठीक से पहचान स्थापित करने पर यह मूर्ति युद्ध–देवता कार्त्तिकेय की प्रतीत होती है।[5]

कर्नल डी.एच. गार्डन के पास भी इसी प्रकार की एक कार्त्तिकेय प्रतिमा है, जो शहर–ए बहलाते (वर्तमान में पाकिस्तान में) से प्राप्त हुई है। द्विबाहु मूर्ति में कुक्कुट

1 मत्स्य पुराण, अध्याय 260, 47, प्रयोग, सं. 2003।।

2 वासुदेवशरण अग्रवाल, ए–कैटेलॉग ऑफ द बाह्मणिकल इमेजेज इन मथुरा आर्ट, पलेट–9 (पृ०1949)

3 जर्नल–यू.पी.एच., जिल्द–16, प्लेट–1, पृ० 65–66।।

4 अग्रवाल, की एस., उपर्युक्त, पृ० 2022।।

5 ए०एस० आई० ए० आर०, 1934–35, पृ०–31 प्लोट–8।।

तथा दूसरे में भाला है। काफिर कोट से गान्धार कला में युद्ध देवता की एक भव्य मूर्ति मिली, जो इस समय 'ब्रिटिश संग्रहालय' में सुरक्षित है। इसमें कार्त्तिकेय योद्धा के रूप में विशिष्ट पोशाक कवच व कोट धारण किये हुये हैं। उनके दायें हाथ में बल्लम (शक्ति) और बायें हाथ में कुक्कुट है। यह तीसरी चौथी शताब्दी ई० की मानी जाती है। फलक सं. 26

कार्त्तिकेय की प्रारम्भिक मूर्तियों में उनका वाहन मयूर नहीं है, किन्तु गुप्त काल में उन्हें मयूर पर आरूढ दिखाया गया है। भारत कला भवन में रखी लाल बलुए पत्थर की मूर्ति गुप्त काल की विशिष्ट रचना है, जो कुमारगुप्त के सोने के सिक्कों की आकृतियों से मिलती जुलती है। सिक्कों की तरह मूर्ति अपने वाहन मयूर पर ललित आसन में दोनों पैरों को अलग–अलग किये हुये बैठी है। स्वामी कार्त्तिकेय अपने दायें पैर से मयूर की गर्दन का आलिंगन कर रहे हैं। वे अपने दाहिने हाथ में कुछ फल लिये हैं, जिन पर मोर अपनी सुन्दर मुड़ी हुई गर्दन से चोंच लगाये हैं। कार्त्तिकेय का शारीरिक गठन सेनाध्यक्ष की तरह, तथा मुख दैवीय आभा से युक्त है।[1] बिहार के भोजपुर जनपद से प्राप्त प्रतिमा भी गुप्तकाल की है। भुमरा के शिव मन्दिर की प्रतिमा में भी कार्त्तिकेय को मयूर पर आरुढ़ हुये आसन जमाये बैठा दिखलाया गया है। मयूर के गले में घण्टी लटक रही है। और मूर्ति के गले में लटकनों के साथ एक हार लटक रहा है। कला की दृष्टि से यह प्रतिमा बेजोड़ है। द्विबाहु कार्त्तिकेय की दूसरी मूर्ति देवगढ़ के गुप्त कालीन प्रसिद्ध मन्दिर से प्राप्त हुई है, इस में भी इस देवता को मूयर पर बैठे हुये दिखलाया गया है।

एक बारह भुजाओं वाली कार्त्तिकेय की गुप्तकालीन प्रतिमा ग्वालियर के पवाया नामक स्थान से प्राप्त हुई है।[2] छः सिरों वाली मूर्ति के ऊपर सर्प–छत्र है। उत्तरी भारत में अद्यावधि प्राप्त कार्त्तिकेय के मूर्तियों में इस आकृति का साम्य नहीं है। प्रतिमाशास्त्र में भी इस तरह के प्रमाण नहीं है। बिहार के रोहतास जिले के मन्देपूवरी मन्दिर से प्राप्त कार्त्तिकेय की दो मूर्तियां पटना संग्रहालय में सुरक्षित हैं।[3] इन पर भी स्कन्द मयूर पर बैठे दायें हाथ में भाला लिये हैं। रोहतास जिले से प्राप्त कार्त्तिकेय को अपनी पत्नी कार्त्तिकेयानी के साथ बायें खड़े दिखाया गया है। बिहार के भूम जिले के बेनी सागर से, नालन्दा के ब्राह्मण मन्दिर में लगी इस देवता की द्विबाहु

1 देखिए फलक सं. 30

2 एन्यूअल एडमिनिस्ट्रेटिव रिपोर्ट ऑफ आर्कियालाजिकल डिपार्टमेन्ट, ग्वालियर स्टेट 1924–15, पृ०–20।

3 सहाय.बी., आईक्नोग्राफी ऑफ माइनर हिन्दु एण्ड बुद्धिस्ट स्टडीज, पृ० 109–10। नई दिल्ली. 1975।

प्रतिमा, तथा बसाढ (बिहार) के हरिकटोरा मन्दिर में स्थापित मूर्ति भी उपर्युक्त श्रेणी की है।

उत्तर प्रदेश में इलाहाबाद में लाच्छागिर से प्राप्त अग्नि प्रतिमा वर्तमान में अमेरिका के क्लीवलैन्ड के कला संग्रहालय में है। इसमें देवता के दोनों ओर के परिचर मेष सिर वाले हैं। राजस्थान तथा गुजरात के कई भागों से गुप्त एवं गुप्तोत्तर काल की कार्त्तिकेय की अनेक मूर्तियां प्राप्त हुई हैं। कुछ वर्ष पूर्व नगर से कार्त्तिकेय की द्विबाहु प्रतिभा मिली है। इसमें भी कार्त्तिकेय एकावली हार पहने बायें हाथ में भाला लिये अपने वाहन मयूर पर बैठे हैं। लाल बलुए प्रस्तर की मिली मूर्ति वर्तमान में थोड़ा सरस्वती भण्डार में है।

बैराट (प्राचीन विराट नगर) से उपलब्ध कर्तिकेय की प्रतिमा जयपुर के सैण्ट्रल म्यूजियम में संरक्षित है। इसमें देवता को छः भुजा और तीन सिरवाला दिखलाया गया है। छः सिर दिखाने का प्रयास बीच में छूट गया लगता है। इसका कारण अज्ञात है।

उत्तर प्रदेश के कन्नौज से भी कार्त्तिकेय की मूर्ति मिली है। के.एम. मुन्शी के अनुसार अभी तक खोजी गई मूर्तियों में यह सर्वश्रेष्ठ है। इसमें ब्रह्मा और शिव को कार्त्तिकेय का अभिषेक करते हुये दिखलाया गया है। ब्रह्मा और शिव दोनों ही किरीट मुकुट और बनमाला पहने हैं।[1]

उड़ीसा में भी अनेक स्थानों से कार्त्तिकेय की मूर्तियां प्राप्त हुई हैं। एक दूधना से, दूसरी भुवनेश्वर के परशुरामेश्वर से, तीसरी पुरी (उड़ीसा) से, चौथी चतुर्भुजी मूर्ति कपिलेश्वर मन्दिर में उपलब्ध हुई हैं।

कार्त्तिकेय पूर्वमध्यकाल में बंगाल में अत्यन्त लोकप्रिय देवता थे। बंगाल से इस देवता की मूर्तियां बहुत बड़ी संख्या में प्राप्त हुई हैं। ये राज्य के विभिन्न संग्रहालयों में सुरक्षित हैं। कलकत्ता विश्वविद्यालय के आशुतोष संग्रहालय में संरक्षित मूर्तियों में से एक में द्विबाहु देवता को अपने वाहन मयूर पर आसीन दिखलाया गया है।[2] यह मूर्त्ति वर्तमान बंगलादेश के दीनाजपुर जिले से प्राप्त हुई है। इसका काल दसवीं शताब्दी ईस्वी के आस पास का है। बंगलादेश के ढाका जिले के अब्दुलपुर के वैष्णव मठ में कार्त्तिकेय की एक प्रतिमा एन.के भट्टशाली ने खोजी थी। यह काले रंग के बेसाल्ट पत्थर की बनी है। इसमें देव–स्कन्द अपने पंख फैलाये मयूर पर बैठे हैं। देवता के सिर के पीछे फैला प्रभामण्डल है।

एक पाल कालीन कार्त्तिकेय की प्रस्तर प्रतिमा भागलपुर (बिहार) जिले के मुल्तानगंज से 13 कि.मी. दूर शाहकुण्ड पहाड़ी से प्राप्त हुई है। इस द्विबाहु मूर्त्ति में

1 फलक सं. – 29

2 आशुतोश म्यूजियम, नं०– 224, कोलकाता।। फलक सं.–31

देव स्कन्द पंख फैलाये मयूर पर आसीन हैं। एक हाथ में भाला और दायें हाथ में रसभरा फल (मातुलुंग) है। देवता सुन्दर बघनख धारण किये हैं।[1]

वर्तमान उत्तराखण्ड के अल्मोड़ा जिले के बैजनाथ संग्रहालय में कार्त्तिकेय की एक सुन्दर मूर्ति है जिसमें देवता को 'ब्रह्मशास्ता' के रूप में दिखाया गया है। वे हाथ में ग्रन्थ लिये हुये अंकित किये गये हैं। बायें हाथ में मातुलुंग धारण किये हुये हैं और उस पर मयूर चोंच मार रहा है। देवता के केशपुञ्च कन्धों के दोनों ओर लटक रहे हैं।

स्वामी कार्त्तिकेय को, जैसा कि हम पहले लिख चुके हैं दक्षिण भारत में सुब्रह्मण्य या मुरुगन के रूप में जानते हैं। वहां दक्षिण से अनेक महत्त्वपूर्ण मूर्तियां प्राप्त हुई हैं। इस देवता की आरम्भिक मूर्ति आन्ध्र प्रदेश गुन्टूर जिले के नागार्जुनीकोड के विजयपुरी घाटी के पश्चिम से उत्खनन में प्राप्त हुई थी। बादामी गुफाओं में भी स्कन्द देवता की बहुत आकृतियां बनी हैं। गुफा नं० 4 के 'ई' आकृति गलियारे में इनको मयूर के साथ चित्रित किया है। स्वामी सुब्रह्मण्य की एक अत्यन्त महत्त्वपूर्ण मूर्ति मास संग्रहालय में विद्यमान है। पत्तिश्वरम के शिव मन्दिर में भी सुब्रह्मण्य की एक षण्मुखी तथा बारहबाहु की एक अति प्रभावशाली मूर्ति है।

एलोरा की गुफा नं० 11 में सुब्रह्मण्य की एक अत्यन्त सुन्दर कलाकृति है। इसमें सुब्रह्मण्य को एक मुख तथा चारभुजी प्रदर्शित किया है। राक्षस तारक को वश में करने की मुद्रा में सुब्रह्मण्य का आरम्भिक चित्रण ऐहोल के हुचिमल्लिगुड़ी मन्दिर में है। मयूरारूढ़ सुब्रह्मण्य धराशायी किये हुये तारकासुर पर भाले से प्रहार कर रहे हैं। भाला उनके दायें हाथ में है। देवता के बायें हाथ में वज्र है। सुब्रह्मण्य के दोनों ओर आलीढ मुद्रा में दो देवगण ऊपर उड़ रहे है और देवता की युद्ध कला की प्रशंसा कर रहे हैं। पट्टी के ऊपर कोनों में दोनों तरफ उपहार एवं पुष्पाहार लिए गन्धर्व उड़ रहे हैं। देवता का राक्षस के ऊपर आक्रमण का चित्रण बहुत ही सजीव है।

दक्षिण भारतीय पल्लव एवं चोल काल की कला में कार्त्तिकेय शिव–पार्वती के बीच में बैठे हुए एक छोटे से शिशु के रूप में दिखलाये गये हैं। पत्थर की नक्काशी में छोटा शिशु पार्वती के एक घुटने पर बैठा प्रदर्शित किया गया है। महाबलिपुरम में इस प्रकार की अनेक कलाकृतियां हैं। धातु की कलाकृतियों में शिशु स्कन्द को या तो खड़ी मुद्रा में या प्रायः माता–पिता के मध्य नृत्य करते हुये दिखलाया गया है। दक्षिण भारत में भी स्वामी कार्त्तिकेय को ब्रह्मशास्ता (दैवीय शिक्षक) के रूप में प्रस्तुत किया है। ब्रह्मशास्ता की एक मृण्मूर्ति वैलाशनवक्कम क्षेत्र से टी.जी. अर्वमूथन और सी. शिवराममूर्ति ने प्राप्त की थी।[2] यह स्थान मद्रास (चेन्नई) से 13 किमी. दूर है।

---

1 फलक सं.–27

2. डॉ०सी० शिवराम मूर्ति का उल्लेख करते हुये मुझे गर्व हो रहा है, क्योंकि जब वे 'राष्ट्रीय 'संग्रहालय' के सम्मानित निदेशक थे तो मैं उनके सानिध्य में संग्रहालय–विज्ञान में प्रशिक्षु

जिला तन्जौर के कुन्दरक्वायल में स्कन्द की पूजा ब्रह्मशास्ता के रूप में की जाती है। इस तरह कार्तिकेय दक्षिण तथा उत्तर भारत में समान रूप से उपास्य तथा पूजनीय रहे हैं। कार्तिकेय की मयूर चिह्न युक्त ध्वजा के बोधक प्रमुखतः शिखिवाहन शिखिध्वज, मयूरकेतु, मयूरकेतन नाम हैं। कार्तिकेय ने अपना वाहन मयूर को बनाया, यह एक चकित करने वाली बात हैं। कई विद्वान् वाहन को सवारी मानते है, यह एक दूसरा आश्चर्य है। मोर पर सवारी कैसे हो सकती है। हम अनेक बार अन्तर्राष्ट्रीय विद्वत् सम्मेलनों में गये। वहां भारतीय विद्या (इन्डोलॉजी) के विदेशी विद्वानों से इस विषय पर वार्तालाप हुआ तो वे देवताओं के इन वाहनों पर हमारा मज़ाक बनाते हुये पाये गये। और उपहास करें भी क्यों नहीं? हम जब अपने उत्तर से उनको सन्तुष्ट नहीं कर पायें तब उनका ऐसा व्यवहार स्वाभाविक है। अस्तु।

सर्वप्रथम हम 'मयूर' शब्द के शाब्दिक अर्थ को लेते है– महर्षि पाणिनि ने धातुपाठ में क्र्यादिगण में 'मीञ्'–हिंसायाम्' (9.4) धातु का उल्लेख किया है। यहां मीञ् धातु से 'ऊरन्' प्रत्यय होकर 'मयूर' शब्द सिद्ध होता है। उरन् उणादि प्रत्यय है। मीनाति हन्ति सर्पान् इति मयूरः। शब्द रत्नावली में स्कन्द का एक नाम 'शिखिध्वजः' पु० (शिखिनो वह्न ध्वज इव) शिखी–मयूरो ध्वजो यस्य– कार्तिकेयः। एक नाम की यह व्याख्या की है। 'अमर मानक हिन्दी कोश' में मयूर शब्द की सिद्धि करते हुए लिखा है।[1] मयूरः पु० (सं) मोर एक पर्वत का नाम। केतु पुनः कार्तिकेय। ध्वजः पु०–मयूरध्वजः, शिखा स्त्री० मोर की चोटी। साथ ही मयूरेश को कार्तिकेय का पर्याय– लिखा है। भूमौ रौतीति– शब्दं करोति इति–मयूरः। यह पाणिनि के पृषोदरादीनि यथोपदिष्टम्' सूत्र से सिद्ध हुआ।

अमरकोश में मयूर के नामों का नामोल्लेख करते हुये उनकी विशद व्याख्या की है। यहां हम संक्षेप में उन श्लोकों को उद्घृत कर रहे हैं जिनमें मयूर के नाम हैंः–[2]

मयूरो बर्हिणो बर्ही नीलकण्ठो भुजङ्गभुक्।
शिखावलः शिखी केकी मेघनादानुलास्यपि।। 30।।

केका वाणी मयूरस्य समौ चन्द्रकमेचकौ।
शिखी चूडा शिखण्डस्तु पिच्छबर्हे नपुंसके।। 31।।

खगे विहङ्गविहगविङ्गमविहायसः।
शकुन्ति पक्षिशकुनिशकुन्त शकुनद्विजाः।। 32।।

था। वे सदा मेरे साथ संस्कृत भाषा में ही वार्तालाप करते थे। आज भी मेरे हृदय में उनके लिए अनन्त प्रगाढ़ श्रद्धा है।

1 अमर मानक हिन्दी कोश पृ०– 741।

2. अमरकोष, पृ०, 311, चौखम्बा विद्याभवन वाराणसी, 2011।।

मयूरारुढ कुमार–स्कन्द 5वीं सदी ई०, मोर के गले में कण्ठाभरण
फोटो–अमेरिकन इन्स्टीटयूट ऑफ इन्डियन स्टडीज

यहां कोषकार ने मयूर के नौ नाम उद्घृत किये है, और आगे कई पृष्ठों में व्याकरण की पुष्टि के साथ उनकी विस्तृत व्याख्या की है। उसमें अन्य बृहद् कोशों – मेदिनी तथा 'इति हैमः' आदि को उद्धृत करके अपने मत को पुष्ट किया है।[1] यहां एक शब्द जो मयूर के लिये है– 'भुजङ्गभुक्' आया है। अधिक ध्यान देने योग्य है। इसकी व्याख्या या व्युत्पत्ति में लिखा हैं– भुजंगभुक् (भुजङ्ग–सर्पम् भुंक्ते इति–क्विप्) क्विप् प्रत्यय लगने पर यह शब्द निष्पादित् (सिद्ध) हुआ है। भुजङ्गभुक– का दूसरा समानार्थक– ''अहिभुक्'' शब्द भी अनेकत्र प्रयोग किया मिलता है। मयूर के लिए प्रयुक्त इन दोनों शब्दों के कारण ही भगवान्– कार्त्तिकेय ने मोर को अपना वाहन बनाया।

1. वही, द्वितीय काण्ड, पृ० 312–324।

याद रखिये शिव–पार्वती पुत्र दोनों भाई गणेश और कार्त्तिकेय का सम्बन्ध सैन्य गतिविधियों से था। एक गणपति, गणाध्यक्ष, विनायक और विघ्नहर्त्ता थे तो दूसरे देवसेना के सेनापति तथा युद्ध के देवता थे। दोनों ने ही अपने वाहन (ध्वजचिह्न) ऐसे चुने, जिनसे गण–सैनिक और अपने लक्ष्य को प्राप्त करने हेतु उनसे हर समय प्रेरणा ले सकें। यह पहले लिखा जा चुका है, कि एक बार देवराज इन्द्र और कार्त्तिकेय में परस्पर सेनाओं सहित युद्ध हुआ। उसमें इन्द्र देवता हार गये। हारने के बाद स्वयं इन्द्र ने कार्त्तिकेय को स्थाण्वीश्वर के तीर्थ पर 'युद्ध का देवता' और देव सेना का सेनापति घोषित किया। उसके बाद से कार्त्तिकेय सम्पूर्ण लोक में देवसेना के सेनापति और युद्ध के देवता के रूप में पूजनीय हो गये। यहां यह अवधेय है कि जिस तीर्थ– 'स्थाण्वीश्वर' पर युद्ध–देवता के रूप में अभिषिक्त हुये वह अब थानेसर के नाम से जाना जाता है। वहां अब भी प्रतिवर्ष तीर्थस्नान होते हैं। सूर्यग्रहण पर

तो देश–विदेश से आकर लाखों श्रद्धालु 'ब्रह्मसरोवर' में डुबकी लगाकर अपने को धन्य समझते हैं। कुरुक्षेत्र की मुख्य भूमि पर स्थित होने के कारण इसके ऐतिहासिक और धार्मिक दोनों ही महत्त्व हैं।

यहां यह ध्यातव्य है कि कार्त्तिकेय के अभिषेक के कारण इस स्थान का ऐतिहासिक महत्त्व बहुत बढ़ा होगा। स्थाणु तीर्थ के नाम से भी यह समय–समय पर जाना जाता रहा है। महाभारत में अन्य तीर्थों के साथ इस तीर्थ का भी उल्लेख आता है।[1] रोहितक में निवास और स्थाणु–तीर्थ में अभिषेक होने का अभिप्राय तो यही निकलता है कि कार्त्तिकेय को यह पूरा ही क्षेत्र बहुत प्रिय था। यहां के लोग आशुतोष शिव जी महाराज के भक्त रहे और यहां मुख्य रूप से उन्ही की उपासना होती थी। इसलिए स्कन्द– कार्त्तिकेय का भी इस भूमि से विशेष लगाव था। यहां आज भी पुरातन काल की भांति मोर से बहुत प्यार है।

शस्यश्यामला भूमि होने के नाते मोर यहां बड़ी संख्या में पाये जाते हैं। बहुत सारे यहां के वासी और बच्चे अपने हाथ पर रखकर मयूर को खाना खिलाते हैं। मोर 'राष्ट्रिय–पक्षी' तो बहुत बाद में घोषित हुआ और भारत सरकार ने इस सुन्दर व कमनीय पक्षी पर स्मारक डाक टिकट भी बड़े कालान्तर के बाद निकाला। परन्तु यहां के जनमानस में तो मयूर के प्रति सदियों व सहस्राब्दियों से आस्था, मान्यता और प्यार है। यहां मोर को न कोई मारता है और न मारने देता है। कार्त्तिकेय का प्रिय वाहन होने के कारण भी यौधेय देश– (बहुधान्यक– मरुभूमि) में मोर की बहुत प्रतिष्ठा है।

ऊपर हम मयूर का शाब्दिक अर्थ लिख चुके हैं। यास्काचार्य प्रभृति ऋषि–मुनियों ने मयूर को एक हिंसक पक्षी माना है। महर्षि पाणिनि ने भी अपने व्याकरण–ग्रन्थ अष्टाध्यायी में **'मयूरव्यंसकादयश्च'** सूत्र में मयूर का उल्लेख किया है।[2] इस सूत्र की व्याख्या करते हुये काशिकाकार ने मयूर को चालाक मोर की संज्ञा दी है। यदि वह आक्रामक और चालाक (चतुर) नहीं होता तो स्कन्द–कार्त्तिकेय का वाहन कैसे बन सकता था। कार्त्तिकेय देव–सेनापति थे, और युद्ध के देवता भी। देवासुर–संग्राम में देवसेना को विजय दिलवाना उनका सर्वोपरि धर्म–कर्त्तव्य था। युद्ध में शत्रु को साम, दाम, दण्ड, भेद से हराना ही परम. लक्ष्य होता है। युद्ध में हिंसा भी उसका एक अनिवार्य पहलू है। मयूर की यह सबसे बड़ी खूबी है, कि वह अपने शत्रु सर्प को अपने पंजो और चोंच से निरन्तर प्रहार करके मार देता है। इसीलिये मोर को 'अहिभुक् और भुजंगभुक्' नाम दिये गये हैं। सर्प कितना भी जहरीला और बड़ा क्यों न हो, मयूर उस समय तक उसे बिल्कुल नहीं छोड़ता जब तक वह सर्वथा मर न जाये। हमने अपने विद्यार्थी काल में कई बार मोर द्वारा सर्प को मारते हुये देखा है।

---

1. महाभारत, 9.42.7।।
2. पाणिनि–अष्टा०–2.1.72।।

पराकाष्ठा तो यह है, कि मयूर को जब सर्प दिखलाई दे जाता है तो वह एकदम चौकन्ना सन्नद्ध और हमले के लिए सावधान हो जाता है। अपनी पूरी शक्ति को गर्दन, चोंच और पंजों में समेट कर सर्प पर टूट पड़ता है। कुछ क्षणों में ही वह सांप को अधमरा कर देता है। सर्प बदहवास हो जाता है। फिर मोर चतुरता चालाकी दिखाता हुआ उसकी पूंछ को अपने मुंह में पकड़कर लगभग दस–पन्द्रह फुट ऊपर उछलकर सर्प को धरती पर छोड़ देता है। मोर ऐसा दो तीन बार करता है। इससे सांप की रीढ़ (स्पाईन कोड) बिल्कुल टूट जाती है और वह हिलने लायक भी नहीं रह जाता है। इससे स्पष्ट है कि मोर में वीरत्त्व का वह चरमोत्कर्ष है कि वह अपने विषैले शुत्र से लड़ने के लिए हर समय तैयार रहता है। हमने कई ऐसे स्थान देखे हैं, जहां भयंकर काले विषधर (कोबरा–आदि) बहुत संख्या में रहते थे। वहां यदि चार–छः मोर आ गये तो वे विषधर उस स्थान को छोड़कर ही चले गये।

हमारे शास्त्रों में सांप और नेवले का (अहिनकुलम्) शाश्वतिक वैर– (सृष्टि के आदि से सृष्टि के अन्त तक रहने वाला वैर बतलाया है;) किन्तु मयूर सर्प का इससे कम भी प्रतीत नहीं होता। तथापि कार्त्तिकेय ने उपर्युक्त मुख्य कारण से ही अपना वाहन (ध्वजचिह्न) मयूर रखा।

हमने कई बार दो मयूरों का पारस्परिक युद्ध भी अति निकटता से देखा है। इनका युद्ध भी वास्तव में वीरोचित पराकाष्ठा लिये होता है। ये बार–बार ऊपर उछल–उछल कर एक दूसरे को घायल करते हैं। अपनी तीखी चोंच की मार से एक दूसरे को लहू–लुहान करके भी दम नहीं लेते। यदा–कदा तो इनका युद्ध उस समय तक चलता है जब तक दोनों में से एक मोर मर न जाये। ये युद्ध को आर–पार के अन्तिम परिणाम तक ले जाने के अपने पराम्परागत स्वभाव को छोड़ना नहीं चाहते इनकी यह दूसरी बड़ी खूबी है। कदाचित् इस कारण भी कार्त्तिकेय ने इसको अपना वाहन बनाया होगा। देव सेनापति को उत्तम युद्ध प्रणाली के संवाहक मयूर से अच्छा वाहन और कौन–सा मिल सकता था।

कार्त्तिकेय का एक प्रसिद्ध नाम 'स्कन्द' है। इस शब्द का अर्थ भी मोर–युद्ध की समानता का द्योतक है। इसका अर्थ है– 'जो स्कन्दन करके–उछल–उछलकर शत्रुओं पर प्रहार करता है।

वैसे प्राचीन काल में रामायण और महाभारत के समय कुछ महारथियों ने अपने ध्वज पर सर्प को अपनाया। पाण्डवों ने कुरुक्षेत्र के युद्ध में जिन ध्वजाओं का उपयोग किया था, उनका विस्तृत विवरण सञ्जय ने महाभारत के शान्ति पर्व और कोरवों की ध्वजाओं का वर्णन द्रोणंपर्व में किया है। अर्जुन का झण्डा 'कपिध्वज' कहलाता था। उस पर कपि अंकित था। दुर्योधन की ध्वजा पर 'सर्प' विराजमान थे।

रावण पक्ष के योद्धा प्रहस्त की ध्वजा पर सर्प, तथा दूसरे योद्धा कंपन की ध्वजा पर शेषनाग का अंकन था। अभिमन्यु ने अपनी ध्वजा पर 'सारंग पंक्षी' का चुनाव

किया था। इस तरह दोनों महाकाव्यों में सभी योद्धाओं के ध्वजचिह्नों का उल्लेख है। परन्तु विस्तार भय से हम उसको यहीं छोड़ते हैं।

अपने यहां मोरों की तीसरी विशेषता उनका अकल्पनीय सौन्दर्य है। मेघ आने पर अपने सम्पूर्ण पंख फैलाकर जब नृत्य करता है तो लगता है– धरती का सारा सौन्दर्य यहीं सिमट गया है।[1] नृत्य के समय मोरनी यदि सामने समीप आ जाये तो फैले हुये पंखों से मयूर के चन्दे की राख शहद से चाटने पर हिचकी को तुरन्त समाप्त कर देती है। सांय–सांय की बहुत तेज आवाज करते हैं। मयूर शिखा (सिर पर कलंगी) इस पक्षी की सुन्दरता को चार चांद लगाती हैं। मयूरपंख (चन्दा) तीन तरह के चमकते रंगों से आवेष्टित दिव्यता व आभा का सर्वश्रेष्ठ उदाहरण है। पंखों में छड़ और कटारा दो भेद और हैं। एक भी मोर पंख जहां रख दिया जाता है– सर्प वहां कभी नहीं आ सकता है। किसी बच्चे या बड़े का कोई अंग प्रत्यंग अग्नि से जल जाये तो देहात में मयूरपंख की राख लगा देते हैं, जिससे सैप्टिक नहीं होता और जला हुआ अंग यथाशीघ्र ठीक हो जाता है। पाठकों को यह जानकारी विशेष रूप से प्रथम बार दी जा रही है, कि कार्तिकेय की दोनों प्रकार की ध्वजाओं के वस्त्रों का रंग लाल था। उस पर मयूर या कुक्कुट का चिह्न अंकित होता था। ऊपर उद्धृत श्लोक में भी लाल रंग का उल्लेख है। ये प्रमाण भी द्रष्टव्य हैं–

पताका कार्तिकेयस्य विशाखस्य च लोहिता।

(महा०वन० 231.19)

आदित्यवर्णां च पताकां भरतर्षभः।
ददौ पशुपतिस्तस्मै सर्वभूतमहाचमूम्।।

(महा०शल्य०49.46)

कार्तिकेय के पिता पशुपति–शिव ने सेनापति पद पर अभिषेक के अवसर पर अपने पुत्र को लाल रंग की पताका भेंट दी और विभिन्न दलों की अपनी विशाल सेना भी उसको सौंप दी। यह ध्वजा मयूर चिह्न युक्त थी। लाल रंग वीरता, युद्ध, पराक्रम, क्षत्रियत्व का प्रतीक है, अतः यह रंग सेनापति के कार्य के अनुरूप ही चुना गया था। साँची के बौद्ध स्तूप (द्वितीय शती ईसा पूर्व) के उत्तरी तोरण द्वार पर भी दो मयूरों का बहुत सुंदर अंकन है।[2]

मोर गोत्रीय लोगों के तीन गांव ग्वालियर (म०प्र०) में हैं। महाराष्ट्र में भी ये लोग पर्याप्त संख्या है। वहां ये अपने नाम के साथ 'मोरे' शब्द का प्रयोग करते हैं। नागपुर में श्री जयरामदास मोर ने बस अड्डे के पास दस एकड़ जमीन सरकार

1. फलक सं.–35
2. फलक सं.–36

को भवन बनाने के लिए दान में दी। इस सार्वजनिक भवन का नाम दानी महाशय की इच्छानुसार– 'मोर भवन' ही रखा गया। नागपुर में इन्होंने कई और संस्थायें भी बनाई और उनका नाम भी मोर के नाम से ही रखा। श्री जयरामदास जी स्वयं मोर वंशी सत्पुरुष हैं।

चितौड़ में भी 'मोर किला' नाम से एक किला है। यह महाराणाओं के चितौड़गढ़ वाले किले से अलग है। मान्यता यह है कि मुगलों के खिलाफ युद्ध में राजपूत राजाओं की सहायता के लिये मोर गोत्र के लोग अपनी सेना लेकर गये थे। बाद में उन्होंने यह किला बनवाया था। इस दुर्ग की अब कोई देखभाल न होने से यह किला जर्जर होता जा रहा है। भारतीय पुरातत्त्व सर्वेक्षण विभाग को इसे अपने नियन्त्रण में लेकर इसके ऐतिहासिक गौरव को सुरक्षित करना चाहिए।

स्कन्द– कार्त्तिकेय के अनुयायी या उपासक होने के कारण यहां के लोग मयूरक कहलाते थे। बहुत पुरानी परम्परा से चले आ रहे इन लोगों के वंशज आज 'मोर' गोत्र से अभिहित होते हैं। हरयाणा, राजस्थान तथा पंजाब के लोग आज भी अपने आप को मोरवंशी कहलाने में गर्व का अनुभव करते हैं। हरयाणा में सतावन (57) गांव, राजस्थान में भी कई दर्जन गांव और पंजाब में सगंरूर और लुधियाना के आसपास अनेक गांव मोर गोत्री लोगों के है। पंजाब के पूर्व मुख्यमन्त्री स्व० सरदार बेअन्तसिंह जी भी इसी मोर गोत्र से थे। पंजाब के मलेर कोटला के पास भी कई गांव इसी गोत्र के हैं। हरयणा में कई गांव– मोरवाला (जिला भिवानी) तथा मोरखेडी आदि मोर के नाम से हैं। हरयाणा के करनाल जिले में भी मोर माजरा नामक गांव है।

मोर–खाप (मोर गोत्रीय सभी गावों की बड़ी पंचायत) का अपना मजबूत सगंठन है। पुराने जमाने में गण शब्द जिन अर्थों में जाना जाता था, वर्तमान में लगभग उसी रूप में खाप को प्रयोग में लाया जाता है। खाप पंचायतें समय–समय पर एकत्रित होकर सामाजिक और सांगठनिक विषयों पर मन्थन करती हैं तथा उन पर निर्णय लेती हैं। इस खाप के मुखिया एवं महामन्त्री चौ० रामफल सिंह मोर ऐडवोकेट गोहाना से हमें कई जानकारियां मिली हैं, जिनको आपके साथ बाटंना समीचीन रहेगा। उपरि वर्णित ध्वजनामों के अतिरिक्त कार्त्तिकेय के दो नाम और भी मिलते हैं– 'कृकवाकुध्वजः' और 'कुक्कुटध्वजः'। कृकवाकु का एक अर्थ मयूर भी है, अतः यह मयूरध्वज का ही पर्याय ज्ञात होता है। कुक्कुटध्वज के विषय में वर्णन आता है कि देवताओं के सेनापति पद पर अभिषेक समारोह के अवसर पर अग्नि नामक देवता ने यह ध्वज प्रदान किया था–

कुक्कुटश्चाग्निना दत्तः तस्य केतुरलंकृतः।

रथे समुच्छ्रितो भाति कालाग्निरिव लोहितः।।

(महा०वन० 129.32)

कुक्कुट–मुर्गे में भी मोर के समान उछलकर आक्रमण करने का गुण है। किन्तु इसका प्रयोग अत्यल्प मिलता है।

मोर गोत्रीय लोगों के तीन बड़े गांव बरौदा (गोहाना) छ्याय और बांस पेटवाड़ तथा जी.टी. रोड पर लड़सौली आदि अवस्थित हैं। जीन्द (प्राचीन– जयन्त) के आस–पास तो मोरों के बहुत गांव हैं। बांस पेटवाड़ गांव तो चार पंचायतों वाला बड़ा तथा प्रसिद्ध गांव है। नारनौंद विधान क्षेत्र से तो सरोज मोर नामक महिला विधायक भी रही हैं। इनके पति श्री राजसिहं मोर हरियाणा पुलिस के एस.पी. पद से सेवा निवृत्त होकर सामाजिक कार्यों में बढ़ चढकर भाग ले रहे हैं। महाभारत के मयूरक ही वर्तमान युग में मोर कहलाते हैं।

राजस्थान के प्रसिद्ध नेता चौ० कुम्भाराम आर्य के शिष्य कालुराम मोर जोधपुर के ग्रामीण क्षेत्र से विधायक रह चुके हैं। हमारा यहां यह सब लिखने का प्रयोजन केवल यह है– कि महाभारत काल से लेकर आज तक मयूरक (मोर) लोग अपने वंश की परम्परा को आगे बढ़ाते हुऐ समाज सेवा में संलग्न हैं, और राष्ट्रनिर्माण के लिए कृतसंकल्प हैं। ये आज भी कार्त्तिकेय तथा शिव जी महाराज की महान् विरासत को आगे बढ़ा रहे हैं। इनके विषय में बहुत कुछ लिखा जा सकता है। परन्तु 'स्थालीपुलाक–न्याय' से आप इसी से सब समझ लेंगे।

संकेताक्षर सूची

अ०	अष्टाध्यायी
अ०को०	अमर कोश
अ०पृ०	अपराजित पृच्छा
आ०म्यू०	आशुतोष म्यूजियम
आ०गृ०सू०	आश्वलायन गृह्यसूत्र
आ०हो०वे०	आर्कटिक होम इन दि वेदाज
इ०आ०	इण्डियन आर्ट
उ०पा०	उणादि पाठ
उ०म०	उपदेश मंजरी
ऋ०	ऋग्वेद
ऋ०त०	ऋक् तन्त्र
ऋ०भा०	ऋग्वेद भाष्य
ऋ०भा०भू०	ऋग्वेदादिभाष्यभूमिका
ऐ०ब्रा०	ऐतरेय ब्राह्मण
ओ०	ओरियन
क०उप०	कठ उपनिषद्
क०द्रु०को०	कल्पद्रुम कोश
का०सं०	काठक संहिता
का०पु०	कालिका पुराण
कै०उ०	कैवल्य उपनिषद्
कौ०ब्रा०	कौषीतकि ब्राह्मण
ग०पु०	गणेशपुराण

ग०स्तो०	गणेश स्तोत्र
च०सं०	चरक संहिता
छा०उ०	छान्दोग्य उपनिषद्
जै०उ०	जैमिनि उपनिषद्
तै०सं०	तैत्तिरीय संहिता
तै०ब्रा०	तैत्तिरीय ब्राह्मण
तै०आ०	तैतिरीय आरण्यक
द०ग०	दधिपयादि गण
दि हु०इ०इ०	दि हूणाज् इन इण्डिया
दे०पु०	देवी पुराण
दे०मू०प्र०	देवतामूर्ति प्रकरण
नि०	निघण्टु
नि०	निरुक्त
ने०इ०गु०	नेल्लोर इन्सिक्रिप्शंस गुडूर
न्यू इ०ऐ०	न्यू इण्डियन ऐन्टीक्यूटी
प०पु०	पद्मपुराण
पा०रा०इ०	पाञ्चाल राज्य का इतिहास
प्रा०च०को०	प्राचीन चरित्र कोश
प्रा०भा०मू०वि०	प्राचीन भारतीय मूर्ति विज्ञान
प्रा०भा०यौ०ग०	प्राचीन भारत में यौधेय गणराज्य
पौ०को०	पौराणिक कोश
बृ०सं०	बृहत्संहिता
ब्र०वै०पु०	ब्रह्मवैवर्तपुराण
ब्र०पु०	ब्रह्माण्डपुराण
बौ०ध०सू०	बौधायन धर्मसूत्र
भा०पु०	भागवत पुराण
भा०वृ०इ०	भारतवर्ष का वृहद् इतिहास
म०स्मृ०	मनुस्मृति
म०भा०	महाभाष्य

म०पु०	मत्स्य पुराण
म०भा०व०	महाभारत वनपर्व
म०भा०स०	महाभारत सभापर्व
म०भा०आ०	महाभारत आदिपर्व
म०अ०	महाभारत अनुशासनपर्व
म०श०	महाभारत शल्यपर्व
म०शा०	महाभारत शान्तिपर्व
म०द्रो०	महाभारत द्रोणपर्व
म०भा०भी०	महाभारत भीष्मपर्व
म०आ०	महाभारत आश्वलायनपर्व
म०वि०	महाभारत विराटपर्व
म०उ०	महाभारत उद्योगपर्व
मा०गृ०	मानव गृह्यसूत्र
मा०पु०	मार्कण्डेय पुराण
मु०सू०प०	मुद्रा सूची पत्र
मे०को०	मेदिनी कोश
मै०सं०	मैत्रायणी संहिता
य०भा०	यजुर्वेद भाष्य
यो०द०	योगदर्शन
र०सं०	रचना संचयन
रा०बा०का०	रामायण बाल काण्ड
रा०उ०का०	रामायण उत्तर काण्ड
रा०अ०का०	रामायण अरण्य काण्ड
रू०म०	रूप मण्डन
लि०पु०	लिंग पुराण
वा०	वाचस्पत्यम्
वा०पु०	वायु पुराण
वा०सं०	वाजसनेयी संहिता
वि०पु०	विष्णु पुराण

वि०स०स्तो०	विष्णु सहस्रनाम स्तोत्र
वि०ध०पु०	विष्णु धर्मोत्तर पुराण
वे०वि०	वेद विद्या
वै०दे०उ०वि०	वैदिक देवता–उद्भव और विकास
वै०आ०वै०स्व०	वैदिक आख्यानों का वैदिक स्वरूप
वै०दे०	वैदिक देवता
श०ब्रा०	शतपथ ब्राह्मण
श्वे०उ०	श्वेताश्वतर उपनिषद्
ष०ब्रा०	षड्विंश ब्राह्मण
स०प्र०	सत्यार्थ प्रकाश
सं०हि०को०	संस्कृत हिन्दी कोश
सा०पु०	साम्ब पुराण
स्क०पु०	स्कन्द पुराण
त्रि०नि०	त्रिदेव निर्णय
ह०पु०	हरिवंश पुराण
ह०च०	हर्षचरितम्
हि०जै०प्र०वि०	हिन्दु तथा जैन प्रतिमा विज्ञान

सन्दर्भिका

(क) प्राथमिक स्त्रोत

1. ऋग्वेद–भाष्य स्वामी दयानन्द सरस्वती कृत
2. यजुर्वेद–भाष्य स्वामी दयानन्द सरस्वती कृत
3. शतपथ ब्राह्मण–वेबर द्वारा सम्पादित
4. ऐतरेय ब्राह्मण–आनन्द श्रम प्रेस द्वारा सम्पादित
5. तैत्तिरीय ब्राह्मण–महादेव शास्त्री द्वारा सम्पादित
6. छान्दोग्य उपनिषद्–गीताप्रेस, गोरखपुर
7. जैमिनीय उपनिषद्–गीताप्रेस, गोरखपुर
8. कौसीतकि उपनिषद्–गीताप्रेस, गोरखपुर
9. कठोपनिषद्–गीताप्रेस, गोरखपुर
10. कैवल्य उपनिषद्–गीताप्रेस, गोरखपुर
11. बौधायन धर्मशास्त्र–बम्बई संस्कृत सीरिज
12. काठकसंहिता–गीताप्रेस, गोरखपुर
13. बृहत्संहिता–गीताप्रेस, गोरखपुर
14. वाल्मीकि रामायण–गीताप्रेस, गोरखपुर
15. महाभारत–गीताप्रेस, गोरखपुर
16. वायुपुराण–गीताप्रेस, गोरखपुर
17. ब्राह्माण्ड़ पुराण–गीताप्रेस, गोरखपुर
18. पद्मपुराण–गीताप्रेस, गोरखपुर
19. लिंगपुराण–गीताप्रेस, गोरखपुर
20. विष्णुपुराण–गीताप्रेस, गोरखपुर
21. मत्स्य पुराण–गीताप्रेस, गोरखपुर
22. मार्कण्ड़ेय पुराण–गीताप्रेस, गोरखपुर
23. श्रीगणेशपुराण–गीताप्रेस, गोरखपुर
24. मनुस्मृति–डॉ. सुरेन्द्र कुमार द्वारा सम्पादित

(ख) द्वितीय स्त्रोत

1. अग्रवाल, वासुदेव शरण, रचना संचयन, कपिला वात्स्यायन साहित्य अकादमी, दिल्ली।
2. अभिमन्यु, श्री मन्ना लाल (हि.व्या.), अमरकोश, (रामाश्रमी टीका सहित), चौखम्बा विद्या भवन, वाराणसी, सः 2016
3. आर्या, सुषमा, पांचाल राज्य का इतिहास, प्राचीन भारतीय शोध परिषद् दिल्ली।
4. आहूजा, नमन पी., इन्ड़ियन आर्ट, ऑक्सफोर्ड विश्वविद्यालय, लन्दन।
5. इब्नबतूता, की भारत यात्रा या चौदहवीं शताब्दी का भारत, राष्ट्रीय पुस्तकन्यास, दिल्ली।
6. उपाध्याय, वासुदेव, प्राचीन भारत में मूर्ति विज्ञान, चौखम्बा विद्या भवन, वाराणसी उत्तरप्रदेश।
7. उपाध्याय, वासुदेवशरण, प्राचीन भारत में मूर्ति–विज्ञान, चौखम्बा राष्ट्रभाषा, ग्रन्थमाला, सं. : 1982
8. काव्यतीर्थ, शिवशंकर शर्मा, त्रिदेव निर्णय, सत्यधर्म प्रकाशन, जयपुर, सं. 2002
9. पाण्ड़ेय, शिवनाथ, हर्षचरिततम्, चौखम्बा विद्या भवन, वाराणसी, सं. 2018
10. महाभारत, प्रतापचन्द्र प्रेस, कलकत्ता
11. यौधेय गणराज्य, शास्त्री, योगानन्द, सूर्यभारती प्रकाशन, दिल्ली।
12. विष्णु सहस्त्रनामस्तोत्रम्, गीताप्रेस, गोरखपुर।
13. विष्णुपुराण, जीवानन्द विद्यासागर प्रकाशन, कलकत्ता, सः 882
14. वैदिक देवता, उपाध्याय, राश्ट्रीय संस्कृत संस्थान, दिल्ली।
15. सरस्वती, दयानन्द, सत्यार्थप्रकाश, आर्ष साहित्य प्रचार ट्रस्ट, दिल्ली।
16. सरस्वती, दयानन्द, सत्यार्थप्रकाश, अजमेर, 32वाँ सं : 1956
17. सरस्वती, दयानन्द, ऋग्वेदादिभाष्य भूमिका, तृतीय सं : 1949
18. सहाय बी., आईक्रोग्राफी ऑफ माइनर हिन्दु एण्ड़ बुद्धिस्ट स्टड़ीज, नई दिल्ली, सं : 1975
19. श्रीवास्तव, पंकजलता, हिन्दु तथा जैन प्रतिमा–विज्ञान, सुलभ प्रकाशन, लखनऊ, सं. 1990
20. श्रीवास्तव, सुरेन्द्रचन्द्र, योगदर्शनम्, चौखम्बा सुरभारती प्रकाशन, वाराणसी, सं : 2011
21. शुक्ल, रविदत्त एवं ब्रह्मानन्द त्रिपाठी, चरक संहिता (दो भाग), विद्याधर और रविदत्त, चौखम्बा संस्कृत प्रतिशठान, दिल्ली, 2015
22. त्रिपाठी, गयाचरण, वैदिक देवता–उद्भव और विकास, राष्ट्रीय संस्कृत संस्थान, दिल्ली।

चित्रावली

फलक सं०–1 : ब्रह्मा 9वीं शती ई० जावा (इन्ड़ोनेशिया)
सौजन्य–डॉ० सायन भट्टाचार्य, इन्ड़ियन म्यूजियम कोलकाता

फलक सं०–2 : शेषनाग के ऊपर अनन्तशायिन–विष्णु, ऊपर–ब्रह्मा, इन्द्र, उमा–महेश्वर तथा स्कन्द अपने वाहनों सहित देवगढ़, छठी शती ई०

फलक सं०–3 : गरुड़ारूढ़–विष्णु नेपाल घाटी, 7वीं सदी

फोटो सौजन्य– एल० एस० बंगदेल

फलक सं०–4 : गरूड़ारूढ़–विष्णु, गरुड़ के मुख में सर्प 1–2 वीं शती ई०, रोहतक से प्राप्त, स्वामी ओमानन्द पुरातत्त्व संग्रहालय, गुरुकुल झज्जर में सुरक्षित

फलक सं०–5 : विष्णु अपने वाहन गरुड़ पर, 8वीं./9वीं. सदी, बेसाल्ट बिहार

फोटो सौजन्य–इन्डियन म्यूजियम, कोलकाता

फलक सं०–6 : गरुड़ : विष्णु की सवारी 12 वीं. सदी बलुआ पत्थर कंबोडिया
सौजन्य–इण्ड़ियन म्यूजियम, कोलकाता

थाईलैण्ड़ (मलाया) का गरूड़

मिस्र (इजिप्ट) में गरुड़

फलक सं०–7 : त्रिनेत्र–शिव मृण्मय शीर्ष, राजघाट, 2–3वी. शती ई०
भारत कला भवन, वाराणसी

फलक सं०–8 : शिव (गंगाधर) भटुरा (जिला–सतना) 5वीं शती ई० तुलसी संग्रहालय, रामबन

सौजन्य–अमेरिकन इन्स्टीट्यूट ऑफ इन्ड़ियन स्टडीज

फलक सं०–9 : एक मुखी–लिंग, 5वीं शती खोह,
म्यून्सिपल म्यूजियम इलाहाबाद (उ०प्र०)

फलक सं०–10 : उमा महेश्वर का पाणिग्रहण, नीचे दोनो के वाहन सिंह तथा नन्दी प्रसन्न मुद्रा में 8वीं शती ई०

**फलक सं०–11 : पार्वती तीसरी शती लाल बलुआ पत्थर,
भूतेशवर मथुरा, उत्तर प्रदेश**
सौजन्य–गव० म्यूजियम, मथुरा

फलक सं०–12 : लाल बलुआ प्रस्तर, प्रथम शती ई०, गाँव–किलोई (रोहतक) मन्दिर में स्थापित लम्बाई 3'2'' निम्न आधार 5'3''

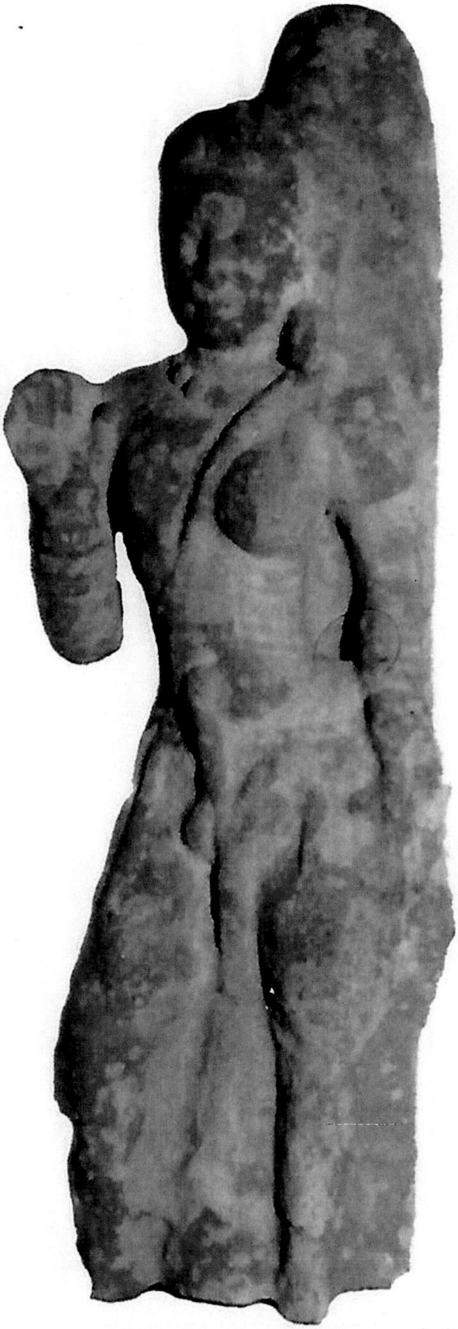

फलक सं०–13 : अर्द्धनारीश्वर प्रतिमा (उत्थित लिंग) लाल बलुआ पत्थर, 2वीं शती ई०
चित्र : स्वामी ओमानन्द पुरातत्त्व संग्रहालय, गुलकुल झज्जर से प्राप्त

फलक सं०–14 : शिव पार्वती पाणिग्रहण, इन्द्र आदि देवता विद्यमान
अजन्ता–एलोरा गुफाएं
फोटो सौजन्य–अमेरिकन इस्टीटयूट ऑफ इन्ड़ियन स्ट्डीज

फलक सं०– 15 : उमा महेश्वर कल्याणसुन्दर मूर्ति 7, 8वीं सदी ई०
राष्ट्रीय संग्रहालय, नई दिल्ली

फलक सं०–16 : हरिहर 9वीं शती ई०, लखनऊ, स्टेट गव० म्यूजियम

फोटो सौजन्य–अमेरिकन इन्स्टीटयूट ऑफ इन्डियन स्टडीज

फलक सं०–17 : हरिहर 9–10 वीं सदी ई०
फोटो सौजन्य– अमेरिकन इन्स्टीटयूट ऑफ इन्ड़ियन स्टडीज

फलक सं०—17 (क) : मुहम्मद गौरी, सुल्तान कुवाचा, समसुद्दीन इल्तुतमिस, रजिया बेगम, सुरिताज मुअजदीन आदि मुसलिम बादशाहों के सिक्कों पर वृषभ (बैल) का अंकन तथा देवनागरी अक्षरों में शासक का नाम है

फलक सं०–18 : आसनावस्था में देवी 10 वीं सदी, बेसाल्ट बिहार
सौजन्य–आशुतोष संग्रहालय, कोलकत्ता विश्वविद्यालय

फलक सं०–19 : उमा–महेश्वर ल० 11वीं सदी बेसाल्ट बिहार

फोटो सौजन्य–आशुतोष म्यूजियम, कोलकत्ता, विश्वविद्यालय

फलक सं०–20 : गणेश 8वीं 9वीं सदी ई० जावा, वाहन रहित देवता

सौजन्य– इन्डियन म्यूजियम कलकत्ता

फलक सं०–21 : वाहन–मूषक के ऊपर नृत्य–गणेश 11वीं सदी ई०
बर्लिन म्यूजियम, बर्लिन (जर्मनी)
फोटो सौजन्य – इन्स्टीटयूट ऑफ इन्डियन स्टडीज

फलक सं०–22 : नृत्य–मुद्रा में गणेश फर्रूखाबाद, 10वीं. शती ई०, गव० स्टेट म्यूजियम, लखनऊ

फोटो सौजन्य – अमेरिकन इन्स्टीटयूट ऑफ इन्डियन स्टडीज

फलक सं०–23 : मूषक पर नृत्य करते गणेश 10 वीं शती ई०
फोटो सौजन्य – इन्डियन म्यूजियम, कलकत्ता

फलक सं०–24 : गणेश (5वीं सदी) लाल बलुआ पत्थर, भूमरा (मध्य प्रदेश)

फोटो सौजन्य – इन्डियन म्यूजियम, कोलकत्ता

फलक सं०–26 : महासेन के रूप में स्कन्द (गान्धार कला) दायें हाथ में शक्ति, बायें हाथ में कुक्कुट, सैन्य–कोट धारण किए हुए

फोटो सौजन्य – ब्रिटिश म्यूज़ियम के ट्रस्टीज

फलक सं०–27 : ललितासन में मयूरारूढ़–कार्तिकेय 5वीं सदी ई०,
पटना म्यूजियम (बिहार)
फोटो सौजन्य – अमेरिकन इन्स्टीटयूट ऑफ इन्डियन स्टडीज

फलक सं०–28 : स्कन्द–ब्रह्मशास्ता, वाहन मयूर को मातुलुंग खिलाते हुए, प्रतिहार, मध्य प्रदेश

फलक सं०–29 : मयूरारूढ़ कुमार–कार्तिकेय, मयूर को रसभरा (मातुलुंग) फल खिलाते हुये, ऊपर ब्रह्मादि देव स्कन्द का जलाभिषेक करते हुए

फोटो सौजन्य – कन्नौज म्यूजियम

फलक सं०–30 : कुमार–कार्तिकेय, 5वीं सदी ई०, भारत कला–भवन, बनारस

फोटो सौजन्य – अमेरिकन इस्टीटयूट ऑफ इन्डियन स्ट्डीज

फलक सं०–31 : कार्तिकेय, 12वीं सदी, क्लोराइट उत्तर बंगाल
फोटो–सौजन्य– आशुतोष म्यूजियम, कोलकता विश्वविद्यालय

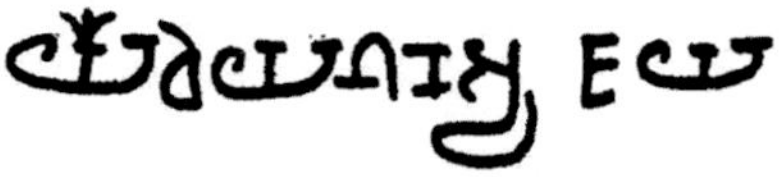

३५. **यौधेयगणस्य जय**

यौधेयगण की ताम्र मुद्राएँ

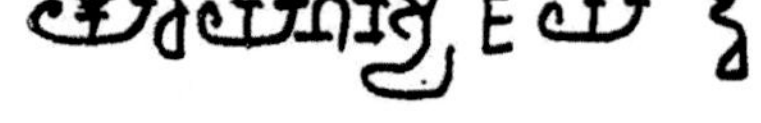

३६. **यौधेयगणस्य जय द्वि**

यौधेयगण की ताम्र मुद्राएँ

फलक सं०—32 : स्कन्द के दायें हाथ में शक्ति, मयूर पैरों के पास अंकित, स्वामी ओमानन्द पुरातत्त्व संग्रहालय , गुरुकुल झज्जर

भागवत स्वामिनो ब्रह्मण्यदेवस्य कुमारस्य   भागवत स्वामिनो ब्रह्मण्यदेवस्य

३२(क). षणमुख कार्त्तिकेय प्रकार यौधेय मुद्राएँ

फलक सं०–33 : सौजन्य–श्री विरजानन्द दैवकरणि, निदेशक–पुरातत्त्व संग्रहालय गुरुकुल झज्जर (हरियाणा)

फलक सं०–34 : पष्ठी सहित त्रिमूर्ति में कुमार–स्कन्द प्रथम शती ई०
मथुरा से प्राप्त
फोटो सौजन्य – बर्लिन म्यूजियम (जर्मनी)

फलक सं०–35 : कार्तिकेय का वाहन मयूर–नृत्य मुद्रा में

फलक सं०–36 : सांची–बौद्ध स्तूप के उत्तरी तोरण– द्वार पर स्कन्द के वाहन मयूर का सुन्दर अंकन, तीसरी शती ई० पूर्व

फलक सं०–37 : रूहीड़ा (रोहीतक) का पुष्पित वृक्ष